U0578776

辽金卷·人物

中 国 历 史 知 识 小 丛 书

《历史上的》

萧太后

ZHONGGUO LISHI ZHISHI
XIAO CONGSHU | 景 爱◎著

以史为骨，以实为肌，以事为络
名家著作，还历史原貌

中国社会科学出版社

图书在版编目（CIP）数据

历史上的萧太后/景爱著.—北京：中国社会科学出版社
2014.1修订重印

（历史知识小丛书）

ISBN 978-7-5004-8542-1

Ⅰ.历… Ⅱ.①景… Ⅲ.萧太后（953～1009）—生平事迹
Ⅳ.K827＝461

中国版本图书馆CIP数据核字（2010）第027222号

出 版 人	赵剑英
责任编辑	丁宝灵
责任校对	吴永祥
责任印制	王 超

出版发行	中国社会科学出版社
社 址	北京鼓楼西大街甲158号（邮编 100720）
网 址	http://www.csspw.cn
	中文域名：中国社科网 010-64070619
发 行 部	010-84083685
门 市 部	010-84029450
经 销	新华书店及其他书店

印刷装订	北京市兆成印刷有限责任公司
版 次	2013年4月第2版
印 次	2014年1月第3次印刷

开 本	710×1000 1/16
印 张	18.75
插 页	2
字 数	210千字
定 价	35.00元

凡购买中国社会科学出版社图书，如有质量问题请与本社联系调换
电话：010-64009791
版权所有　侵权必究

前言

　　景爱先生继《历史上的金兀术》之后，又撰写了《历史上的萧太后》，金兀术和萧太后都是我国历史上少数民族的著名人物，一个是女真族建立的金朝名将，一个是契丹族建立的辽国皇太后。但在历史上对他们的评价是不同的。

　　金兀术是金太祖阿骨打的儿子，年轻时是一员骁勇的战将，在灭亡北宋的战争中十分英勇。宋高宗即位后，他率领金军追击宋高宗迫使其入海，后又占领陕西，因功被提升为右副元帅。晚年的兀术，长期担任左丞相兼都元帅，出将入相，主持朝政，继续对宋用兵，曾与岳飞在郾城大战，被岳家军打得大败。继而，兀术接受宋的请求，休战讲和，双方达成和议，史称"绍兴和议"。"绍兴和议"结束了宋金长期征战的局面，客观上有益于人民生活的安定和生产的发展，也有益于南北经济文化交流。兀术直至临终，仍"坚守和好之说"①。兀术死后"谥忠烈，配享太宗庙庭"②。民间也为他在金中都的玉虚观里修建祠堂③，旧址在今北京宣武区。这说明他无论在金的朝廷，还是在金的民间都享有极高的荣誉。对女真族和金朝来说，兀术是英雄人物；但对汉族和宋朝来说，他是纵兵抢掠的敌将，是岳飞手下的败将，自然不会称他为英雄。

　　萧太后是辽景宗的皇后，辽圣宗的生母，早年聪慧，有才干。辽景宗身体不好，鉴于契丹社会留下的母权遗俗，萧皇后参与军国要事决策，更"以女主临朝"，"境内刑赏、政事、用兵追讨，皆皇后决之"④。萧皇后倾向汉

①《大金国志》卷27《开国功臣·兀术》，中华书局校点本。
②《金史纪事本末》卷20《宗弼兵略》，中华书局校点本。
③ 景爱：《历史上的金兀术》题记，中国社会科学出版社2008年版。
④《契丹国志·景宗孝成皇帝》卷6。

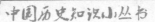

化，主张革新，景宗时期的一些改革，如重用汉官、对宋用兵等，都与她分不开。她的政治、军事才能那时已经初露头角。圣宗即位时年仅12岁，萧皇后晋升为太后，奉遗诏摄政，"临朝称制凡二十七年"①。圣宗初即位，辽朝处于"母寡子弱，族属雄强，边防未靖"②的局面。萧太后以她卓越的政治才能，整顿吏治，提拔有治国之才的人担任要职，大胆重用汉官韩德让等，加强对宗室的约束和对吏民的管理，使政局渐趋稳定。她"善驭左右大臣，多得其死力"③。她还注意改善契丹族和汉族的关系。辽国旧例，契丹人和汉人相殴致死，契丹人轻处，汉人重处；她当政时改为依汉律论断，同罪处罚。她通晓军事，经常出入疆场，"澶渊之役，亲御戎车，指麾三军，赏罚信明，将士用命"④。继而，她赞成宋朝提出的议和要求，双方订立"澶渊之盟"，长达一个世纪，基本维持和平局面。这就有利于双方百姓生产、生活的安定，也促进了契丹族和汉族的友好交往。经过萧太后多年治理，辽朝不仅扭转了穆宗以来的"中衰"局面和圣宗初年不稳定的局势，而且开始步入全盛时期，为圣宗时期的进一步改革和辽朝的盛世奠定了基础。她死后，辽朝对她的功绩给予充分肯定，民间也广泛流传着有关她的美好传说。综观萧太后摄政的所作所为，称得上是辽代有才略的杰出政治家、军事家，恰如景爱先生在《历史上的萧太后》中所说："她是一位古代少见的女政治家、女军事家。"不过，由于小说《杨家将》里对萧太后描写的错误导向，在许多汉族人的心目中，萧太后凶残、好战，形象很不好。实际上并非如此，公元986年，宋军三路大举攻辽，战争初期，宋军捷报频传，但很快由于兵力分散、相互不能很好配合，辽军获胜，辽将耶律奚达捉住宋军大将杨业。在此之前，萧太后曾密令统帅耶律斜轸切勿用暗箭伤害杨业，务必活捉。耶律奚低恰恰是用暗箭射伤杨业而捉住的，又没能劝降。为此，他不但没有得到萧太后的嘉奖，反而受了处分⑤。由此可

① 《契丹国志·圣宗天辅皇帝》卷7。

② 《辽史·景宗睿皇后萧氏传》卷71。

③ 同上。

④ 《契丹国志·后妃传》卷13。

⑤ 王宏志：《略论杨业其人》，《旧史新谭》1998年5月版。

见萧太后对杨业的钦佩和重视。从景爱先生的这本书里，我们可以看到一个没有任何偏见的、真实的萧太后，可以说《历史上的萧太后》还了她的本来面目。

如何评价少数民族的历史人物，最重要的是应当明确少数民族的历史人物，都是中华民族历史上的一员。正如著名史学家翦伯赞所说："作为一个民族，他们都是各为一个民族；但作为多民族国家的一个成员，他们都是中国人。"[①]然而，几千年来统治者宣扬大民族主义，汉族即中国，歧视少数民族及其政权，这种旧的传统观念影响至今。对少数民族的看法，一些人仍沿用封建史学观点，称少数民族为"异族"、"外族"，称少数民族建立的王朝为"异民族王朝"，对他们入主中原，说成是"外患当头"，甚至作为敌国看待；把少数民族领袖人物加以丑化，比之于外国侵略者。以这种观点评价少数民族及其历史人物，就必然会把中国历史上少数民族建立的王朝，如辽、夏、金、元、清等，打入了"外国"行列。我国文化名人李一氓先生说过：如果今天仍然"把少数民族视为外族，把他们建立的国家或政权看作外国，就会犯时代的错误、地理的错误和道德规范的错误"。他还说："假如把少数民族视为异族外国，那么，西汉时的匈奴和西域各族，隋唐时的突厥、回纥、吐蕃、南诏，宋朝时的辽、西夏、金、大理等就成了外国，而中华民族自古以来生息繁衍的地区，将因当地有过时兴时灭的民族政权，时而是、时而又不是中国的领土，这岂不是荒唐可笑？"[②]其实，这不仅荒唐可笑，而且更适合那些别有用心的外国学者口胃，他们处心积虑地要从历史上分裂中国。近代以来，为配合本国统治者侵略中国，他们提出许多谬论，说什么"中国人仅指汉族"，"中国东北除汉族以外的各民族不是中国人"；"中国的范围仅指长城以南，以北的土地不是中国领土"，等等。在今天，维护国家统一、民族团结是我们的首要任务，彻底摆脱旧的传统观念，不能让从历史上分裂中国的企图得逞。

我国自古以来就是一个多民族国家，除汉族以外，还有很多民族。汉族

---

① 翦伯赞：《对处理若干历史问题的初步意见》，《光明日报》1961年12月22日。
② 李一氓：《读〈辽史〉》，《文艺研究》1981年第4期。

和众多的少数民族在历史上，不仅联系密切，其中有些还出于共同的祖先。而且，我国古代的各个民族建立的政权，不论纳入汉族王朝统治范围之内或独立于中央王朝之外，都是祖国的一部分，也就是说中国的历代疆域既包括中原王朝也包括少数民族独立建立的国家或政权的辖区。萧太后所在的辽国，就是我国历史上的少数民族契丹建立的国家，它的统治范围自然也是历史上中国疆域的一部分。

契丹是我国古代北方的一个古老民族，源于春秋战国时期的东胡族系，后来成为鲜卑的一支，北朝的史籍里，始有契丹之名。他们原本在西辽河流域过着游牧渔猎生活，处在部落联盟阶段。从北朝开始，契丹族活跃在我国北方的历史舞台上，并与中原王朝有了较多的联系，时战时和，不断壮大。到唐朝末年，不少中原人躲避战乱来到契丹境内，带去先进的生产技术，契丹人逐步学会种植庄稼、纺织、冶铁和建筑城郭、房屋等，开始了农耕定居生活。契丹社会也因此飞速发展，公元916年建立了国家，成为我国北方强大的民族政权。它存在的时间长达二百多年，开发了北方，又进入中原，南北得以进一步沟通，为祖国南北统一奠定了基础。契丹这个民族后来虽然消逝了，但它在祖国历史上的作用和贡献，是永远不能磨灭的。我国辽史专家陈述先生早在1939年就说过："契丹为中华民族一支，故契丹威名之广溢，亦吾中华民族之光荣。"[1]契丹族在祖国历史上有着重要贡献。萧太后就是契丹历史上有杰出贡献的人物，景爱先生把她的事迹介绍给读者，改变传统的错误导向，以促进民族团结，我认为很有必要。盼望此书早日与读者见面。

王宏志写于2009年12月20日

---

[1] 陈述：《契丹史论证稿》，北平研究院史学研究所1939年刊行。

《历史上的萧太后》题记

　　《历史上的萧太后》，是中国社会科学出版社约我撰写的一本小书。2008年2月，中国社会科学出版社推出《历史上的金兀术》一书以后，约我再写一本有关辽金历史人物的小册子，作为《历史上的金兀术》的姊妹篇。几经商议以后，确定为《历史上的萧太后》。从书名不难看出，这两本书很相似，并非偶然的巧合，而是有意为之。

　　本书所写的萧太后，本名萧绰，小名燕燕，故而又被称作萧燕燕。她是辽朝第五代皇帝景宗耶律贤的皇后，第六代皇帝圣宗耶律隆绪的生母。在辽圣宗即位以后，由于母以子贵的原因，被尊称为太后。后来又上尊号，称作承天皇太后；再后来，又加尊号为"睿德神略应运启化承天皇太后"。萧太后死后，谥曰圣神宣献皇后。在辽兴宗耶律宗真即位以后，又上谥号为睿智皇后。按照中国古代的传统，尊号也好，谥号也好，都是根据其人的行为事迹而命名的。我们从"睿德神略"、"圣神宣献"、"睿智"这些美好的文字中，不难看出当时的人对萧太后的高度称赞，她是一位非常有智慧、有才干的人。后世的史学家一致认为，萧太后是杰出的政治家和军事家，这是恰如其分的评价。

　　辽朝的皇后，大多都出自契丹人的萧氏，因此，萧氏又被称作"后族"。皇后中只有一人属于例外，她就是辽世宗耶律阮（小字兀欲）的皇后甄氏。据《辽史》记载，甄氏本是后唐的宫女，"有姿色"。耶律阮曾随同辽太宗南征，在攻克开封、灭亡后晋以后，他在后晋的后宫中发现甄氏特别贤美，便携带回辽，成为王妃。耶律阮即位以后，甄氏被立为皇后。甄氏"严明端重，风神闲雅。内治有法，莫于以私"。[①]后来，由于皇族内部争权，发生了

---

①《辽史》卷71《后妃传》，中华书局校点本，第1201页。

察割之乱，甄氏与世宗皇帝在归化州（今河北张家口市宣化）祥古山同时被害。

甄氏应属于汉族人，据《百家姓考略》、《元和姓纂》等书的考证，皋陶的次子仲甄在夏朝为卿，故其子孙皆以甄为姓。皋陶氏是传说中的圣人，甄氏在夏代即已出现，属于华夏古姓之一，应属于汉族姓氏，这是没有什么疑问的。除了甄氏以外，见于《辽史·后妃传》的皇后、皇妃，均出于契丹人中的萧氏。辽代契丹族只有二姓，即皇族耶律氏和后族萧氏。按照古代的风俗习惯，同姓人是不能通婚的，耶律氏只能与萧氏通婚。因此，辽朝的皇后、皇妃除上述的甄氏以外，全部都出自萧氏。

辽朝从建国到灭亡，共有九位皇帝，但是，皇后却不限于九位，例如辽世宗有两位皇后，即萧氏、甄氏；辽圣宗有仁德皇后、钦哀皇后。由于这种原因，皇太后很多，不止一人。那么，为什么将萧绰这位萧太后列入书名之中呢？这是有原因的。

辽景宗体弱多病，即位以后不久即把管理国家的大权委托给萧后。史称："刑赏政事，用兵追讨，皆皇后决之，帝卧床榻间，拱手而已。"[①]在辽景宗死后，刚即位的辽圣宗还是一个孩子，萧绰以皇太后的身份摄政，代行皇帝的权力，临朝达二十七年之久。因此，不仅在辽朝境内萧太后的名声大振，就是宋朝人也对她表示敬畏。南宋文人叶隆礼在其所撰的《契丹国志》中，对萧太后的事迹多有记载，亦称她为太后或皇太后。

在民间传说中，皆称萧绰为萧太后。这种民间传说在北京、河北、山西、辽宁、内蒙古等地很多，有萧太后梳妆台、萧太后城、萧太后点将台、萧太后井、萧太后行宫、萧太后花园、萧太后凉亭、萧太后羊房、萧太后坟墓等。值得注意的是，这些传说多见于明朝的文献，反映出这些传说可能来自金元时代或更早一些。民间传说多称萧绰为萧太后，说明萧太后之称谓深入人心，已成为一种习惯性的称呼。

明朝人编著的杨家将历史小说有两种，即《杨家府演义》、《北宋志

① 《契丹国志》卷6《景宗孝成皇帝》，上海古籍出版社1985年点校本，第57页。

传》。在小说中也多称萧绰为萧太后。杨家将小说中的素材，有相当多的一部分来自民间传说，民间传说称萧太后，小说自然也就沿用了这种说法，用萧太后来代替萧绰真名，点明了她的皇太后身份，更容易为读者所理解和接受。历史小说成为民间艺人讲述评书的底本，单田芳、刘兰芳讲述的杨家将，自然也要使用萧太后的称呼。他们所讲述的评书，曾通过广播电台和电视台广为播放，使全国城乡的千家万户都知道辽国有个萧太后。

自清代以来，上自宫廷、下到民间，表现杨家将抗辽保国的戏剧很多，有人统计多达三十余种。在这些戏剧中，辽国的君臣将士都以反面的角色出场，萧太后也是常见的人物。戏剧是给大众看的，不管是否识文断字，都能看得懂。因此，各种有关的戏剧演出，也扩大了萧太后的知名度，加深了公众对萧太后的认识和了解。

由于上述原因，使萧太后这个名字深入人心，许多人知道辽国有个萧太后，却不一定知道她的真实姓名。为了照顾广大公众的习惯，更加接近读者，故而本书题为《历史上的萧太后》，以便于读者的阅读。

萧太后及其周围的文臣武将，虽然在各种文献中不乏记载，然而受正统观念的影响，往往受到歪曲和丑化，原因很简单，他们是契丹人。按照正统观念，中华、中国、华夏是指中原地区汉族人所建立的国家，其周边的少数民族和他们所建立的政权是非我族类，被视为异族敌国，指斥他们为夷狄之邦。

欧阳修撰修的《新五代史》，就是坚持正统观念的典型。他把契丹国列于《四夷附录》之中，体现了他的别中华与夷狄的史学观点。他撰修《新五代史》于宋仁宗时代，即辽兴宗时代，此书刻印以后在辽朝引起了强烈的反响，有人提出："宋欧阳修编《五代史》，附我朝于四夷，妄加贬訾……请以赵氏初起事迹，详附国史。"[①]这是因为契丹人自认为他们是炎黄之后，其文物制度无异于中华。辽道宗即明确提出："吾修文物彬彬，不异中华。"

萧太后及其周围的文臣武将，在元朝人修撰的《辽史》中，记载是比较真实的。元朝是蒙古人建立的国家，蒙古人也是北方少数民族，少数民族与少

---

① 《辽史》卷104《刘辉传》，中华书局校点本，第1455—1456页。

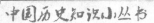

数民族心理相通，彼此之间没有歧视的心理，故而元朝修撰的《辽史》对契丹君臣的记述是比较客观公正的。

然而在汉族人的笔下，往往把辽朝的君臣描写成粗俗无知的夷狄之虏，进行种种的歪曲和丑化。产生的原因很简单，即契丹人非我族类，他们所建立的国家属于异族敌国，不在华夏范围之内。这是民族偏见作祟的结果。

在中国的诸民族中，以华夏族（即今日所说的汉族）出现最早，经济文化发展的水平最高，故而在历史上长期以来就形成了一种观念，即华夏政权是合法的政权，其他少数民族建立的国家是不合法的夷狄之邦。区分华夏与夷狄，就是正统观念的核心思想。北宋的欧阳修是坚持这种正统观的典型代表人物，在他主编的《新五代史》中，否定契丹人国家的合法性，将契丹国列入《四夷附录》之中。此事在辽朝引起了强烈的反响。寿昌二年（1096年），刘辉上书辽道宗说：

> 宋欧阳修编《五代史》，附我朝于四夷，妄加贬訾。且宋人赖我朝宽大，许通和好，得尽兄弟之礼。今反令臣下妄意诈史，恬不经意。臣请以赵氏初起事迹，详附国史。①

中原人士认为，华夏是炎黄之后，是中国的正宗，其他周边少数民族均非我族类，不入正宗。其实，契丹人也自认为是炎黄之后裔，辽道宗曾说过："吾修文物彬彬，不异中华。"②近年有都兴智撰文，详细论述了契丹人认同黄帝为其远祖的考古学和文献学的依据，指出自辽初以来这种认同感就已形成。③

到了元代纂修辽、金、宋三史时，正统观念又被提了出来，各种意见相

---

① 《辽史》卷104《刘辉传》，中华书局校点本，第1455—1456页。

② 洪皓：《松漠纪闻》卷上，辽海丛书本第5页下，辽海书社缩印本，第205页上栏。

③ 都兴智：《契丹族与黄帝》，《辽金史论集》第10辑，中国社会科学出版社2007年版，第1—5页。

持不下，使三史的纂修难以进行。最后由中书右丞相脱脱出面纂修三史，确定辽、金、宋三朝"各与正统，各系其年号"，就是承认辽朝、金朝与宋朝都是合法的政权，具有同等的政治地位，消除了民族的偏见和歧视，从而圆满地解决了正统之争，使辽、金、宋三史的纂修得以顺利进行。

以汉族政权为正统的观念，其影响可以说是根深蒂固，至为深远。近代的革命先行者孙中山，曾提出"驱逐鞑虏，恢复中华"的政治口号，"鞑虏"指的是满族人，"中华"指的是汉族人，这个政治口号仍然具有一定的民族偏见。有人为之辩解说，孙中山此言出自革命策略，其实，即使是革命策略，也可以反映出他的民族观和正统观。

受正统观念的影响，明朝后期的有关杨家将的历史小说，以杨家将小说为题材的戏剧，还有以杨家将小说为底本的杨家将评书，都有明显的大汉族主义倾向，千方百计去歪曲辽朝的历史，想方设法用虚构的人物和情节，去丑化萧太后和她周围的文臣武将，用以衬托杨家将世代忠勇的高大形象，这些作品至今仍在民间传播，在社会上产生了种种负面的影响。

中华民族是多民族结合而成的民族集合体，它既包含有人数众多的汉族，也有许多少数民族，这个事实是任何人也无法改变的。其实，就汉族而言，由于它吸收、融合了许多其他少数民族，其血统也不是很纯正的，其中混杂有少数民族的血统，这是一个十分明白的道理。时至今日，有些人仍然有意无意地丑化契丹人，反映出汉族大民族主义的影响仍然存在。

研究历史，撰写少数民族历史人物，必须实事求是，要从客观的史实出发，不能以个人的好恶出发感情用事。我们只有走出传统民族观和正统观的阴影，才能正确地、科学地记述少数民族历史人物。只有正确地论述少数民族的历史，才能有利于社会主义精神文明建设，有利于中华民族的大团结，有利于构建民族和谐的社会主义小康社会。

目录 CONTENTS

第九章 萧太后与辽中京

第十章 关于地方行政区划的调整

第十一章 萧太后与韩德让

第十二章 关于萧太后的传说

【第一章】

历史小说杨家将中的萧太后

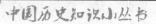

辽朝萧太后的名字在民间家喻户晓，与杨家将的历史小说以及在小说基础上出现的戏剧、评书影响有关。因此，需要知道历史小说的由来和其产生的历史背景，只有这样才能明白小说如何丑化萧太后的形象。

一 杨家将小说的两种不同版本

今日所见有关杨家将的历史小说，有两种不同的版本。其一称《杨家府演义》，其二称《北宋志传》。二书的作者不同，在内容上也不完全相同。对于这一点，许多读者大概并不清楚。因此，有必要作出说明和介绍。

《杨家府演义》的全名叫作《杨家府世代忠勇演义志传》，又名《杨家通俗演义》，共八卷五十八则。今日所见最早的刻本，是明万历三十四年（1606年）卧松阁刊本，藏国家图书馆、北京大学图书馆。卷首有图，即人们所称的绣像。原书未署撰人姓氏，只题："秦淮墨客校阅"、"烟波钓叟参订"。其序言钤有名章二，一为"纪氏振伦"，另一为"春华"。据此可知纪振伦字春华，即秦淮墨客。今江苏南京旧称江宁，城中有秦淮河，明代沿岸为居民稠密、商业繁华之地，旧时歌楼画舫多聚于此。"秦淮墨客"即以此得名，纪振伦既以"秦淮墨客"为号，说明他是江宁人。

有人认为，《杨家府演义》为纪振伦所撰，不过这种说法缺乏证据。因为"校注"也好，"参订"也好，都不是原作者所用的称谓。原作者应称"撰"或"著"，这是旧文人的习惯。"校注"、"参订"之义，是对原书进行文字上的修饰加工，即今日所说的加工处理。秦淮墨客在序言中的一番话，也可以有助于说明其非原作者。其序称："不佞于斯《传》不三致概云，剞厥告成，敬掇俚语于简首。""不佞"是旧文人的谦称，"简首"即卷首，"剞劂"指刻印。纪振伦是在该书刻印之际，略书数语于卷首为序，他并不是原作者，这是很明白的。还有，序言中斯《传》很值得推敲。他所刻印的书，原名应叫作什么《传》。明代常把记述人物故事的书，称作《传》，例如《全汉志传》、《唐书志传》、《南北宋志传》。纪振伦是把前人所著的什么《传》的人物故事，改成《杨家府演义》刻印。书名中的"杨家府"，是宋朝皇帝赏赐给杨家的府第，《杨家府演义》第一卷第七则"太宗敕建无佞府"，即指此而言。

《北宋志传》又作《北宋志传演义》，实是《南北宋志传》的后半部。其前半部称《南宋志传》，记述五代末及北宋开国史，自石敬瑭征伐前蜀开始，到曹彬平定江南为止。书名所称的"南宋"，不是宋高宗所建立的南宋，为什么命名为《南宋志传》？后人多认为不可解释，是一历史谜团。其实赵匡胤"陈桥兵变"取代后周时，北方有据守河东的北汉和契丹人的大辽，宋属地在汉、辽之南，所谓"南宋"即指宋朝而言，与后来的"南宋"有别，不可混淆。

《南北宋志传》的作者是熊大木。明代万历年间三台馆刊印的《全像两宋南北志传》，前有三台馆主人所撰之序，称："昔大本（本为木之误）先生，建邑之博洽士也，遍览群书，涉猎诸史，乃综核宋事，汇为一书，名曰《南北宋两传演义》。事取其真，词取其明，以便士民观览，其用力亦勤矣。"据此，《南北宋志传》是熊大木所撰。所谓建邑，即福建建阳县，是明代著名的刻书中心。熊大木，是书坊的主人，编印许多历史小说，除《南北宋志传》以外，还有《西汉志传》、《东汉志传》、《唐书志传》、《大宋演义中兴英烈传》。《大宋中兴通俗演义》序末署："时嘉靖三十一年，岁在壬。子冬十一月望日，鳌峰熊大木锺谷甫序。"则熊大木字锺谷，有人认为鳌峰是熊大木的别号，似不确，鳌峰应为建阳县一个小地名，熊大木即居住于此。

在上述两种有关杨家将演义的小说中，《杨家府演义》流传少、影响小，《北宋志传》翻刻多、影响大，由于这两种历史小说重点在讲述杨家将的抗辽故事，内容大同小异，故而后世翻刻本又把《杨家府演义》改名为《杨家将》。例如清代同治元年刊本、光绪八年刊本，均改名为《杨家将》。由裴效维所撰的《出版前言》称："这次重印《北宋志传》，没有沿用它的原名，而采用了通行的《杨家将演义》之名。这是因为，此书所写主要不是北宋之事，

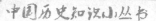

而是杨家将故事，原名《北宋志传》本来就不很确切，这大概也就是通行本所以改名的原因。《杨家将演义》既名副其实，而又为读者所熟知，因此加以采用。"

1980年湖南人民出版社将《北宋志传》改名为《杨家将传》（石梁标点本），其《前言》称："至于书名，由于《北宋志传》既不通俗也不通行，我们根据它的另一名称《玉茗堂批点按鉴参补北宋杨家将传》，取了最后四个字，就叫《杨家将传》。"

《杨家将演义》、《杨家将传》，都不是《北宋志传》最初的名字。由于《杨家府世代忠勇演义志传》又称《杨家将演义》、《杨家通俗演义》（见明万历三十四年刊本内封和序前题），这样一来就将两种不同的历史小说相混淆了，使读者误认为它们是同一种历史小说，这是很不妥当的。特别是裴氏认为《北宋志传》"主要不是北宋之事"，显然有失偏颇。杨继业（杨业）是北宋人，《宋史》为其立传，杨家将的抗辽活动，发生在北宋时期，怎么能说"主要不是北宋之事"？将《北宋志传》擅自改名，是一种错误的做法，应当予以纠正。我们应当尊重历史，无权将历史小说改名，擅自改名是对历史文化的不尊重，会误导读者。

二 杨家将小说两种版本的异同

《杨家府演义》与《北宋志传》，都是以描写杨家将世代忠君、英勇抗辽为主题，竭力表现他们的忠君报国，在这一点上二书是完全相同的。不过在结构、内容和表现方法上，却存在许多不同。这一点正是不能将此二书改用同一书名的原因所在。为了说明这个问题，需要做仔细的对比分析。

第一是二书的结构不同。《杨家府演义》共八卷五十八则，不称回。余嘉锡、石梁认为是八卷五十七则，是不准确的。每卷的篇幅有多有少，第一卷八则，第二卷六则，第三卷六则，第四卷七则，第五卷八则，第六卷七则，第七卷七则，第八卷九则。每则没有"回"字，每则的标题字数有多有少，很不整齐。有的标题为六字，如"继业夜观天象"、"太宗招降令公"、"六郎三擒孟良"等共十七则，其余四十一则标题均为七字，如"宋太祖受禅登基"、"汉继业调兵拒宋"、"太宗驾幸昊天寺"，等等。这些标题不像是章回小说的回目，而像是历史故事的题目。

《北宋志传》共十卷五十回，每卷都是五回。回目都是十四字，分为上、下两段，如第一回"北汉主屏逐忠臣，呼延赞激烈报仇"；第二回"李建忠力救义士，呼延赞梦神教武"。还有，《北宋志传》正文前有"叙述"，每句7字，共48句，极似诗句或回目，简要叙述了本书的内容。如："宁运泰开生圣主，将星明郎应相聚……于今去古几千声，荒草寒烟又夕阳。"此"叙述"其实是小说的开场白，其功用是小说的导引，将小说的大概内容作了简要的介绍。这是沿用了评话的旧例。"叙述"之后有："按前集起于唐明宗天成元年石敬瑭出身，至宋太祖平定诸国止。兹后集起宋太祖再下河东，至仁宗止。收集杨家府等传，并参入史鉴年月编定，盖取其揭始要终之意云。"据此可知，这段文字应是《南北宋志传》原有的文字，介绍该书的内容，是"叙述"的补充说明。

《杨家府演义》正文之前，无此类文字，只有刻印者纪振伦所作的序言，说明此二书的体例具有明显的不同。从序言"收集杨家府等传，并参入史鉴年月编定"来看，《北宋志传》是在《杨家府演义》的基础上，加以重新编排、整理加工而成，《北宋志传》的成书，应晚于《杨家府演义》。

第二是二书开头的写法不同。《杨家府演义》是从宋太祖受禅登基开头，然后与宋太祖采纳石守信的建议，出兵讨伐据守太原的北汉刘钧。从而引出刘钧养子刘继业（后改名杨继业）为先锋，抵御宋兵的征讨，箭射宋太祖使其落马，后被潘仁美所救走，刘继业冲入宋军阵中，"左冲右突，如入无人之境"，宋太祖惊叹："朕初欺其无谋，今观此人，行兵不亚孙、吴，使朕晓夜不安"，遂想"朕若得此人归顺，何愁四方征讨"。其后刘继业随刘钧一起降宋，宋太宗"遂赐姓杨"，刘继业改称杨继业。在筵席上杨继业"见太宗情词欸曲，欢若平生，心下思忖，太宗之局量真帝王也，倾心悦服"。从而为杨继业及其诸子忠君报国、英勇抗辽铺垫了基础，以下各卷各则逐渐展开描写。

《北宋志传》是从北汉朝廷内的斗争写起，刘钧为了预防大宋的征讨，与群臣商议对策。枢密副使欧阳昉陷害谏议大夫呼延廷，使呼延廷被罢官，归田为民。欧阳昉暗令张青、李得在石山驿杀害了呼延廷，只有乳子呼延赞幸免，为报父仇从山寨大王马忠学习武艺，伺机杀死了仇人欧阳昉，后为北宋功臣元老赵普所招安。其后八王进献反间计，迫使刘继业降宋，呼延赞成为杨继业部下将领。这段描写共占了十回的篇幅，约占全书的五分之一，与《杨家府演义》只用五则即转入杨家将抗辽正题有所不同。

第三，两种小说描写的时间跨度有所不同。《杨家府演义》的时间跨度，从宋太祖、宋太宗、宋真宗一直写到宋仁宗、宋英宗、宋神宗；而《北宋志传》只限于宋太祖、宋太宗、宋真宗三朝的杨家将活动。前书由于时间跨度太大，在故事情节上很难连贯起来，例如宋英宗时代只能用"英宗在位四年，国泰民安，边祸不作"短短一句话带过，转入宋神宗时代征讨西番新罗国（实为西夏）事（见第八卷第一则"鬼王踢死白额虎"）。由于时间跨度太大，情节分散不集中，造成篇幅太大，全书约18.6万字（包括标点符号）；《北宋志传》只写宋太祖、太宗、真宗三朝杨家将活动，内容更加集中和连贯，重点突出，而且又精简了篇幅，全书只有15.5万字，更利于阅读，这是《北宋志传》流传广的重要原因。

第四，二书的内容是大同小异。《杨家府演义》从第六卷到第七卷，有九则描写邕州侬智高叛宋，鬓鬓皓然的杨宗保代替狄青掌元帅之任，其子杨文广任先锋，前去征讨侬智高，斩杀了侬智高，接着又奉命到焦山征讨强盗，取回被抢去的三件宝物。这部分故事内容与抗辽、伐西夏、征邕州的边患无关，故而被《北宋志传》所删掉。这也是《北宋志传》的篇幅少于《杨家府演义》的重要原因。

第五，杨继业抗辽，在陈家谷狼牙村兵败被俘，头撞李陵碑而亡，是杨家将故事中最具戏剧性的重要情节，二书对此事的描写有很大的不同。《杨家府演义》写杨继业进入陈家谷以后，忽然抬头望见辽军旗帜，"只见辽兵旗上画一羊，后画一虎扑之"，大惊挥泪，"羊"即"杨"之同音，民间有大将犯地名之言，结果陷于辽军伏兵包围之中，杨继业（原文作杨令公）交战中，"抬头一看，只见两山交牙，树木茂密，竟不知是何处"。有乡民告说是狼牙谷，"令公大惊，暗忖羊遭狼牙，安得复活……令公遂匿深林之中。耶律奚低望林中袍影射之，遂射中令公左臂。令公怒复赶杀出林，辽兵四散走了。令公遥望前山一庙宇，乃引众军往视之，却是李陵之庙……取下紫金盔，撞李陵之碑而死"。耶律奚低箭射杨继业之事，《辽史》有明确记载，是属实的，由于没有活捉杨继业，违反了军令，虽得胜却不能记功。《北宋志传》第十八回题为"呼延赞大战辽兵，李陵碑杨业死节"，描写"时杨业与番兵鏖战不已，身上血映征袍。因登高而望，见四下皆是劲敌，乃长叹曰：'本欲立尺寸功以报国，不期竟至于此；吾之存亡未知，若使更为番人所擒，辱莫大焉……见一石碑，上刻'李陵碑'三字。业自思曰：'汉李陵不忠于国，安用此为

哉？'……言罢，抛了金盔，连叫数声：皇天，皇天，实鉴此心。遂触碑而死"。两相比较，《杨家府演义》的描写详细而生动，《北宋志传》的描写简单，回避了杨继业被耶律奚低射中左臂的事实，亦无李陵庙，只有李陵碑。显然有为贤者避讳之意。

三 杨家将小说产生的历史背景

杨家将小说的产生不是偶然的，一方面民间传说和戏剧的积累，为小说的产生奠定了基础；另一方面明朝后期的政治形势，促成了小说的产生。

杨家将的故事，早在北宋时期即在民间流传。欧阳修在《供备库副使杨君墓志铭》中曾写道："继业有子延昭……父子皆为名将，其智勇号称'无敌'，至今天下之士，至于里儿野竖，皆能道之。""里儿野竖"，即今日所说的人民群众，他们虽然缺乏文化修养，却能讲述杨继业、杨延昭抗辽故事，显然是长期口耳相传的结果。

到了南宋时代，除民间传说以外，杨家将故事被说唱艺人编成了话本。罗烨《醉翁谈录》所列南宋话本中，有《杨令公》、《五郎为僧》之目，虽然有目无文，却反映出杨家将抗辽的故事，已成为说唱艺人的话本。宋末元初之人徐大焯所著《烬余录》甲编称，当时在民间已出现了"杨家将"的说法。元朝人陶宗仪在《南村辍耕录》所列金院本名目中，有《打王枢密爨》，[①]王枢密即杨家将小说中的王钦（本名王钦若）。院本即杂剧，说明在金境内杨家将故事已被编为杂剧。

到了元代，杨家将故事成为戏剧的重要题材。著名的剧作家关汉卿撰有《孟良盗骨》，虽然只保留下来两句唱词，却可以证明杨家将抗辽的故事已引起了这位大剧作家的关注。只是剧本没有保留下来，难以知其详了。其所撰的

---

① 陶宗仪：《南村辍耕录》卷25，中华书局1959年版，第306页。

两句唱刻词画，与朱凯的《昊天塔孟良盗骨殖》有所不同，应属于两种不同的版本。

保留到今日的与杨家将故事有关的杂剧共五种，即王仲元《谢金吾诈拆清风府》，（见《元曲选》丁集上）、朱凯《昊天塔孟良盗骨殖》（见《元曲选》戊集下）、无名氏《八大王开诏救忠臣》、《焦光赞活拿萧天佑》、《杨六郎调兵破天阵》（此三种俱见《孤本元明杂剧》）。

《谢金吾诈拆清风府》，与《北宋志传》第二十七回"枢密计倾无佞府，金吾拆毁天波楼"内容基本相同，只是杂剧中的王钦若，在小说中改作王钦；在杂剧中谢金吾为王钦若之婿，在小说中谢金吾与王钦都是枢密，其人物的名字、身份略有不同而已。

元杂剧中的《昊天塔孟良盗骨殖》，见《北宋志传》第四十四回"六郎议取令公骨，孟良焦赞双丧命"。人物姓名相同，情节相似。

元杂剧《杨六郎调兵破天阵》，见《北宋志传》第三十八回"宗保大破天门阵，五郎降伏萧天佑"，又见《杨家府演义》第四卷之"椿精变化揭榜"、"六郎明下三关"、"宗保遇神授兵书"三则。内容小有差别，人物身份相同。

元杂剧《焦光赞活拿萧天佑》，王季烈评论说："剧中之焦赞、耶律灰、耶律马、萧天佑，皆史所未载，未必有其人也。曲文亦平庸无胜处，令工笔墨也。"①其言甚确，这是元代民间流行的演出本，相关人物见于杨家将小说。

元杂剧《八大王开诏救忠臣》，说的是杨七郎被乱箭射死，杨令公撞死李陵碑的故事，结尾以杨六郎杀死潘仁美，八大王设法赦免杨六郎收场。此剧情与《北宋志传》有所不同，小说中没有杨六郎杀死潘仁美之事，只说杨六郎告御状，潘仁美被贬为平民（见《北宋志传》第二十回"六使汴京告御状"）。《杨家府演义》第二卷第三则"八王设计斩仁美"，潘仁美的下场与元杂剧相同。

从以上宋金元话本、杂剧的内容和人物来看，杨家将小说一方面取材于

---

① 王季思：《金元戏曲》卷8，人民文学出版社1999年版，第387页。

话本传说，另一方面源自元杂剧，又撷取了正史中的有关记载。话本、杂剧中有许多虚构的人物，不见于史书记载，而是来自稗官野史。熊大木颇重视野史，他说："稗官野史，实记正史之未备，若使的以事迹显然不泯者得录，则是书竟难以成野史之余意矣。"按照他的意思，野史可以补充正史之不足。基于这种认识，他在编印《北宋志传》过程中，大概增加了许多稗官野史的内容。《隋书·经籍志》称："小说者，街谈巷语说也。"[①]所谓"街谈巷语"，即民间传说，其牵强附会是不可避免的现象，其中大多是人们的想象，虽然在一定程度上反映了人民群众的情感，然而未必真有其事；只有少量的故事传说，可能具有历史的原型，不过由于在传承过程中，增加了人们的感情色彩，亦不可全信。这种现象在杨家将历史小说中比比皆是。故余嘉锡说，杨家将小说"仅有三分事实，七分纯出于虚构"。[②]

关于杨家将的两种历史小说，成书的时间均在明代后期。今日所见《杨家将演义》最早的刻本，为明万历三十四年（1606年）卧松阁刊本。《北宋志传》最早的刻本，为明建阳余氏三台馆刊本，刊出时间不详。明世德堂刊本，署"时癸巳长至泛雪斋叙"，癸巳，应为万历二十一年，与《杨家府演义》初刻的时间相近。熊大木《大宋武穆王演义序》末署"时嘉靖三十一年，岁在壬子"。说明熊大木生活在嘉靖年间（1522—1566年）。《北宋志传》经过熊大木的审订加工，故多数学者都认为，《北宋志传》和《杨家府演义》应成书于嘉靖万历年间，即明代的后期。

明代后期出现描写北宋杨家将抗辽故事的小说，实非偶然，因为宋朝和明朝都是中国历史上比较软弱的朝代，深受北方民族的威胁，外患十分严重。在五代时期，石敬瑭将燕云十六州割让给契丹，使契丹人的势力从燕山以北扩张到燕山以南。宋太祖即位以后，虽然计划收复燕云十六州，然而他知道辽朝势力强大，靠武力难以达到目的。他准备积累五百万缗钱，从契丹手中赎回燕

---

① （唐）魏征：《隋书》卷34，《经籍三》。中华书局校点本，第1012页。

② 余嘉锡：《论学杂著》中华书局1963年版，第427页。

云十六州，然而尚未及实现即死去了。

宋太宗即位以后，仍把收复燕云十六州列为重要目标，企图用武力收复燕云十六州，然而都以失败告终。979年宋太宗在讨平北汉刘钧，占领河东（今山西）以后，曾乘胜北伐燕京，想一举收回燕京之地。不过在"高梁河之战"，宋军大败，损失惨重，宋太宗股中两箭，乘驴车逃命，仅以身免。"高梁河之战"给宋太宗"御体"造成重大伤害，股上的箭伤"岁岁必发"，最后竟以箭疮发作而殒命。

"高梁河之战"虽以失败告终，宋太宗仍想用武力收复燕云故地。982年，幼小的辽圣宗继位，其母萧太后执政，宋太宗认为有机可乘，986年分兵三路北伐，企图一举攻下幽州和云州。然而三路大军均以失败告终，号称"杨无敌"的杨继业，在朔州兵败被俘，绝食而亡，使宋太宗在精神上受到致命的打击。此后，1004年辽军南下，辽宋展开了"澶渊之战"，宋真宗很勉强地赴澶州督战，然而受前两次北伐失败的影响，缺乏抗辽的信心，结果签订了"澶渊和议"，被史家称作"澶渊之盟"。宋真宗要称萧太后为叔母，每年向辽朝提供白银十万两、绢二十万匹，作为"助军旅之费"。宋朝人认为是奇耻大辱，王钦若（在杨家将小说中被描写为萧太后的奸细）指出是"城下之盟"。时至今日，许多史学家仍持此看法。①它反映出，"澶渊之盟"给宋朝人以及当代的某些人，留下了深刻的阴影。

辽朝末年，宋徽宗、童贯等人，与刚刚兴起的金朝签订了"海上之盟"，企图借助于金的力量共同灭辽，收复梦寐以求的燕云之地。按照"海上之盟"，宋、金两国必须共同出兵，然而北伐的宋军，东路种师道，西路辛兴宗均被打败，后来改派刘延庆为前线总指挥，虽然大军到达了永定河南岸，距幽州城只有20里，但是刘延庆有惧辽心理，双方尚未接触，宋军便全线溃败，自相践踏，死伤无数。而阿骨打亲自率领的金军，却轻易地攻取了幽州城。此后，由于宋徽宗举措失当，招降金将张觉，结果激起了金朝的不满，先后两次

---

① 漆侠：《辽国的战略进攻与澶渊之盟的订立》，载《河北大学学报》1992年第3期，第1—3页。

挥师南下，打破了宋都开封城，宋徽宗、宋钦宗被俘虏，被押送到五国城，"坐井观天"，最后都老死在五国城。此事被旧史家称作"靖康之变"。[①]

宋高宗赵构即位后，逃窜到江南偏安，史称南宋。宋高宗畏惧女真人，打击以李纲为首的抗金官员，重用秦桧为首的投降派，诬陷抗金将领岳飞等人，最后屈膝投降，与金朝签订了"绍兴和议"，将淮河以北的领土让给了金朝，将原先输纳给辽朝的银、绢，全部转让给金朝。宋高宗的投降《誓表》中有："既蒙恩造，许备藩方，世世子孙，谨守臣节……有渝此盟，明神是殛，坠命亡氏，踣其国家。臣今既进誓表，伏望上国早降誓诏，庶使弊邑永有凭焉。"[②]宋高宗自称藩称臣，以金朝为"上国"，实即金朝之附庸，充分暴露出宋高宗的一副奴才相，天下人共耻之。

明朝也是历史上比较软弱的朝代。元朝皇帝虽然退出了元大都，然而其有生力量并没有被消灭，在北方草原上形成了瓦剌、鞑靼、兀良哈蒙古三大支，构成了北方的重大边患。明成祖为了讨好兀良哈蒙古，曾将大宁都司辖地割让给兀良哈蒙古，使今内蒙古东部、吉林西部广大地区为蒙古人所占领。正统以后，辽宁、吉林东部建州女真强大起来，努尔哈赤建立了金国（史称后金），最后灭亡了明朝。北方的瓦剌、鞑靼不时南下侵扰。1449年，瓦剌分四路大军南下，得到了兀良哈蒙古的配合。明英宗在宦官王振的挟持下仓促出征，于土木堡被也先统率的蒙古大军包围，结果明英宗被俘虏，史称"土木之变"。

此后瓦剌衰落，鞑靼强大起来，明朝虽然设置九镇，修建九镇边墙（边墙即长城，明代讳言长城）以御北，然而却无法阻止鞑靼南下，鞑靼占领了河套地区（今鄂尔多斯）作为其永驻的牧场，被称作"套寇"。1542年（嘉靖二十一年），鞑靼部长俺答汗大举南下，所经过的十卫三十八州深受其害，杀害人口二十余万，抢掠牲畜二百余万头，焚烧居民八万户，有十万顷土地荒芜。1550年（嘉靖二十九年），俺答汗再次南下，从古北口突破边墙之防，明

---

① 景爱：《历史上的金兀术》，中国社会科学出版社2008年版，第98—101页。
② （元）脱脱：《金史》卷77，《宗弼传》。中华书局校点本，第1755—1756页。

军大溃，俺答汗进至通州，骑兵直达北京城下，在大肆抢掠以后，又从古北口撤出。此次侵扰破坏力极大，被史家称作"庚戌之变"。

外患的猖狂，与明朝的政治腐败、宦官当政有关。嘉靖年间俺答汗南下，大同总兵仇鸾"软弱不敢战"，甚至用重金贿赂俺答汗，要求俺答汗改从别处南下，故而俺答汗从蓟镇古北口侵入。戚继光被调到蓟镇任总兵以后，在练兵、整修边墙方面作出了巨大贡献，成为著名的将领，然而最后也被罢官，不能久留。

对于祸国殃民的贪官污吏，许多正直的文武大臣和广大人民群众，都表示愤怒和不满。然而他们无力改变现实，便寄希望于能够出现杨业、岳飞之类的英雄人物来抗击外患，保卫自己的家园。秦淮墨客在《杨家府演义》序言中说："宋起鼎沸之后，一时韬钤介胄之士，师师济济，忠勇如杨令公者，盖举世不一见云。令公投矢降太宗，公尔忘私，业以许国。狼牙一战，奋不顾身，英风劲气，真足寒其心而褫之魄。使其将相调和，中外合应，岂不足树威华夏！"这番话委婉却真实地流露出人们盼望英雄出世，挽救国家危亡的理想和愿望。杨家将小说歌颂杨家将祖孙三代忠君报国，英勇抗辽，鞭挞潘仁美、王钦一帮陷害忠良的奸臣，就是表达了人民群众抗御外侮的意志和必胜的信心。这就是描写杨家将的历史小说，在嘉靖至万历年间出现和广为流传的社会原因。

四 小说对萧太后的丑化

在社会生活中，真与假、善与恶、美与丑是普遍存在的现象。它们是相互依存的，没有真、善、美，也就没有假、恶、丑，反之亦然。毛泽东有句名言，叫作有比较才有鉴别，说的就是这个道理。在文艺作品中，通常都存在真假、善恶、美丑的对立面，因为越是矛盾对立的人物越容易引起人们的关注。矛盾对立的最高峰往往是最激动人心之处。没有矛盾对立的文艺作品，会使人感到平淡无趣。因此，文艺作品，常常刻画正反两类不同的人物，以吸引读者的兴趣。杨家将历史小说也是如此。

杨家将小说所要表现的是英勇抗辽、忠君报国。为了突出杨家将的英勇抗辽，就必须以辽朝人物作陪衬；为了突出杨家将的忠君报国，就必须以奸臣误国作陪衬。辽朝人物是以萧太后为代表的君臣，宋朝的奸臣则是以潘仁美、王钦为代表的朝官。

杨家将小说中潘仁美、王钦是真实的人物，潘仁美即潘美、王钦即王钦若，俱见于《宋史》，并不是什么奸臣。潘美先事周世宗，宋太祖即位后，曾南征北伐，卓有功勋。征讨北汉之时，潘美为北路都招讨、判太原行府事。雍熙三年宋军北伐，潘美"独拔寰、朔、云、应等州"。陈家谷之战，潘美指挥失当，致使杨业被辽军包围，杨业被俘自杀，潘美负有责任，事后潘美"坐削三等"以示惩罚。①不过他不是故意陷害杨业，将杨业置于死地而后快。潘美死后，赠中书令，谥武惠，配享宋太宗庙庭，朝廷给他以很高的奖赏，说明他

---

① （元）脱脱：《宋史》卷258，《潘美传》。中华书局，第8990—8993页。

是忠臣，不是奸臣。杨家将小说对潘仁美的描写是虚构的，不真实的。

杨家将小说将王钦说成是辽国萧太后派来的间谍，专门刺探宋朝的情报，与辽国里应外合，也是虚构的。王钦若（王钦）是进士出身，曾任翰林院学士、资政殿大学士，参与纂修《册府元龟》、修国史，死于宋仁宗初年，赠太师、中书令、谥文穆，"录亲属及所亲信二十余人"，说明朝廷对王钦若褒奖有加，也是大功臣。《宋史》称他是"性倾巧，敢为矫诞"，杨家将小说大概是据此把他描写成善于投机取巧的奸臣。①

杨家将小说在虚构潘仁美、王钦的同时，又虚构了萧太后的愚昧和其文臣武将的无能，用以衬托杨继业（杨业）祖孙三代的武艺高强，英勇善战，证明杨继业是名副其实的"杨无敌"。其中以《北宋志传》的虚构最为夸张、最有代表性。今以《北宋志传》为例，稍加剖析说明。

在《北宋志传》中，萧太后是从第三回开始出现，到第四十二回自缢身亡，其间多有描写。有时称萧太后，有时简称萧后，有时称萧娘娘。她被描写成贪权篡政、毫无主见、优柔寡断，一切都以左右大臣之说为是。这与史书中记载的萧太后大相径庭。显而易见，这些虚构的情节是有意丑化萧太后及其周围的文武大臣，用以贬低萧太后和契丹人物，反衬杨家将和宋朝君臣的英明，把辽朝贬为没有文化、缺乏人才的夷狄之邦。

第三回"金头娘征场斗艺，高怀德大战潞州"，通过辽将韩延寿和马坤之口，两次提到萧太后篡权执政。韩延寿是幽州皇帝殿前名将，奉萧太后之命来召太行山隐居的马坤。韩延寿说："耶律皇帝已殁，今立萧太后登宝位，我奉令旨，来取将军回国，共佐新主。"马坤在离开太行山寨的筵席上，对呼延赞等众兄弟说："我只因耶律皇帝无道，隐入太行山，今近十五年矣。听得国中已立萧太后为主，有旨来取。"韩延寿和马坤，均不见于史载，是小说虚构的人物。他们之言，是对辽景宗和萧太后的恶意丑化。

萧后是辽景宗的皇后，辽景宗死后其子耶律隆绪继位，史称辽圣宗。萧后母以子贵，被尊为萧太后。辽景宗名耶律贤，在位十四年（969—982年），

---

① （元）脱脱：《宋史》卷283，《王钦若传》。中华书局，第9559—9564页。

马坤所说的近十五年，即指辽景宗在位而言。辽景宗自幼体弱多病，难以上朝理政，故将治理国家的大权，交给萧后。辽景宗虽然才能不及萧后，却不是无道昏君，还是很有作为的。宋太宗第一次北伐，在幽州高梁河之战被辽景宗打败，仓皇逃命，即是证明。宋朝文人叶隆礼讥讽辽景宗"政非己出，不免牝鸡之伺；祭则寡人，听命椒涂之手"。所谓"牝鸡"、"椒涂之手"，都是指萧后而言。实际上辽景宗委政于萧后，正是他高明之处。萧后主政时期，辽朝开始走向强大，高梁河之战辽朝大胜，实际上与萧后的谋划有关。战争是以胜负论高下，宋太宗自统大军北伐，却全军溃败，自己也身中两箭，乘驴车逃命，证明了"牝鸡"比公鸡更为有才智。

辽景宗病逝时，皇太子耶律隆绪只有十二岁，是一个不懂事的孩子。在这种情况下皇太后执掌国政，是很正常的现象，在历史上不乏其例。西汉的吕后（吕雉），唐代的武后（武则天），蒙元时期的乃马真皇后，清代的慈禧太后，都是以临朝执政而著名。小说中有"萧太后登宝位"，是说萧太后有如武则天，当上了女皇帝。小说中"立萧太后为主"，也是同一个意思，是说萧太后当了国主，国主是皇帝的另一种说法，在宋朝人的笔下，常称辽、金皇帝为"国主"或"虏主"。例如南宋人张汇撰的《金节要》称辽朝天祚皇帝耶律延禧为"辽主"，称金熙宗完颜亶为"虏主"。将辽、金皇帝称作"辽主"、"虏主"，是不承认辽、金的合法性，具有明显的民族偏见。杨家将小说沿用了宋朝人的说法，将辽朝皇帝称作"国主"以示蔑视。

在辽圣宗时期，萧太后虽然执掌国政，常常以皇帝的名义发号施令，不过她的身份是皇太后，不是女皇帝，史书对此有明确记载。小说的编者，是让萧太后一出场就是名不正、言不顺的女皇帝，让读者误认为辽国不是礼仪之邦，对萧太后的为人产生厌恶心理，在此基础上为进一步丑化萧太后及其文武大臣铺垫基础。

史书称萧太后"明达治道，闻善必从"，[①]又称她"神机智略，善驭左右"，是一个极其聪明有才智的人。然而杨家将小说以虚构的情节，把萧后描

---

① （元）脱脱：《辽史》卷71，《后妃传》。中华书局，第1202页。

写成胆小怕事、愚昧无知的蠢人。《北宋志传》第四十回、四十一回、四十二回，以很大的篇幅虚构了宋、辽双方在九龙飞虎谷斗武，北宋的十大朝臣被骗入谷中被辽军包围。已被萧太后误招为驸马的杨延朗（化名为木易）暗助粮草，杨家八娘九妹和杨宗保助战解围，乘胜打败辽朝兵马，将幽州城包围三匝，围得水泄不通。萧太后得知此事，先是"惊得心胆飞裂"，次是表示"不如纳降"，以救一方生命。最后是"径走入后殿，解下戏龙绦，自缢而死"。萧太后的女儿琼娥公主，随从杨延朗归宋，辽将耶律学古被杨延朗所杀，辽将耶律休哥"削净须发"逃走，自是，"大辽郡邑闻幽州已破，望风归附"。

小说中的九龙飞虎谷斗武大战，大概是以宋太宗两次北伐或澶渊之战为背景。在这三次战争中宋朝均以失败告终，并没有攻取幽州城。小说虚构了宋胜辽败的情节，极力丑化萧太后及其部下的将领。将萧太后描写得如此懦弱、愚昧，与萧太后的真实性格截然相反。在历史上萧太后指挥的辽宋战争接连取胜，宋军从来就没有占领幽州城。史称萧太后"习知军政，澶渊之役，亲御戎车，指麾三军，赏罚信明，将士用命"，[1]又载："统和年间，举国南征，后亲跨马行阵，与幼帝提兵初取威虏军、顺安军，东取保州。又与幼帝及统军顾国王挞览合势以攻定州，余众直抵深、祁以东。又从阳城淀缘胡卢河逾关，南抵瀛州城下，岳势甚盛，后与幼帝亲鼓众急击，矢集城上如雨。复自瀛州抵贝、冀、天雄，南宋煌遽，驾亲幸澶渊"。宋朝被迫签订了城下之盟，以向辽输纳银绢的代价，取得了和议。萧太后冒箭雨到前线观察敌情，亲自指挥战斗，如此刚烈的萧太后岂能自缢而死？小说所虚构的情节，实际上是丑化萧太后及其将领，用以掩饰宋朝的失利，属于水中月、镜中花、画中饼，虽然无济于事，然而美丽的谎言却使读者松了一口气，获得了精神上的满足，使人们从压抑的境界中得到解脱，属于鲁迅所说的"精神胜利"。

杨家将小说对辽朝契丹将领也极尽丑化之能事。《北宋志传》第二十二回"杨家将晋阳斗武"说的是辽将土金秀与杨六郎比箭法高低，称杨六郎"取

---

① 《辽史》卷71，《后妃传》。中华书局校点本，第1202页。
② 《契丹国志》卷13，《后妃传》。上海古籍出版社1985年版，第143页。

过硬弓，马上一连三矢，并透红心，观者无不称赞"；而"金秀接弓在手，睁目咬牙，尽止扳扯，不动半毫。乃惊曰：能开若是硬弓，真神人也"。土金秀是虚构的人物，如果辽朝将领连硬弓都扳扯不开，则显然都是无能之辈。俗语云：兵熊熊一个，将熊熊一窝。对付这样的辽军，宋朝岂能不取胜。由于事实恰恰相反，故而小说才做此虚构，以取悦读者之心。

用虚构的故事来丑化萧太后及辽朝将领，说明小说的编著者并不高明，余嘉锡指出：杨家将小说"仅有三分事实，七分纯出于虚构。其人文学远不如罗贯中，故其运用史传，不能融会贯通，凭空构造，不能切合情理"。①余氏的这种批评，可以说是切中了要害。

---

① 余嘉锡：《杨家将故事考信录》，《余家锡论学杂著》，中华书局1963年版，第427页。

五 小说的影响

在封建时代，受儒教的影响，将忠君看得特别重要，认为忠君即是爱国，因为皇帝是国家的代表。在今天看来，忠君和爱国完全是两回事，不过在封建制度下，人们的认识只能如此。杨家将小说是以杨家世代忠君报国为主题，比较系统地表现了杨家将的英雄事迹，从而将北宋以来广为流传的杨家将故事定型化了，一是人物定型，二是故事情节定型。从而为后世杨家将故事的再创造，保存了丰富的资料，提供了良好的基础。忠君即是爱国的思想，有利于封建统治，历朝历代的封建统治者都加以宣传提倡。故而杨家将小说的出现，引起了统治者的重视，在清朝初年被列为宫廷大戏，称作《昭代箫韶》。全剧十本，每本二十四出，共二百四十出。《昭代箫韶》每演一次，需要一年零七八个月时间，在清廷内曾演出四次，观者除皇帝外，还有文武百官。《昭代箫韶》是以杨家将小说为基础，又增加了正史的有关记载。

宫廷戏演杨家将故事，自然要影响到民间的戏剧。自乾隆、嘉庆以来，经民国一直到解放初期，有关杨家将的戏剧如雨后春笋，层出不穷。据今人陶君起的研究，有关杨家将的戏剧多达三十六种，其中大部分来自历史小说《北宋志传》。

杨家将小说的重要来源是话本，所谓话本，即说书人所用的底本。杨家将小说出现以后，又成为说书人的新话本。自清末民国以来，民间的说书之风甚为流行，又称讲评书或评弹，是民间的重要文化活动。其中以单田芳、刘兰芳所讲的《杨家将》、《岳飞传》影响比较大，《杨家将》的话本来自杨家将小说，《岳飞传》的话本来自《说岳全传》。受此影响，萧太后和岳飞在民间广为人知。

杨家将抗辽活动是在北方地区，因而在北方杨家将故事流传很广，在杨家将没有到过的地方，也出现了杨家将的故事传说，例如北京市关沟七十二景中，就有与杨家将有关的景点。在居庸关附近有一天然巨石，上有足印形的斑痕，被称作穆桂英的点将台。在青龙桥和四桥村一带，还有五郎庙、六郎影、六郎寨。在密云县古北口乡河东村东山上，有杨令公祠庙，至今犹存。①杨令公根本就没有到过这里，这是当地群众受杨家将传说、杨家将小说影响，附会当地风物指鹿为马的结果。

关于杨家将的传说、小说、戏剧、评书由来已久，都把萧太后和契丹人的文臣武将描绘成落后、愚昧、野蛮的形象。宋朝、明朝深受北方契丹人、女真人、蒙古人的威胁和侵扰，当时的人出于民族仇恨的心理，丑化北方少数民族人物，这是可以理解的，我们不能脱离当时的历史条件去苛求古人。不过应当指出，其对广大群众所产生的负面影响，是不可低估的。许多缺乏历史知识的人，往往是把杨家将小说当成信史来读的，他们误信历史上的契丹人和萧太后，就是小说中和舞台上那种形象，这种认识不利于中华民族的大团结。如果今人仍然站在宋朝人、明朝人的立场上，看待辽朝的契丹人和金朝的女真人，就会犯历史性的错误。历史上的许多少数民族，都已融入中华民族之中，在广大的汉族人中，也有少数民族的血统。因此，我们不能把辽、金视为异族、外国，如果将他们视为敌族、敌国，就会有意无意地伤害少数民族的感情，就会有意无意地制造民族矛盾和破坏中华民族的大团结。李一氓曾指出：

爱国主义是一个有广泛意义的伦理概念。不少文艺作家一提爱国主义，总是将矛头指向中国除汉族以外的其他族，一打契丹人，一打匈奴人，一打……就是爱国主义了。忠君不等于爱国。特别是今天，引用某些历史事件来颂扬爱国主义，这又恰是汉人爱国主义，就显然会影响全国各族人民的团结。

---

① 北京市社会科学院：《今日北京》，燕山出版社1991年版，第360、444—445页。

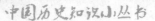

其实，我们颂扬爱国主义的天地广阔的很，何必一定要纠缠着契丹人不放。①

　　李一氓的论述非常深刻，其文是针对文艺界人士讲的，对于历史研究工作者更为重要。我有切身的体会，20世纪八九十年代，出于科学研究的需要，我曾多次深入内蒙古地区进行实地考察。在不同的旗县，我都听到了一个相同的真实故事。当地牧民听到讲评书的人把契丹人、女真人描绘得青面獠牙、奸淫烧杀、屡战屡败的时候，有的蒙古族牧民气愤得将收音机掷地摔碎，大骂讲评书的民间艺人。蒙古人与历史上的契丹人、女真人不是同一民族，没有直接的血缘关系。那么，他们为什么对丑化契丹人、女真人如此愤怒和不满呢？这叫物伤其类。少数民族具有相同的心理和感情，丑化其中任何一个民族（包括古代的少数民族），其他的少数民族在感情上都会受到伤害，无形之中会产生民族的隔阂。因此，我们应当站在中华民族的角度，来看待这个问题，应当有社会的责任感。特别是新闻出版部门，要高度重视这个问题，避免出现利用杨家将小说丑化辽朝和契丹人的作品。

---

① 李一氓：《读〈辽史〉》，载《文艺研究》1981年第4期。

第二章

大辽与契丹——反复改易的国号

一 辽朝多次改复国号

国号即国名，如大清国、中华民国、中华人民共和国都是国号、国名，它是一个国家的标识，是不能轻易改变的，必须保持稳定性。在中国历史上，只有改朝换代的时候，才能改变国号，以表明一个新的朝代取代了另一个朝代。例如孙中山推翻了清朝统治，改大清国为中华民国，中国共产党推翻了国民党的统治，将中华民国改为中华人民共和国。国号体现了一个国家的政治特点，因而采用什么国号，必须深思熟虑，慎重对待。

辽朝有些例外，在它存在的209年中（916—1125年），曾多次改复国号。辽朝是契丹族建立的国家，最初是以族名契丹作为国名，这是顺理成章的。这种现象很多，例如渤海族建立的国家称渤海国，又如蒙古族最初建立的国家称蒙古国，到了忽必烈时代才改蒙古国为元朝。

根据史书的记载，辽太宗耶律德光当了皇帝以后，曾于会同元年（938年）改国号为大辽。[①]此后不久，在会同四年八月以前，又恢复了契丹国号。会同十年（947年)，辽太宗改元大同，与此同时又将契丹国改为大辽国。[②]辽圣宗统和元年（983年），又恢复了大契丹国号。[①]

清代学者赵翼最先注意到了这个问题，他在《廿二史札记》、《陔余丛

---

① 《契丹国志》后晋天福二年（丁酉，937年）"改元会同，国号大辽。"上海古籍出版社点校本，第20页。

② 《辽史》卷4《太宗下》："大同元年（947年）二月丁巳朔，建国号大辽，大赦，改元大同。"中华书局校点本，第59页。

考》中，两次指出了辽朝改复国号，提出"耶律氏两改而中复"，即两次改契丹为大辽，不久又两次恢复了契丹国号。②赵翼只是依据史书的记载来考证辽朝改复国号问题，是很不全面的。从辽代的石刻资料（即辽代的碑志）来看，辽朝至少九改九复国号，即改变了十八次。除太宗以外，在辽穆宗、辽景宗、辽圣宗、辽兴宗、辽道宗时代，均有改复国号之举，只有辽太祖和天祚帝不见有改复国号的记录。换句话说除了建国者辽太祖、丧国者天祚帝以外，其他皇帝在位期间都曾改复国号，时而称契丹，时而称大辽（详见《出土文献研究》第八辑）。今列为表1附后，可供参考。

表1　　　　　　　　　　辽朝改复国号简表

序号	改复国号	改复时间	相关文献石刻
1	契丹	神册元年（916年）	辽史、契丹国志
2	辽	会同元年（938年）	东都事略
3	契丹	会同四年（941年前）	耶律羽之墓志
4	辽	大同元年（947年）	辽史、契丹国志
5	契丹	应历五年（955年前）	陈万墓志
6	辽	应历七年（957年前）	种氏墓志
7	契丹	保宁二年（970年前）	刘承嗣墓志
8	辽	保宁十年（978年前）	李内贞墓志
9	契丹	保宁十一年（979年前）	耶律琮神道碑
10	辽	乾亨三年（981年前）	王裕墓志

① 《契丹国志》卷7《圣宗天辅皇帝》："癸未，统和元年，宋太平兴国八年，帝即位，复号大契丹。"上海古籍出版社点校本，第63页。

② 赵翼：《廿二史札记》卷27《辽史疏漏处》，中国书店1987年影印本，第365页；又，《陔余丛考》卷15《辽复号改号》，河北人民出版社校点本，第270—271页。

续表

序号	改复国号	改复时间	相关文献石刻
11	契丹	统和元年（983年）	契丹国志、东都事略
12	辽	统和二十年（1002年前）	赵府君墓志
13	契丹	统和二十二年（1004年前）	契丹国志
14	辽	统和二十九年（1011年前）	王氏墓志
15	契丹	开泰九年（1020年前）	耿延毅墓志
16	辽	太平七年（1027年前）	房山石经题记
17	契丹	重熙四年（1035年前）	张哥墓志
18	辽	咸雍二年（1066年）	东都事略、契丹国志

二 辽朝不是以辽水得名

如此频繁地改复国号，在中国历史上是极其少见的。那么，辽朝为什么多次改复国号呢？这需要从"契丹"和"辽"的字义说起。

《金史》记载："辽以宾铁为号，取其坚也，宾铁虽坚，终亦变坏，惟金不变不坏。金之色白，完颜部尚白，于是国号大金。"[1]后世学者据此记载，最初认为"辽"字是指宾铁而言。

20世纪30年代，冯家昇指出《金史》中"辽以宾铁为号"是不正确的，实际上"契丹"具有宾铁之意，"以宾铁为号"是指契丹而言，史书以宾铁之意解释"辽"是不正确的。他又提出，"辽"是以辽水得名。冯家昇这一发现非常重要，纠正了《金史》的误说，具有重要的贡献。冯家昇提出，辽朝是因辽水、辽河得名，这一说法曾被许多学者采纳接受，几乎成为定论。[2]

然而仔细考察辽朝初年的地理条件，辽朝以辽水得名一说是难以成立的。

辽太祖、辽太宗时代，属于辽朝初年。当时辽朝腹心地区的河流有二，一是今西拉木伦河，契丹语称作"枭罗个没里"，"枭罗个"意为"黄"，即黄色之黄，"没里"意为"河"，即河流之河，"枭罗个没里"是以水色得名，意为黄河，为了与中原地区的大河黄河相区别，故而书写作"潢河"。今日蒙古人称之为"舍里木河"，也是指潢河而言。第二条河流是今日的老哈

---

① 《金史》卷2《太祖》，中华书局校点本，第26页。

② 冯家昇：《契丹名号考释》，原刊《燕京学报》第13期，后收入《冯家昇论著辑粹》，中华书局1987年版，第1—38页。

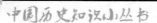

河，简称老河，契丹语称作"陶猥思没里"，"陶猥思"三字快读为"土"字，因此，辽代时老哈河又称作"土河"，系契丹语之音译。

契丹人是鲜卑人的后裔，西拉木伦河、老哈河是其发祥地。《辽史》记载说，相传有神人乘白马浮土河而东，有仙女驾青牛车泛潢河而下，至木叶山二水合流处相遇，结为夫妻，生八子，分八部，其子孙发展为契丹族。这古老的传说反映出，西拉木伦河、老哈河是契丹族的发祥地。不过在辽代时，西拉木伦河、老哈河各有其名，都不叫辽河。因为当时契丹人的地理知识有限，他们不知道潢河和土河是辽河的上源。辽河之名，在《辽史》中出现比较晚。直到辽圣宗开泰九年（1020年）、太平八年（1028年），才始见"平地松林有辽河源"的记载。[1]说明直到辽代中期，契丹人才知道平地松林（在今克什克腾旗境内）是辽河的发源地。

辽水之名在战国时代即见于记载，燕国的辽西、辽东郡即以辽水得名。不过辽初之际，辽河（西辽河、东辽河会合以后称作辽河）并不在辽朝的腹心地区，而是在东丹国境内。东丹国辖境即渤海国旧地，其国王为辽太祖长子耶律倍，建元甘露，设有中台省、左右大相、左右次相和文武百官，名义上受契丹国节制，实际是半独立的政权，耶律倍逝世以后，以其叔父安端主东丹国，封明王，直到辽圣宗即位后（乾亨四年，985年），才"省置中公省官"，[2]金毓黻认为直到这时东丹国被废除，前后存在了五十七年。

由于辽水在东丹国境内，不在辽朝的腹心地区，因此，辽朝以辽水得名一说既不符合事实，又不合情理，是不能成立的。

---

① 《辽史》卷68《游幸表》，中华书局校点本，第1061—1062页。

② 《辽史》卷10《圣宗一》，中华书局校点本，第108页。

三 "辽" 寓以扩张疆域之意

那么，辽朝如果不是以辽河得名，那么，辽朝又是因何而得名？这需要从"辽"字的本义说起。

对汉字解释最权威的著作，是东汉人许慎所撰的《说文解字》，后世字典对汉字的解释，均来源于此。《说文解字》对"辽"字的注释是"远也"，对"远"字的解释是"辽也"，可知辽、远二字是同义词。《康熙字典》也取这种解释，并引屈原《楚辞·九歌》"山修远其辽辽兮"作为证明。

辽太宗先后两次改契丹为大辽，都是取辽远之义，与其扩大疆域的动机和政治形势有关。这一点长期以来尚未引起专家学者的重视，这里稍作一些说明。

阴山和燕山以南中原地区的富庶和所积累的财富，对于"畜牧畋渔以食，皮毛以衣"的契丹贵族来说，具有巨大的诱惑力，极其羡慕中原地区的物质生活。辽太祖耶律阿保机就是一个特别爱慕中原文明的契丹上层贵族，其皇后述律氏却相反，她是一个爱恋草原文明的保守派，自称"我有羊马之富，西楼足以娱乐"，不愿意起兵南下中原。当阿保机从王郁口中得知镇州（今河北省正定）"金帛山积，燕姬赵女，罗绮盈廷"以后，他欢呼雀跃，喜形于色，对述律皇后说："张文礼（按：当时为戍守镇州的后唐将领）有金玉百万，留待皇后，可共取之。"①可知阿保机南下中原的目的，是掠夺中原的财富，这也是激励契丹士兵南下打仗的最好办法。

① 《新五代史》卷72《四夷附录第一》，中华书局校点本，第888页。

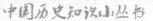

辽太祖早就想南下中原，可是担心渤海人会偷袭其后。因此，阿保机急于灭亡渤海，断其后患。不过阿保机在灭亡渤海的当年就病死于扶余府，其子耶律德光继位以后，仍把南下中原作为国策。天显十三年（939年），辽太宗率兵南下，后晋献出燕云十六州，石敬瑭当了"儿皇帝"。燕云十六州即今河北北部（包括北京市）和山西北部，使契丹的势力由北方塞外扩张到了阴山、燕山之南。契丹的腹心地区在西拉木伦河、老哈河，燕云十六州对契丹人来说属于辽远的地方。于是，辽太宗耶律德光在高兴之际，立即将国号契丹改为大辽，以适应其领土的扩大。

辽太宗耶律德光第二次改契丹为大辽，也与其扩大领土有关。石敬瑭病死以后，其子石重贵继位，在许多大臣的影响下，不愿意给契丹人当傀儡，结果引起了辽太宗的不满，第二次挥师南下，打败了后晋的军队，占领了后晋的都城汴京（今开封），石重贵向契丹投降，后晋被耶律德光灭亡了。为了绝其后患，将石重贵及其母李氏迁往北国，令其在建州（今辽宁省朝阳市）耕种自给。

契丹人占领了后晋的全部领土，其势力扩展到了黄河以南的广大地区。对于契丹人来说，这里是更加辽远的地方。因此，公元947年耶律德光将年号改为大同，将国号改为大辽。"大同"一词来自《礼记·礼运篇》："大道之行也，天下为公，选贤与能，讲信修睦，故人不独亲其亲，不独子其子……是谓大同。"大同是指人人平等自由，是古代思想家的一种理想境界。大同作为年号，始见于梁武帝，大同元年为公元585年。辽朝是第二次使用大同年号，伪满洲国时也曾使用大同年号，大同元年为1932年。辽朝使用大同年号，是因为吞并了后晋的领土，辽与后晋混同为一而言。

四 "辽"体现了契丹人的政治理念

契丹为什么要改国号为大辽，大辽使用不久为什么又恢复了契丹国号？这是一个值得深思、值得研究的重大问题。从当时的历史背景来看，可以发现一种现象：当契丹南下中原时，一般都改国号为大辽，如前所述，辽太宗耶律德光两次改契丹为大辽，是与他南下中原的扩张活动有关。辽穆宗应历年间，曾南下攻打后周，占领了后周的一些州县，于是改大契丹为大辽。统和二十二年（1004年），契丹南下攻打北宋，战于澶渊，于是改契丹为大辽。当南下战争结束以后，政治形势又回到了常态，因此又恢复了大契丹的国号。由此事实不难发现，契丹人南下，扩张势力时，一般都改国号为辽，事毕即恢复大契丹国号。因此，国号大辽体现了契丹人对外扩张的思想和决心，与辽朝皇帝的政治主张息息相关。契丹改国号、复国号的次数太多，由于目前掌握的相关资料不多，难以一概而论，尚需深入研究，不过上述倾向却是很明显的，是有一定根据的，对于研究契丹上层贵族、特别是皇帝的政治主张，无疑可以提供一定的线索和思路，是值得认真思考的。

由此可知，辽朝不是以辽河得名，而是以辽远得名。以"辽"为国号寄托了契丹人的理想和信念，体现了契丹贵族的政治抱负和决心，对于振奋契丹人的勇猛好战精神，具有一定的作用。

在契丹文字的碑刻墓志中，涉及国号者有两种情形。其一是只称"大辽国"或"大契丹国"。《耶律祺墓志》称"大辽国"，《耶律习涅墓铭》称"大中央契丹国"，即是典型的例证。其二是大辽、大契丹国同时并用，《萧孝忠墓志》有"辽契丹国"，《韩高十墓志》、《耶律慈特墓志》、《耶律敌烈墓志铭》、《耶律智先墓志铭》，有"大中央辽契丹国"；《耶律昌允墓志铭》、《耶律宗教墓志铭》有"大中央契丹辽国"。"辽、契丹"或"契丹、辽"同时出现，被称作"双国号"，是一种很特殊的现象，在汉文字的碑刻墓志中是见不到的。

"大中央辽契丹国"或"大中央契丹辽国"，都含有三重意思。其一是说辽朝是以契丹人为主体的国家，皇帝是契丹人；其二是说这个国家的居民不限于契丹人，因为它占领了阴山、燕山以南的汉族中原地区；其三反映出契丹人自认为其国家是天下居中，是世界的统治中心。这三者是结合在一起密不可分的整体。

有人认为"双国号"既表现了契丹人对契丹国号的留恋，又照顾了汉族人的情绪。[①]此说虽有一定道理，然而没有说中要害。实际上"双国号"集中表现了契丹统治者的政治理念和要求，即把这个国家变成疆域辽阔，既包括北方草原地区，又包括了燕山以南农耕地区的中央大国——这才是契丹统治者的真实意图。这个意图既要让契丹人明白，又要让汉族人了解，只有这样才能达到其统治万邦的目的。

文字属于无声的语言，在收音机、录音机、电视机没有出现以前，有声的语言存留时间短，传播的范围有限；无声的文字却不受时间、空间的限制，在八九百年以后，我们读到辽代契丹文碑刻墓志，从中可以知道契丹统治者宏大的志气和抱负，使我们对契丹人有了更深刻的认识和了解，这正是碑刻墓志文字的功用所在。

---

① 刘凤翥：《从契丹文字的解读谈辽代契丹语中的双国号（兼论"哈剌契丹"）》，载《东北史研究》2006年第2期，第1—4页。

【第三章】

关于契丹人的姓氏

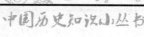

一 姓氏的由来

在说契丹人的姓氏以前，先讲一下姓与氏的由来、姓与氏的区别，或许有助于对契丹姓氏的理解。

姓、氏是人类群体的标识和徽记。社会上有各色人等，每个人都要有自己的姓名才能加以区分，避免重名现象。现在的户口簿上，第一项便是每个人的姓名（包括别名），其次才是性别、年龄、居住地以及原籍（以前称作籍贯）等。中国古代，确切地说在先秦时代，人们有姓、有氏，用以区分亲疏和贵贱。"姓"是用来区分人们的血缘关系，"氏"是用来说明人们的身份是贵是贱、是高是低。

人类社会的发展，是从母系社会走向父系社会，从没有阶级区分的原始社会走向有阶级区分的社会。在母系社会，人们的血缘关系是以母亲来确定的，因为那时盛行群婚制，人们常常是知其母不知其父，子女只能从母而姓。因此，古姓多以"女"字为偏旁，如姜、姬、嬴、姒、妫、姞、姺等，"姓"字本身也带有"女"字，都可以证明这一点。

在人群中区分"姓"有何必要？这与婚姻有关。在漫长的原始社会中，人们发现了一种现象，近亲通婚所生的子女，往往带有生理缺陷，不利于身体健康和人口的繁衍。因此，必须禁止同姓结婚，即同一母亲的子女是不能结婚的，同姓即表明他们具有相同的血缘关系。这可以说是一种"习惯法"，即约定俗成的不成文法。社会实践表明没有血缘关系的异姓人才可以结婚。后来这种"习惯法"有所放宽，规定在五服以外的同姓人也可以结婚。所谓五服，最初是指在丧葬期间根据亲疏远近所穿的五种不同丧服，后来引申为血缘关系的远近。现在同姓结婚的人很多，但都在五服之外，在五服之内通婚仍属于乱伦的不道德行为。

最初的姓，是在原始社会产生的，与其生活的地理环境有关，如江、海、山与地理特点有关；有些姓如龙、虎、雷、云等与图腾崇拜有关；李、杨、柏、柳等姓与植物有关；牛、马、羊与动物有关。不过后来的姓，其产生的原因就很复杂了，由于与本题关系不大，从略。

古代的"氏"只用于男子，不用于女子，这一点必须明确。在进入父系社会，特别是阶级社会以后，男子在社会中的地位空前提高。因为在争夺财富的战争中，男子可以发挥更大的作用。那些获得了军功的人，往往被赏赐以官爵和封地，从而变成了与众不同的特殊群体。他们得到的官爵和封地，就成为他们的氏。东汉应劭所著《风俗通》将氏的来源分为九种，其中以官爵、封国得氏为主。司马迁《史记》中有《十二诸侯年表》，这十二诸侯就是氏。诸侯的封地有大有小，其封爵有高有低，都可以用来表示其社会地位的高低，都属贵族。换句话说，只有贵族才有氏，平民和奴隶是没有氏的。因此，宋代郑樵《通志·氏族略》说："氏所以别贵贱，贵者有无，贱者有名无氏。"[①]古代重男轻女，男子有氏，女子无氏，故郑樵又说："男子称氏，妇人称姓。"姓与氏的界限是很明确的。

获得了氏的人，如果有过错、犯罪被贬为平民和奴隶，其氏随即丧失。因此，古代诸侯之间盟誓，常用"坠命亡氏，踣（bó）其国家"作为诅咒之词，其道理即在于此。

到了战国时期，社会大动荡，许多贵族丧失了其原有的身份和特权，降为平民百姓。他们一旦失去了贵族的地位，也就等于丧失了自己的氏。特别是秦始皇统一六国以后，六国原先的国王和权贵，都被贬为平民，他们是真正的"坠命亡氏，踣（bó）其国家"了。因此，只有在先秦时期姓、氏并存，到了秦汉姓氏已合而为一，不再区分姓和氏了。

---

① （宋）郑樵：《通志》卷25《氏族略序》，四部备要本，第1页B。

　　由于古代用氏来表明贵族的社会地位和身份，因此，后世的人在行文中常常用某氏某氏来称呼对方，表示对对方的尊敬，如称王国维为王氏，称郭沫若为郭氏，这是文人之间的一种流俗，时至今日仍然可以见到。按照中国的礼节，直呼其名是不礼貌的，可以称其官号，没有官号的人则称字、称号更为文明一些，如称王国维为王静安、王观堂，称陈垣为陈援庵，称金毓黻为金静安，等等。

　　今日书刊行文中，仍然可以见到姓氏字样，多半是指姓而言，完全是出于行文的方便。本文中的姓氏，除了本节专论以外，均是指姓而言，别无他意，不要误解。

二 契丹族只有二姓

通常大民族姓氏多，小民族姓氏少。其道理是易于理解的，大民族人口多，姓氏必多；小民族人口少，姓氏必少。不过中国古代北方的小民族姓氏多在数十个以上，例如金代的女真族，其姓氏有100多个，[①]清代的满族，姓氏有679个。[②]

然而曾建立了辽朝的契丹族，却有些例外，它只有两个姓氏，一个叫耶律氏，另一个叫萧氏。这种一族二姓，说起来有些令人难以相信，不过各种文献的记载，在这个问题上却是完全一致的。

官修《辽史》最后一卷叫《国语解》（国语即契丹语，后人多不清楚，故而对契丹语的一些词语需要做些解释）。在《国语解》中，对耶律氏、萧氏有以下的解释：

《本纪》首书太祖姓耶律氏，继书皇后萧氏，则有国之初，已分二姓矣。有谓始兴之地曰世里，译者以世里为耶律，故国族皆以耶律为姓。有谓述律皇后兄子名萧翰者，为宣武军节度使，其妹复为皇后，故后族皆以萧为姓。[③]

---

① 陈述：《金史拾补五种》第一种《金史氏族表》，载《百官志》有姓氏98个，《百官志》未载姓氏41个，科学出版社1960年版。
② 刘庆华：《满族姓氏录》，辽宁新宾县民族事务委员会编印本，1982年。
③ 《辽史》卷116《图语解》帝纪，中华书局校点本，第1534页。

由此可知，契丹皇帝姓耶律氏，后族都姓萧氏。在古代皇帝是国家的代表，因此，皇帝之姓又称作国姓，皇帝之族又称作国族。皇后姓萧氏，萧氏家族又称作后族。

宋朝人叶隆礼撰著的《契丹国志》，也有相似的记载：

> 契丹部族，本无姓氏，唯各以所居地名呼之，婚嫁不拘地里。至阿保机变家为国之后，始以王族号为"横帐"，仍以所居之地名曰世里著姓。世里者，上京东二百里地名也。（自注：今有世里没里，以汉语译之，谓之耶律氏）复赐后族姓萧氏……故北番唯耶律、萧氏二姓也。[①]（"北番"是宋朝人对契丹人的蔑视性称谓，有如明朝人将蒙古人称作"北虏"。）

如果仔细检索一下《辽史》的记载，发现《辽史》的人物列传中契丹人很多，其中姓耶律氏的有143人，姓萧氏的96人。二姓合计239人，其余的杂姓多为汉族人、渤海人。从辽代遗留下来的碑刻墓志中检索到的契丹人物，不是姓耶律、就是姓萧，也证明了契丹人只有耶律氏、萧氏二姓。

后世学者也认定，辽代契丹族只有耶律氏、萧氏二姓。清代著名学者赵翼，在其所著《廿二史札记》中有一节题作"辽后族皆姓萧氏"，肯定了《辽史》的有关记载正确无误。时至今日，也没有发现新的资料可以证明契丹族除耶律氏、萧氏以外，另有其他姓氏。

有鉴于此，我们可以有充足的理由认定，辽代契丹族只有耶律氏、萧氏二姓，别无其他姓氏。这种极为罕见的现象，在其他民族中是不存在的。

---

① （宋）叶隆礼：《契丹国志》卷23《族姓原始》，上海古籍出版社点校本，第221页。

三 耶律氏的由来

《辽史》国语解称，契丹"始兴之地曰世里"；《契丹国志》称，契丹"以所居之地世里著姓"。这种记载应是可信的。据古今中外有关资料来看，最初人类的姓氏，大多是以山河得名。当时还没有出现地方行政区和城邑，人们只能以所居的山河作为姓氏的标记，因此，姓氏多以山河得名。山河是不可以移动的地理坐标，千百年后也会依然存在，便于作为姓氏寻根的根据。即以汉族姓氏来说，唐朝的国姓李氏属于陇西李氏，陇即陇山，今称六盘山。明朝的国姓朱氏，是安徽临濠人，濠为水名，是淮河右岸支流，临濠以濒临濠水得名，即今凤阳。

契丹的姓氏，也遵循这一原则，耶律氏是以所始居之地世里得名。那么，世里在何处？《契丹国志》说是在上京以东二百里。那么，世里是山名、还是河名？宋朝人欧阳修在《新五代史》称："契丹自后魏以来，名见中国……其居曰枭罗个没里。没里者，河也。"[①]于是我们可以知道，耶律氏是以河得名，此河名叫世里没里，或叫枭罗个没里。"没里"指河而言，无论是什么河，都可以称作没里。"世里"、"枭罗个"才是耶律氏所居之河名。其实"世里"与"枭罗个"读音是一致的，"枭罗个"急读之音就是"世里"。用汉字记录契丹语地名，常常因人而异采取不同的汉字。"世里"与"枭罗个"便是如此。

---

① （宋）欧阳修：《新五代史》卷72《四夷附录第一》，中华书局校点本，第885—886页。

世里河今在何处？这是不难寻找的。今日见于记载的西拉木伦河，为我们提供了线索。内蒙古赤峰市的蒙族人，在口语中称西拉木伦河为"什里木河"，"什里木"与"世里"、"枭罗个"的读音非常接近，"什里木"的尾音轻读，就变成了"什里"，"什里"与"世里"其实是同一个读音。"枭罗个"的尾音轻读，就变成了"枭罗"，"枭罗"与"什里"相近，其实是同一个读音，只是汉字写法不同而已。因此，耶律氏所居的世里没里，就是今日的西拉木伦河。

"世里没里"为何意，仍是一个需要深入探讨的重要问题。《契丹国志》卷首《契丹国初兴本末》称："枭罗个没里，复名女古没里……源出饶州西南平地松林，直东流，华言所谓潢河是也。"[1]契丹语中，"女古"是黄色或金色的意思。因为金子为黄色，"世里没里"如果按字义译成汉语（华言），就是黄色的河流，简称黄河。据实地考察所见，西拉木伦河发源于内蒙古克什克腾旗浑善达克沙地的大沙坑中，从发源地开始河水就含有大量泥沙，故而河水浑黄，有黄水（女古没里）之称。[2]为了与中原地区大黄河相区别，在"黄"之前加了三点水，变成了潢河，我们不妨称它为小黄河，从古至今，黄（潢）河的名字仍旧没有发生改变，因为河水至今仍浑黄不清的缘故。

在今日的地图上，潢河位于辽上京的东南，并不在其正东。这是因为潢河的河道发生了变化，在潢河与土河相汇合以前，在潢水北岸又歧分出另一条河流，这条河流现在称作新开河。水瘦时新开河与潢河断流，水丰时它们连接在一起，成为同一条河流。古代降水量比现在丰沛，新开河成为潢河的一部分。由于新开河偏北，如果从辽上京来说，恰在其东（稍偏南）方，《契丹国志》记载"世里没里"在上京以东二百里，在辽代当时来说确实如此。不过后来河水发生了很大的变化，新开河与潢河断流，人们误认为新开河是一条独立的河流。其实这种变化是晚近发生的，在辽代时并非如此。

---

① （宋）叶隆礼：《契丹国志》，上海古籍出版社点校本，卷首第1页。

② 景爱：《黄河孝》，载《史念海先生八十寿辰学术文集》，陕西师范大学出版社1996年版，第353—357页。

由此我们可以得出结论：耶律氏是以潢河（世里没里）得名，其意是黄水或黄水之边的居民，其原住地就在潢河沿岸。这与《辽史》中记载的青牛白马传说是一致的，按照这个古老的传说，驾青牛车的天女从平地松林沿潢河而下，至木叶山与骑白马的仙人男子结为夫妻，成为契丹古八部的祖先。前面第一节已提到，姓是在母系氏族社会产生的，因此，耶律氏是以青牛为代表的老祖母的姓，耶律氏都是她的后人。关于青牛白马的传说，流传十分广泛。《辽史·地理传》、《后妃传》都有记载，宋朝范镇《东斋纪事》、江少虞《皇朝类苑》亦见之。

《辽史·营卫志》记载，唐代契丹十部中有迭剌部，又称："太祖之兴，以迭剌部强炽析为五院、六院。"则迭剌部是契丹族中的大部、强部。"迭剌"与"移剌"相近，实即世里耶律之异译，也是音译不同所造成的。因此，耶律既是姓氏又是部名。阿保机即出于迭剌部，由于阿保机当上了皇帝，影响比较大，其他部落中的契丹人也改姓耶律，使耶律氏的部人越来越多，因为大家都以姓耶律氏为荣。这样一来，耶律氏作为姓氏已远远超出了迭剌部的范围，几乎成为契丹人的通姓，只有后族萧氏例外。

辽朝被女真人灭亡以后，耶律氏改为移剌氏。在《金史》列传中，见有移剌温、移剌道、移剌糙、移剌子敬、移剌斡里朵、移剌成、移剌按答、移剌履、移剌益、移剌福僧、移剌答不也、移剌蒲阿、移剌众家奴、移剌古与涅、移剌阿里合、移剌窝罕等十余人。移剌温是辽横帐人，属于皇族近支。移剌道是乙室部人，移剌糙是契丹虞吕部人，移剌子敬是辽五院部人，移剌履是东丹王耶律倍七世孙，移剌窝罕是西北路契丹部族。他们当中有许多人懂得契丹字，不忘故俗，传播契丹文化。移剌履进士出身，金世宗时，初任国史院编修，后任翰林院修撰，提控刊修《辽史》，元代官修《辽史》时，曾参考其书。在金代移剌氏又改用汉姓"刘"，《辽史·后妃传》称"耶律兼称刘氏"，[①]或即与此有关。

需要说明的是：辽代姓耶律氏的人，有少数不是契丹人，而是汉族人。

---

① 《辽史》卷71《后妃传》，中华书局校点本，第1198页。

这是因为辽朝皇帝为了笼络汉族人，有时用赐姓的方式，将耶律氏赐给汉族人。其中以汉族官僚韩德让最有代表性，韩德让由于协助萧太后（萧绰）有功，统和二十年"赐姓耶律"，统和二十八年，又赐名隆运。后来，又官拜大丞相，封为齐王。死后无子，以皇族耶律耶鲁为嗣，又以皇子敖鲁斡为嗣。谥文忠，建文忠王府，设宫卫，"拟诸宫制"，说明把韩德让视为皇族的成员。又如王继忠是宋朝官员，被辽朝俘虏，萧太后"知其贤"，重用之，在促成"澶渊之盟"的过程中，发挥了一定的作用。后封王，"赐国姓"，即赐耶律氏为姓。

四 萧氏的由来

萧氏本是汉族姓氏。在宋朝人编纂的《百家姓》中，有"和穆萧尹"之句。郑樵《通志》称，宋国微子启之后人大心，在平息南宫长万的叛乱中有功，被封于萧，建立萧国，故其子孙遂以萧为姓。[①]清代学者张澍认为："箫姓即萧也，古人往往萧为箫，系借用字。后世不学者遂以箫为姓，犹苻、符互易也，或为指箫为姓。"[②]

辽代后族姓萧，是借用汉族姓氏。契丹萧氏的出现，比耶律氏晚得多。有的学者认为，"萧"为审密之汉译，源出唐代孙氏，为契丹旧族。至于契丹"萧"姓之出现时间，在《辽史》中有两种不同的说法，始终难以统一。

1. 辽太祖改后族为萧

《辽史·后妃传》称："后族唯乙室、拔里氏，而世任其国事。太祖慕汉高皇帝，故耶律氏兼称刘氏，以乙室、拔里比萧相国，遂为萧氏。"[③]乙室又作乙室已，辽内四部族中有"国舅帐拔里、乙室已族"可以为证。又，辽太祖二十部中有乙室部，其部始建于阻午可汗之世。部与族有所不同，部是部落，族是家族，乙室已族或为乙室部内之家族名。

乙室已、拔里二族，早在遥辇阻午可汗时代就存在了，《辽史·营卫志》

---

① （宋）郑樵：《通志》卷25《氏族略》，四部备要本，第13页A。
② （清）张澍《姓氏寻源》卷14，第1页B。
③ 《辽史》卷71《后妃传》，中华书局校点本，第1198页。

记载："涅里相阻午可汗，分三耶律为七，二审密为五……三耶律：一曰大贺，二曰遥辇，三曰世里，即皇族也。二审密：一曰乙室已，二曰拔里，即国舅也。"①据此可知，乙室已、拔里属于二审密。当时，二审密为耶律氏通婚对象，故有国舅之称。

乙室已、拔里为氏族之名因何而来？古代许多姓氏来源于氏族之名。故疑乙室已、拔里是国舅即后族最初的姓氏。当时，耶律氏是人口众多的大姓，乙室已、拔里两个姓氏集团分别与其通婚，完全是可能的。

在辽建国前，中原汉儒就已进入契丹人中，辽太祖非常了解汉族文化，会讲汉语，由于敬重刘邦，将耶律氏"兼姓刘氏"，由于羡慕萧相国，将后族乙室已、拔里改为萧氏。宋朝人庞元英在《文昌杂录》中，也有相似的记载。阿保机用改姓的办法来激励皇族和后族，可谓用心良苦，老谋深算。

不过仔细推敲《辽史》的文字，耶律氏只是"兼称刘氏"而已，兼称即别称，并没有完全改成汉姓，只有到了金代耶律氏才改为刘氏。不过乙室已、拔里"遂为萧氏"，倒是真正改用汉姓了。

2. 辽太宗时代改为萧氏

契丹人萧姓的起源，还有另外一种不同的说法。"有谓述律皇后，兄子名萧翰者，为宣武军节度使，其妹复为皇后，故后族皆以萧为姓。"这种改姓始于萧翰之说，虽然为陈大任撰《辽史》所不取，然而在《契丹国志》中却有记载："太宗皇后萧氏、涿州人……后入宫，正位，椒房，凡后族皆以萧为氏。""其妹复为太宗后，翰始以萧为姓，自尔契丹后族皆称萧氏。"②《新五代史》记载："以萧翰为宣武军节度使，翰，契丹之大族，其号阿钵，翰之妹亦嫁德光，而阿钵本人无姓氏，契丹呼翰为国舅，及将以为节度使，李崧为制姓名曰萧翰，于是始姓萧。"③李崧大概已经知道了辽太祖改后族为萧氏的

---

① 《辽史》卷32《营卫志》，中华书局校点本，第381页。

② 《契丹国志》卷17《萧翰传》，上海古籍出版社点校本，第168页。

③ 《新五代史》卷72《四夷附录第一》，中华书局校点本，第898页。

消息，故而改阿钵为萧翰。

3．前萧氏与后萧氏

据史书记载，辽朝后族改姓萧氏共出现两次。第一次是辽太祖时代改乙室已、拔里为萧氏；第二次是辽太宗时李崧为阿钵改名萧翰，见《新五代史》。有人指出，阿钵为萧翰父名，见《旧五代史》。为了记述的方便，不妨称前萧氏和后萧氏。

前萧氏和后萧氏的血统，是有所不同的。

前萧氏即乙室已、拔里，又称二审密，是血统纯正的契丹人，早在遥辇氏时代，就成为与耶律氏通婚的两个集团。遥辇氏部落联盟，始自唐开元年间，一直持续到唐朝末年，直到耶律阿保机继任部落联盟长为止。阿保机任部落联盟长是在唐天祐四年，公元907年。《辽史》将此事议作"燔柴告天，即皇帝位，尊母萧氏为皇太后，立皇后萧氏"。[1]旧史家将继任部落联盟长视作即皇帝位，是不准确的。所谓母萧氏、后萧氏，是史家追述之词，在907年尚无萧氏之名。

后萧氏具有回鹘人的血统。《辽史》记载："太祖淳钦皇后述律氏，讳平，小字月理朵，其先回鹘人糯思，生魏宁舍利，魏宁生慎思梅里，慎思生婆姑梅里，婆姑娶匀德恝王女，生后于契丹右大部。婆姑名月椀，仕遥辇氏为阿扎割只。"[2]在遥辇氏初期，即唐天宝年间，契丹人曾在回鹘的统治下，"契丹旧为回鹘牧羊"。当契丹强大以后，回鹘走向衰落，有部分回鹘人进入契丹族内，互相融合同化，成为契丹族的一部分。古代以东为左，以西为右，回鹘在契丹之西，述律后父亲"仕遥辇氏"，故而她出生于契丹右大部。

有人提出，述律后不是回鹘人，理由是《契丹国志》称她是本国契丹人。[3]这种见解是不正确的，它混淆了血统和国籍的界限。述律后的母亲是匀

---

① 《辽史》卷1《太祖上》，中华书局校点本，第3页。

② 《辽史》卷71《后妃传》，中华书局校点本，第1199页。

③ 冯永谦：《辽史外戚表补证》，载《社会科学辑刊》1979年第3期。

德恝王女，生于契丹右大部，匀德恝是阿保机的祖父，后来被追谥为玄祖。说述律后是契丹人是有根据的。但是，血统和国籍是两回事。述律后的父亲是回鹘人之后，在《辽史》中有明确记载。因此，说述律后具有回鹘血统，也是有根据的。确切地说，述律后是具有回鹘血统的契丹人。

《辽史》记载："回鹘使至，无能通其语者。太后谓太祖曰：迭剌聪敏可使。"有人据此得出结论说："如果述律一族果有回鹘人，当不至'无能通其语者'。"[①]以此来证明述律后不是回鹘人。这种说法有失偏颇。述律后身为辽太祖的皇后，其身份很尊贵，即使她懂得回鹘语，也不能去充任通事，为回鹘使者充当翻译，她推荐迭剌接待回鹘使者，情理显然。退一步讲，即使述律后真的不通回鹘语言，也不能证明她不具有回鹘血统。为了说明这一点，不妨举个例证。现在的满族人大多不懂满语，能够据此得出结论说不是满族人吗？还有，云南保山地区有许多契丹人后裔，他们都不会讲契丹语，能够据此说他们不是契丹后裔吗？这种例证很多，不再一一枚举。

辽太祖改乙室已、拔里为萧氏时，述律平并没有改姓萧氏，《新五代史》、《辽史·后妃传》都称她为述律平或述律皇后，可以为证。不过到了辽太宗时代，具有回鹘血统的后族，一律改成萧氏，皇后多出自具有回鹘血统的萧氏家族，前萧氏乙室已、拔里家族在后宫中逐渐失势，很少有充任皇后者。

4．奚族萧氏

除契丹后族萧氏以外，奚族上层贵族多姓萧。统和年间有萧观音奴，是"奚王搭纥之孙"。曾任右祗候郎君班祥稳，后升任奚六部大王，这是专门管理奚族事务的长官。

开泰、太平年间，有萧蒲奴，字留隐，是奚王楚不宁的后人。开泰中曾"坐罪黥流乌古部"，后来因功升任奚六部大王。太平中由于讨伐渤海大延琳有功，兼侍中。

[①] 王善军：《论辽代后族》，载《辽金契丹女真史研究》（内部刊物）2007年第1—2期，第23页。又见《世家大族与辽代社会》，人民出版社2008年版，第37页。

清宁、咸雍年间，有萧韩家奴，字括宁，是奚长勃鲁恩的后人。曾任奚六部大王，后升殿前都点检，封荆王，赐功臣号。

辽末有奚回离保，又称萧翰（与辽初的萧翰重名），字揆懒，奚王忒邻之后人。大安中任奚六部大王，保大二年在燕京拥立耶律淳为天锡皇帝，史称北辽。萧翰任知北院枢密使事，在反击北宋将领刘延庆的燕京保卫战中，卓有贡献。金军攻破居庸关以后，他率部下逃往箭笴山，自立为奚国皇帝，改元天复，后为部下所杀。

辽朝有赐姓制度，耶律氏、萧氏都可赏赐给外姓人，以激发他们的忠君爱国意识。奚族上层贵族有这么多的人姓萧氏，自然应是皇帝的赏赐，他们自己是断然不敢冒用皇后之姓氏，此举属于大逆不道，会受到处罚。

五 不负期待

辽太祖改乙室已、拔里为萧氏，抱有深切的期待。希望他们能像萧相国扶汉，来帮助皇帝治理好国家，使国运长久不衰。辽太祖时改后族为萧氏，也是寄予厚望。事实证明，后族萧氏不负期待，确实为辽朝作出了巨大贡献。

萧敌鲁，"膂力绝人，习军旅事"，为辽太祖最早的侍卫官。在征讨奚族和刘守光的战争中，他"闻敌所在即驰赴，亲冒矢石"，"必胜而止"。辽太祖把他比作不可缺少的"手"。[①]

萧阿古只，"少卓越，自放不羁。长，骁勇并善射，临敌敢前"，与萧敌鲁一起"总腹心部"。在征讨奚族、西南夷、燕赵、渤海的战争中，屡立战功，被辽太祖喻为"耳"。[②]

萧挞凛是有才略的虎将。统和四年宋将杨继业由代州北伐辽，萧挞凛"以诸军副部署，从枢密使耶律斜轸败之，擒继业于朔州"。于是辽军乘胜收复了云、应、朔诸州。统和十一年与萧恒德伐高丽，"高丽称臣奉贡"。统和十五年讨伐敌烈，阻卜取得大胜，"诸蕃岁贡方物充中国，自后往来若一家焉。上赐诗嘉奖，仍命林牙耶律昭作赋，以述其功"。统和二十年伐宋，活捉宋将王继忠。王继忠投降以后，曾摄中京留守，为汉人行宫都部署，封楚王，赐国姓。统和二十二年萧挞凛视察澶渊前线阵地时，中伏弩而亡。萧太后"哭

---

① 《辽史》卷73《萧敌鲁传》，中华书局校点本，第1223页。
② 《辽史》卷73《阿古只传》，中华书局校点本，第1223—1224页。

之恸，辍朝五日"。①

萧柳，文武兼备。统和十七年伐宋，"柳中流矢，裹创而战，众皆披靡"。"其治民，政济宽猛，部民畏爱。秩满，百姓愿留复任。"萧柳擅长作诗，有《岁寒集》，收入千余篇。②

萧孝穆历任北府宰相，知枢密院事，南京留守，兵马都总管。伐大延琳之叛，擒大延琳而归。辽兴宗即位后欲南伐，群臣多顺其意，萧孝穆阻谏说：自"澶渊之盟"以后，"仅得和好，蒸民乐业，南北相通。今国家比之曩日，虽曰富强，然勋臣、宿将往往物故。且宋人无罪，陛下不宜弃先帝之约"。后来，宋朝将瓦桥以南十县割让给辽朝，又增加岁银、岁绢十万两，避免了辽宋之战。萧孝穆的阻谏，无疑是正确的。《辽史》评论说："萧孝穆之谏阻南侵，其意何其弘远欤。是岂瞋目语难者所能知哉！……为'国宝臣'，宜矣。"③

萧韩家奴，"少好学，弱冠入南山读书，博览经史，通辽、汉文字。"辽兴宗以他为诗友，诏作《四时逸乐赋》，辽兴宗读了"称善"。他在应对文字中提出："愿陛下轻徭省役，使民务农。衣食既足，安习教化，而重犯法，则民趋礼义，刑法罕用矣。"又提出："增修边防，候尉相望，缮完楼橹，浚治城隍，以为边防。"辽兴宗对他的建议非常重视，将他"擢翰林都林牙，兼修国史"。并告诉萧韩家奴："朕之起居，悉以实录。"他应诏与耶律庶成录《遥辇可汗至重熙以来事迹》二十卷，又应诏将《通历》、《贞观政要》、《五代史》译为契丹文，以广流传，以供辽兴宗治国参考。萧韩家奴有《六义集》十二卷，刊行于世。④《辽史》评论说："统和、重熙之间，务修文治。而萧韩家奴对笔，落落累数百言，概可施诸行事，亦辽之晁、贾哉。"晁指晁错，贾指贾谊，都是西汉时的名臣。

① 《辽史》卷85《萧挞凛传》，中华书局校点本，第1313—1314页。

② 《辽史》卷85《萧柳传》，中华书局校点本，第1316—1317页。

③ 《辽史》卷81《萧孝穆传》，中华书局校点本，第1331—1332页。

④ 《辽史》卷103《萧韩家奴传》，中华书局校点本，第1445—1450页。

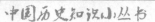

上述萧氏人物，有的擅长武功，有的善于文治。他们对于辅佐辽朝皇帝治理国家，都发挥了重要作用，与汉代的萧相国（萧何）相差不多。辽太祖将后族改为萧姓的目的，可以说是基本实现了。耶律氏、萧氏是辽朝维持统治的两大支柱，缺一不可。萧氏不负期待，辽太祖的谋略是成功的，这就是辽朝历史所作出的结论。

六 耶律庶箴的广姓氏建议

姓氏与婚姻有关，由于姓氏不同，才便于通婚，利于人口的繁衍。古代地旷人稀，人口的多少直接影响到资源开发和社会发展。

契丹人只有耶律和萧氏二姓，自然会影响到通婚的范围，在一定程度上缩小了婚姻的选择性。一些有识之士当时已看出了这个问题的严重性。辽兴宗重熙年间，都林牙耶律庶箴曾上表"乞广本国姓氏"，他说：

我朝创业以来，法制修明；唯姓氏止分为二，耶律与萧而已。始太祖制契丹大字，取诸部分里之名，续作一篇，著于卷末。臣请扩广之，使诸部各立姓氏，庶男女婚媾有合典礼。①

姓氏之产生，与地方乡里有密切关系。古代的乡相当于今日的乡镇（苏木），里相当于今日的行政村。姓氏多以山河地理得名，每乡每里都有不同的山、不同的河，这成为姓氏起源的主要根据。古代每里、甚至大到乡，常常只姓一个姓氏，《水浒传》中的祝家庄、扈家庄就属于这种情形。今日仍保留有张家庄、李家庄之类的村落，原初只是一姓村落，后来由于居民迁移，有杂姓迁入。现在很少有单姓的村落了。

创制契丹大字时，曾对各部乡里之名作了记录，这对于制定姓氏提供了良好的基础。辽初忙于战事，未及实行。辽兴宗耶律庶箴虽然上表提出了这个

① 《辽史》卷89《耶律庶箴传》，中华书局校点本，第1350—1351页。

问题，辽兴宗却以"旧制不可遽厘"加以拒绝，反映出他的昏聩无知。

实际上辽代的契丹人，除了上层贵族以外，一般的平民百姓只有小名而没有姓。阿钵在没有被任命为宣武军节度使以前，是无姓无名（官名、大名）的，只是当了节度使，出于处理公务的需要，才由李崧为他起了姓名。今日蒙古牧民，也是只有小名（乳名），而没有正式的姓名。由于这种原因，重名的现象特别多，蒙古男孩子多叫巴特尔（英雄）、宝音（好小子）之类名字。

契丹人初兴之际，特别勇于战斗，可以用战无不胜、攻无不克来形容，故而李克用与耶律阿保机结盟借兵。同样是契丹人，在辽朝末年却不堪一击，阿骨打以少数士兵（2500人）就打败了数万契丹军队。其中原因很多，不过契丹人的身体素质下降也是其中原因之一。身体素质与婚姻有关，在不明姓氏的情况下，近亲结婚是难以避免的，自然会影响到身体素质。

【第四章】

萧太后的家世

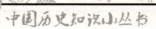

　　一个人的家庭出身和社会关系，常常会对其成长，特别是对其品行产生深远的影响。近朱者赤，近墨者黑，是人们经过长期的社会观察所得出的科学结论。古往今来，人们常把一个人的言行举止表现，同其家庭出身和社会关系联系起来，是很有道理的。特别是在古代圣君贤后的身上，显得特别明显。就一般而言，男人受其父亲影响特别大，女人受其母亲影响特别大，当然也有特殊的情形。

　　萧太后本名萧绰，小字（即乳名）叫作燕燕。因此，史籍中有时称她为萧绰，有时称她为萧燕燕。她是辽景宗的正妻，又被称作萧后或萧皇后。辽景宗死后，萧绰的长子耶律隆绪即位当了皇帝，史称辽圣宗，成为辽朝最有作为的皇帝。古有母以子贵之说，在辽圣宗即位以后，萧皇后变成了萧太后。于是，萧太后的称谓不仅盛于辽代当时，也变成了后世历史小说和戏剧中最普遍的说法。至于她的本名和小名，许多人常常未及细审，其家世一般人知之甚少。为了增进对萧太后的认识，有必要先了解她的家世。

一　萧太后的家乡

　　在《辽史》以及相关的史籍中，关于萧太后的家乡缺乏明确的记载。辽代的大贵族，即皇族、后族和立有军功的人，大多享有皇帝赏赐的封地，又称作分地，就是中国古代的采邑。如果我们能够确定萧思温即萧太后家族的封地，萧太后的家乡自然也就明确了。

　　那么，萧思温家族的封地在哪里？我们需要进行仔细地寻找。

　　辽代贵族的封地，又被称作头下军州，或简称头下州。"头"指贵族而言，"头下州"即贵族所私属之州，与隶属于国家之州有性质的不同。头下州往往驻军，建有军号，因此又称作头下军州。"头下"这种说法，到了元代仍然存在，有时也称作"投下"。《契丹国志》称"诸藩臣投下州二十三处"，[①]投下州即头下州。《辽史》对头下军州有如下的解释：

> 头下军州，皆诸王、外戚、大臣及诸部从征俘掠，或置生口，各团集建州县以居之。横帐诸王、国舅、公主许创立州城，自余不得建城郭。朝廷赐州县额。其节度使朝廷命之，刺史以下皆以本主部曲充焉。官位九品之下及井邑商贾之家，征税多归头下，唯酒税课纳上京盐铁司。

由此可知，头下军州是一种极为特殊的州县，其居民来自战争中俘掠来的人口，州县之长多由"本主"（即头领）任命，境内的商税多归"头下"，酒税则上缴给国家。头下军州之设，显然是为了满足大贵族的需要。

在众多的头下军州中，以辽景宗长女秦晋大长公主所建的徽州规模最大，有"媵臣万户"，"节度使以下，皆公主府署，户一万"。[②]秦晋大长公主是辽景宗的长女，小名叫观音女，她是辽兴宗（辽圣宗之子、辽景宗之孙）的大姑，故而辽兴宗即位以后，于重熙元年（1032年）封她为秦晋国大长公主。[③]

那么，徽州在何处？《辽史》记载，徽州宣德军"在宜州之北二百里"，"北至上京七百里"。宜州为今辽宁省义县，属锦州市。上京为今内蒙古巴林左旗，属赤峰市。从里距来看，义县以北二百里，可以到达阜新市属阜新县。在阜新县北部旧庙乡他不郎村，有一座辽代古城，周长约2100米，学术界多认为他不郎古城当为辽徽州故址。徽州是秦晋国大长公主所建，是她的头下军州，这应当是没有什么疑问的。

---

① 《契丹国志》卷22《州县载记》，上海古籍出版社点校本，第210页。

② 《辽史》卷37《地理志一》，中华书局校点本，第448页。

③ 参见《秦晋国大长公主墓志》（重熙十五年），载陈述辑校《全辽文》，中华书局1982年版，第126页。

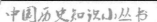

据《辽史》记载，秦晋国大长公主"下嫁北府宰相萧继先"，①《萧继先传》则称："萧继先，字杨隐，小字留只哥。幼颖悟，叔思温命为子，睿智皇后尤爱之。乾亨初，尚齐国公主（按：即秦晋国大长公主），拜驸马都尉。"②萧继先，在《秦晋国大长公主墓志》中称萧继远，墓志要比《辽史》可信，萧继先应为萧继远之误。秦晋国大长公主嫁给了萧继远，是萧继远之妻，那么，徽州应当在萧继远的分地之内。因为按照中国古代礼制，妇女外嫁以后即变成夫家的家族成员，即使是公主下嫁也不能例外。徽州之地原先应是萧思温家族分地，后来萧太后对她的长女"尤加爱，赐奴婢万口"，③有了这么多的奴婢，自然可以在自己的分地上建城了。萧继远既是萧思温之养子，自然是在萧思温家族分地上建城。换句话说，现在辽宁省的阜新县应当在萧思温家族分地之内。

辽太祖长子耶律倍"性好读书，不喜射猎，购书数万卷，置医巫闾山绝顶，筑堂曰望海"。④由于他"爱医巫闾山水奇秀"，因此他死后被安葬于医巫闾山，其陵称显陵，并在山之东南设置显州，作为护陵邑。耶律倍之子辽世宗死后，被安葬在显陵西山，其护陵邑称乾州，据记载乾亨四年十一月，即辽景宗逝世以后两个月，就设置了乾州。建有凝神殿，作为祭祀之所。⑤

统和元年（983年）四月，萧太后"幸东京"，"谒三陵"。所谓三陵即耶律倍（让国皇帝）之陵、辽世宗之陵、辽景宗之陵。萧太后"以东京所进物分赐陵寝官吏"，又"致享凝神殿"，"谒乾陵"。然后萧太后离开了乾陵，前往徽州。五月间，国舅、政事门下平章事萧道宁提出，"以皇太后庆寿，请归父母家行礼，而齐国公主及命妇、群臣各进物，设宴，赐国舅帐耆年物有差"。⑥文中的齐国公主，就是萧太后的长女观音女，当时还没有晋封大长公

① 《辽史》卷65《公主表》，中华书局校点本，第1001页。

② 《辽史》卷78《萧继先传》，中华书局校点本，第1268页。

③ 《辽史》卷65《公主表》，中华书局校点本，第1001页。

④ 《辽史》卷38《地理志二》，中华书局校点本，第463页。

⑤ 《辽史》卷10《圣宗一》，中华书局校点本，第108页。

⑥ 同上书，第109—110页。

主。齐国公主适在徽州，在徽州"父母家行礼"，还有国舅帐耆年参加，证明徽州就是萧思温家族的分地，即萧太后的家乡。不过徽州是齐国公主（即秦晋国大长公主）所建，设置的比较晚。萧太后有可能出生在徽州一带，但是不会生在徽州城中。当时，徽州一带尚无城邑，而是草木繁茂的大草原。她的少年时代很可能在这里度过，对这里怀有很深的留恋之情。因此，到乾州祭祀完辽景宗的乾陵以后，萧太后特意到这里停留，看望她的娘家父老和其长女齐国公主。根据上述记事，可知今日辽宁阜新县是辽代国舅萧思温家族的分地，亦即萧燕燕的故里家乡。

辽代国舅帐萧氏的势力很大，其分地很多，阜新县北连内蒙古通辽市奈曼旗，奈曼旗也是萧思温家族分地的一部分。在奈曼旗南部青龙山镇斯布格图村发现了陈国公主墓，1986年经过科学的发掘，出土了一大批完整的资料，其中一盒墓志完好无缺，志文相当清晰。志文称陈国公主是"景宗皇帝之孙，秦晋国皇太弟正妃萧氏之女"，下嫁给"泰宁军节度使、检校太师、驸马都尉萧绍矩"。她在太平年间（1021—1030年）"进封越国公主"，"以开泰七年戊午三月七日薨于行宫之私第，享年十八"[①]，死后追封为陈国公主。秦晋国皇太弟就是辽景宗的次子耶律隆庆，耶律隆庆妃子很多，其一为秦国妃，系秦晋国大长公主之女；其二是齐国妃，系幽国夫人之女；三是秦晋国妃，系魏国公主之女。耶律隆庆这些妃子均属萧氏，其中秦国妃最早，年龄也最大，她应当是耶律隆庆的正妃。因此，陈国公主应是秦国妃所生。据志文记载，陈国公主的丈夫萧绍矩先死，陈国公主死后，"以当年闰四月五日迁神榇于灰山，启先太师之堂祔焉"。据此可知今奈曼旗南部之青龙山，在辽代似称作灰山。萧绍矩事迹不详，难以确知他与萧思温家族的远近。不过今奈曼旗南部属于萧氏分地，却是确定无疑的了。

辽景宗长女、秦晋国大长公主墓已被发现，它在河北省承德市平泉县蒙和乌苏乡八王沟西山，墓室规模很大，墓志尚存。墓志称，秦晋国大长公主于乙酉岁（即辽兴宗重熙十四年，1045年）十一月十七日"薨于隆化州西南坐冬

[①] 内蒙古自治区文物考古研究所、哲里木盟博物馆：《辽陈国公主墓》，文物出版社1993年版。

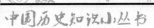

之行帐，享年七十有六"。明年"二月壬子朔二十一日壬申，启先王之堂合祔焉"。①所谓先王，即其丈夫萧继远，萧继远先秦晋国大长公主而逝，故公主死后与萧继远合葬在同一墓穴中。萧继远死后葬于此地，说明今平泉县是属于萧氏的分地。史载萧继远（《辽史》作萧继先）是萧思温的养子，萧思温是萧继远之叔父，从这种关系而言，萧继远与秦晋国大长公主合葬墓，应当在萧思温家族的分地内。

今阜新县、奈曼旗、平泉县分属于辽宁、内蒙古、河北三个不同的省区，在辽代则分属于上京道、中京道。不过辽代贵族的分地，不受地方行政区的限制。例如辽代的宫卫便是如此，辽太祖的弘义宫辖地，涉及锦州、祖州、严州、祺州、银州，锦州属中京道，祖州属上京道，祺州、银州、严州属东京道。辽太宗永兴宫辖地，涉及怀州、黔州、开州、来州，怀州属上京道，黔州、来州属中京道，开州属东京道。其他贵族的分地也是如此。皇帝宫卫属地和贵族的分地，一般都是选择最适于耕牧的肥沃土地，因此，只能分散到全国各地。

---

① 陈述辑校：《全辽文》，中华书局1982年版，第126页。

二 萧太后的父母亲

萧太后的父亲名叫萧思温，小字寅古。《辽史》为其列传，称他是"宰相敌鲁之族弟忽没里之子"。忽没里又作忽母里，保宁五年（973年）三月，曾"追封皇后祖胡母里为韩王，赠伯胡鲁古兼政事令，尼古只兼侍中"。[①]有人认为，忽没里与萧敌鲁无关，"牵合混误，今不取"。[②]《契丹国志》称："景宗皇后萧氏，名燕燕，侍中、守尚书令萧守兴之女也。或以燕燕为北宰相萧思温女。"[③]《契丹国志》是宋朝人叶隆礼撰于南宋孝宗淳熙年间（1174—1189年），杂取北宋司马光、李焘、薛居正、欧阳修和南宋徐梦莘、洪皓之论著和民间传闻而成，元朝人苏天爵指出，《契丹国志》、《大金国志》"皆不及见国史，其说多得于传闻"。[④]故其记载失误甚多，将萧燕燕指为萧守兴之女，即属于误记，或来自民间传闻，故为后世史家所不取。

萧思温娶辽太宗长女吕不古，即燕国公主、燕国大长公主。由于婚姻的关系，甚得辽太宗的重视，做过奚秃里太尉和群牧都林牙，后来又升任南京留守。史称："思温在军中，握觿修边幅，僚佐皆言非将帅才。"[⑤]不修边幅的军官难以有服众之威，故将帅必须仪表庄严。不过过分地修边幅、讲究仪表，却也失去了将帅勇猛果敢的气质和风度，难以统兵打仗。萧思温属于过分讲究仪

---

① 《辽史》卷8《景宗上》，中华书局校点本，第93页。

② 蔡美彪：《辽史外戚表新编》，载《社会科学战线》1994年第2期。

③ 《契丹国志》卷13《后妃传》，上海古籍出版社点校本，第142页。

④ 《契丹国志》附录，上海古籍出版社点校本，第265页。

⑤ 《辽史》卷78《萧思温传》，中华书局校点本，第1267页。

表的人，这一点对年幼的萧燕燕产生了一定的影响。在北京、河北、内蒙古等地，凡是萧燕燕到过的地方，都遗留有萧太后梳妆台的传说，证明萧太后很注重仪表，喜欢梳妆打扮。

萧思温不长于打仗，有许多事实为证。有一次辽国与后周交战，辽太宗命萧思温"蹑其后"，即跟踪敌人，这本来是很容易完成的军事活动。然而萧思温却"惮暑不敢进"，只是"拔缘边数城而还"。后来，周兵进行反攻，包围了冯母镇。萧思温竟畏敌如虎，胆怯不敢还击，要求增兵给以援助。周兵进至滹沱河南岸，萧思温兵退滹沱河北岸，彼此隔河相对峙。一直等到统军司的援兵到达以后，他才壮大了胆量，"饰他说请济师"，即临时编造了借口渡过了滹沱河。"周人引退，思温亦还。"他不敢乘胜追击敌人。

不久，周兵北上，"围瀛州，陷益津、瓦桥、淤口三关"，逼近固安。萧思温"不知计所出，但云车驾(按：指皇帝车驾）旦夕至；麾下士奋跃请战，不从。已而，陷易、瀛、莫等州，京畿人皆震骇，徐徐遁入西山。"萧思温"表请亲征"，即请皇帝亲征。正在这时，后周柴荣"以病归"，萧思温不乘势进军，反而退守益津关。同年，周世宗柴荣病死，萧思温才松了一口气，"乃班师"。①

萧思温不会率兵打仗，然而却很有心计，善于察言观色，想方设法讨取皇帝的喜欢。辽穆宗是辽太宗的嫡长子，名叫耶律璟，小字述律。此人是辽朝历史上有名的昏君暴主，"荒耽于酒，畋猎无厌"，极其残忍，曾采用了骇人听闻的刑罚，如炮烙、铁梳、腰斩、刺目，等等。荒于饮酒，"宴饮达旦"，"昼寝夜饮"，"醉中骤加左右官"，或醉中随意杀人。对于这样的残暴皇帝，作为朝廷重臣的萧思温，却无动于衷。史称："肘穆宗湎酒嗜杀，思温以密戚预政，无所匡辅，士论不与。十九年，春蒐，上射熊而中，思温与夷离毕牙里斯等进酒上寿，帝醉还宫。是夜，为庖人斯奴古等所弑。"如果萧思温等人不"进酒上寿"，辽穆宗大概也就不会"醉还宫"，可以避免庖人斯奴古的杀害。史家评论说："穆宗沉湎失德，盖其资富强之势以自肆久矣。使群臣

----

① 以上均见《辽史》卷78《萧思温传》，中华书局校点本，第1267页。

于造次动作之际，此谏彼诤，提而警之，以防其甚，则亦诟至是哉。于以知护思、思温处位优重，耽禄取容，真鄙夫矣！"①

萧思温经历了辽太宗、辽世宗、辽穆宗、辽景宗四朝，可以称得上是四朝元老。在此期间，辽朝争夺皇位的争斗此伏彼起，许多外戚都被牵扯进去。萧思温虽无甚将相之才，然而却躲过多次政治风暴，很重要的原因是他善于察言观色，以猜度人的心意，奉迎取宠。辽穆宗射中一熊，本是狩猎中常有之事，不足为奇。然而萧思温却巧加利用，"进酒上寿"，极尽吹捧之能事。萧燕燕耳濡目染她父亲的为人做事，也学会了察言观色，猜度人意。贵族之家奴婢很多，不缺乏扫地之人，有一次萧思温要其姊妹三人扫地，其实要观察她们的表现。萧燕燕大概明白了其父亲的用意所在，故而尽管她年纪比大姐二姐小，体力不如姐姐，然而却干得特别仔细认真，从而获得了萧思温的好评，称赞说："此女必能成家"。萧燕燕在与辽景宗结婚当了皇后，特别是辽景宗逝世她变成皇太后以后，运用察言观色的办法，调动文武百官的积极性，是很成功的。故而史家称她"神机智略，善驭左右，大臣多得其死力"。②史家的这种评论是很中肯的，也是对她的高度称赞。

纵观萧思温的一生，此人对国家实际并无太大的贡献。只是由于他与女里、高勋等人拥戴耶律贤为皇帝，耶律贤又娶萧思温之女萧燕燕为妃为后，他才得以尊贵起来，位尊权重，飞黄腾达。不过萧氏国舅帐内，大家对萧思温却有不一致的看法，激起了内讧，出现了萧海只、萧海里策划的盘道岭盗杀案，使萧思温死于非命。《辽史》对此案的内情讳莫如深，不过萧海只和萧海里是萧思温的反对派，却是毫无疑问的。他们或是对萧思温有忌恨之心，或是不赞成萧思温的所作所为。这一历史疑案，由于缺乏足够的证据，现在很难进行诠释。或许将来有新出土的辽代碑志，能够提供新的线索。

---

① 《辽史》卷78《论曰》，中华书局校点本，第1269页。

② 《契丹国志》卷13《后妃传》，上海古籍出版社点校本，第142页。

三 萧太后的姊弟

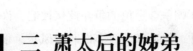太后有二姊一妹二弟，有的是同母所生，有的是异母所生，有的是萧思温收养之子。这些人的事迹在史书记载中有详有略，必须做考证才能知其大概。

《契丹国志》称，景宗萧皇后"有姊二人，长适齐王，王死，自称齐妃，领兵三万屯西鄙驴驹儿河"。①所谓齐王，应是辽太宗次子罨撒葛。《辽史·皇子表》载，辽太宗靖安皇后萧氏生二子，长子为辽穆宗耶律璟，次子为罨撒葛。会同元年（938年），罨撒葛被封为太平王。辽世宗曾诏他"许与晋主往复以昆弟礼"。辽穆宗"委以国政"。辽景宗封他为齐王，赠皇太叔之号。萧燕燕长姊所嫁的齐王，应是罨撒葛的王号。辽穆宗时，罨撒葛"谋乱"，被"贬西北边戍"。辽景宗即位以后，"撒葛惧，窜于大漠，召还，释其罪"。保宁元年（969年）三月，"罨撒葛入朝"。四月，"进封太平王为齐王"。保宁四年（972年）闰二月，"齐王罨撒葛薨"（《皇子表》称：保宁四年，病疽薨）。②萧燕燕长姊自称"齐王妃"，应是保宁四年闰二月以后之事。

由于辽穆宗时代太平王罨撒葛曾被贬到西北边戍，辽景宗即位之初他又"亡入沙陀"，齐王妃应与之同行，她对西北沙漠草原地区是比较熟悉的，因此，在保宁四年（972年）齐王罨撒葛死后，齐王妃领兵屯戍驴驹儿河。驴驹

---

① 《契丹国志》卷13《后妃传》，上海古籍出版社点校本，第142页。

② 《辽史》卷8《景宗上》，中华书局校点本，第90、92页。

儿河应是以卢驹山得名，西汉时代有卢朐山，即今蒙古国南戈壁省尚德山。①史称统和十二年（994年）八月，"诏皇太妃领西北路乌古等部兵及永兴宫分军，抚定西边；以萧挞凛督其军事"。②《萧挞凛传》亦载："（统和）十二年，夏人梗边，皇太妃受命总乌古及永兴宫分军讨之，挞凛为阻卜都详稳。凡军中号令，太妃并委挞凛。师还，以功加兼侍中，封兰陵郡王。"③此皇太妃即齐王妃，皇太妃之称始见于统和十二年。统和二十四年五月，"幽皇太妃胡辇于怀州，因夫人夷懒于南京，余党皆生瘗之"；统和二十五年六月，"赐皇太妃胡辇死于幽所"。④胡辇即萧燕燕长姊之名。辽景宗尊赠罨撒葛为皇太叔，故胡辇遂有皇太妃之名，此名当始于保宁初年。

《契丹国志》记载，齐妃"尝阅马，见番奴挞览阿钵姿貌甚美，因召侍宫中，后间之，絷挞览阿钵，抶以沙囊四百而离之。逾年，齐妃请于后，愿以为夫，后许之，使西捍鞑靼，尽降之。因谋帅其众奔骨历札国，结兵以篡后，后知之，遂夺其兵，命领幽州"。⑤宋朝人叶隆礼的这种记载，大概来源于传闻，不甚准确。对照《辽史》所载，齐妃西捍鞑靼应是西御西夏；所谓骨历札国，应是北阻卜耶都刮。⑥至于齐妃"结兵以篡后"、"命领幽州"别无旁证，《辽史》称齐妃胡辇被幽于怀州，应当属实。怀州为辽太宗陵寝所在，称怀陵，怀州是护陵邑。辽穆宗死后，"葬怀陵侧，建凤凰殿以奉焉"。⑦辽太宗次子齐王罨撒葛死后，亦当安葬于此。齐王妃被幽于怀州，有如述律太后被辽世宗囚于祖州，属于同一种性质，具有侍奉陵寝的意义。

《契丹国志》记载，萧皇后次姊"适赵王，王死，赵妃因会饮毒后，为

---

① 景爱：《中国长城史》，上海人民出版社2006年版，第188页。

② 《辽史》卷13《圣宗四》，中华书局校点本，第145页。

③ 《辽史》卷85《萧挞凛传》，中华书局校点本，第1313—1314页。

④ 《辽史》卷14《圣宗五》，中华书局校点本，第162—163页。

⑤ 《契丹国志》卷13《后妃传》，上海古籍出版社点校本，第142页。

⑥ 《辽史》卷92《萧夺剌传》，中华书局校点本，第1368页。

⑦ 《辽史》卷37《地理志一》，中华书局校点本，第443页。

婢所发，后酖杀之"。[①]据《辽史》记载，辽太祖三子李胡有子喜隐，字元德，"雄伟善骑射，封赵王"。萧燕燕次姊所嫁的赵王即喜隐。应历中，喜隐两次谋反，被辽穆宗打入牢狱之中。辽景宗即位以后，喜隐"自去其械而朝"，辽景宗"诏诛守者，复置于狱。及改元保宁，乃宥之，妻以皇后之姊，复爵，王宋"。后来，喜隐被任命为西南面招讨使。"稍见进用，复诱群小谋叛，上命械其手足，筑圜土囚祖州。"再后来，宋朝降卒谋反，"欲劫立喜隐，以城坚不得入，立其子留礼寿"。于是，"留礼寿伏诛，赐喜隐死"。[②]在喜隐死后，其王妃出于报复的心理要毒杀萧太后，是很有可能的。

萧太后的长姊嫁给辽太宗次子罨撒葛，次姊嫁给李胡（谥号章肃皇帝）长子喜隐，均为皇室的重要成员。然而罨撒葛与喜隐均心怀不满，屡次反叛获罪。他们的反叛活动，直接影响萧太后两个姊姊的情绪，导致她们也走上反叛的道路，遭受萧太后的严厉惩罚。其命运是很悲惨的，萧太后出于国家计，是不得已而为之。宋朝文人认为萧太后"天性忮忍，阴毒嗜杀"，是一种历史偏见，旨在诬陷、贬低萧太后的人格。明朝人编写的历史小说则变本加厉，对萧太后进一步丑化歪曲。

萧太后有两个弟弟，其中一个是萧思温的养子，另一个是亲生子。萧思温的养子名叫萧继远，《辽史》则误作萧继先。萧继远字杨隐，小字留只哥。史称此人"幼颖悟，叔思温命为子，睿智皇后尤爱之"。[③]从睿智皇后（萧太后）"尤爱之"三字来看，萧继远的年纪要比萧燕燕小很多。辽景宗乾亨（979—982年）初年，萧太后将自己的长女观音女嫁给了萧继远，萧继远被拜为驸马都尉。统和年间（983—1011年），此人多次率兵与宋朝作战。统和四年（986年），"宋人来侵"，萧继远"率逻骑逆境上，多所俘获，上嘉之，拜北府宰相"。后来，他"拔狼山石垒，从破宋军应州，上南征取通利军，战称捷力"。萧继远"虽处富贵，尚俭素，所至以善治称，故将兵攻战，未尝失

① 《契丹国志》卷13《后妃传》，上海古籍出版社点校本，第142页。
② 《辽史》卷72《宗室传》，中华书局校点本，第1214页。
③ 《辽史》卷78《萧继先传》，中华书局校点本，第1268页。

利，名重戚里"。萧继远的表现，与萧思温截然不同，大概与他亲生父亲的遗传因子有关。萧继远与萧太后长女观音女（即秦晋大长公主）的合葬墓，在河北平泉县八王沟，墓穴规模很大，显示出墓主的崇高地位。

萧思温以萧继远（先）为养子，在《辽史》中为萧继先（远）列传，附《萧思温传》之后，使其名声大振。许多人误认为萧思温无子，事实并非如此。史称："圣宗仁德皇后萧氏，小字菩萨哥，睿智皇后弟隗因之女。年十二，美而才，选入掖庭。统和十九年，册为齐天皇后。"①隗因，又作思猥。《续资治通鉴长编》记载："齐天，平州节度使萧思猥之女。"②所谓齐天即齐天皇后萧氏菩萨哥。齐天皇后的父亲只能有一人，可知萧思猥即萧隗因，只是写法不同而已。

萧隗因既然是睿智皇后萧燕燕之弟，那么，他自然就是萧思温之子了。由于《辽史》没有为萧隗因列传，故而其名声不显，无法与萧继先（远）相比。萧太后既是辽圣宗耶律隆绪之生母，又是萧菩萨哥的亲姑姑，她之所以十二岁被选入宫廷，显然是萧太后做主的结果。这种亲上加亲的婚姻，是辽代皇室婚姻最常见的现象，有利于加强皇族与后族的联盟，以巩固辽朝的统治。

---

① 《辽史》卷71《后妃传》，中华书局校点本，第1202页。
② 《续资治通鉴长编》卷110，天圣九年，中华书局排印本，第2559页。

四 萧太后的子女

萧太后子女很多，计有三男三女，均见于史书记载。

萧太后的长子名叫耶律隆绪，小字文殊奴，生于保宁三年（971年）十二月已丑，见《景宗纪》。据记载，他"幼喜翰，十岁能诗。既长，精射法，晓音律，好绘画"，有良好的文化修养，能文能武。乾亨二年（980年）封梁王，乾亨四年（982年）九月，辽景宗逝世，耶律隆绪随即皇帝位于辽景宗灵柩之前，时年十二岁。耶律隆绪在位时间比较长，从982—1031年，先后在位49年，是辽朝在位时间最长的皇帝，曾改元统和（983—1011年）、开泰（1012—1020年）、太平（1021—1030年）。耶律隆绪即位以后，由于年纪太小，由其母亲萧太后摄政，代行皇帝的权力执政，一直到统和二十七年（1009年）萧太后逝世为止。耶律隆绪生前被尊为昭圣皇帝（982年）、天辅皇帝（983年）、至德广孝昭圣天辅皇帝（1006年）、弘文宣武尊道至德崇仁广孝聪睿昭圣神赞天辅皇帝（1012年）、睿文英武遵道至德崇仁广孝功成治定昭圣神赞天辅皇帝（1021年），他活了六十一岁，死于1031年，死后尊谥为文武大孝宣皇帝，庙号圣宗，葬于永安山下，称庆陵、永庆陵，其护陵邑称庆州。庆陵、庆州均在今内蒙古巴林右旗西北索博日嘎苏木境内。

辽圣宗在位期间，是辽朝经济文化快速发展，国势走向强大的时期。多次与北宋发生战争，迫使北宋签订"澶渊之盟"，被宋朝人视为城下之盟，宋真宗要称萧太后为叔母，每年要向辽朝缴纳白银十万两、绢二十万匹。[①]"澶渊之盟"结束了辽宋之间的战争局面，实现了两国和平相处，为辽宋之间经济文化发展创造了条件，减少了广大人民群众的战争之苦，在历史上具有重要的意义和影响。

辽圣宗的各种尊号和谥号，都表明他对辽朝的发展作出了巨大的贡献。史家评论说，辽圣宗"理冤滞，举才行，察贫贱，抑奢僭，录死事之子孙，振诸部之贫乏，责迎合不忠之罪，却高丽女乐之归。辽之诸帝，在位长久，令名无穷，其唯圣宗乎！"②这种评论无疑是很客观公正的。

萧太后的次子，名叫耶律隆庆，字燕隐，小字普贤奴（《契丹国志》作菩萨奴）。八岁封恒王，统和十六年（998年）改封梁国王，开泰（1012—1020年）更封晋国王，又晋封秦晋国王。统和十七年（999年）南征，耶律隆庆为先锋，至瀛州与宋将范庭召列阵对峙。耶律隆庆派萧柳进击，"隆庆席势攻之，南军遂乱"，宋军"逃入空野，围而尽殪"，辽军大胜。统和十九年（1001年）十月，辽军再次南伐，仍以耶律隆庆为先锋，与宋军战于遂城，辽军取胜，又战于行唐，辽军大胜。③

《契丹国志》称，耶律隆庆"生而岐嶷，俨若成人。幼时与群儿戏，为行伍战阵法，指挥意气，无敢违者。景宗奇之，曰：'此吾家生马驹也。'长善骑射，骁捷如风。定州之战，隆庆封为梁王，加兵马大元帅，从其母萧后以行，力战深入，与擒王继忠有功，拜西京留守，封秦晋国王，又拜尚书令"。④据此，耶律隆庆自幼即习军事，长大成人以后，勇于骑射，在与宋朝的战争中，屡建功勋。

耶律隆庆正当年富力强、建功立业之时，入觐途中于北安州（今河北隆化县）浴温泉，不幸感疾而亡，死后葬于医巫闾山，其父亲景宗、祖父世宗、曾祖东丹王耶律倍皆葬于此。

萧太后的第三子名叫耶律隆祐，小字高七，又字胡都堇。乾亨（979—982年）初封郑王，统和（983—1012年）改封吴王，又更封楚王，开泰（1012—

---

① 《辽史》卷14《圣宗五》，中华书局校点本，第160页；《契丹国志》卷20《澶渊誓书》，上海古籍出版社点校本，第139页。
② 《辽史》卷17《圣宗八》，中华书局校点本，第207页。
③ 《辽史》卷64《皇子表》，中华书局校点本，第987页；《辽史》卷85《萧柳传》，第1316页。
④ 《契丹国志》卷14《诸王传》，上海古籍出版社点校本，第152页。

1020年）初改封齐王。统和中伐宋，奉命留守京师，拜西南面招讨使。圣宗征伐高丽，仍奉命守京师。权知北院枢密使，又任东京留守，赠守太师。

《契丹国志》称，耶律隆祐"性沉毅，美姿容……自少时慕道，见道士则喜。后为东京留守，崇建宫观，备极辉丽，东西两廊，中建正殿，接连数百间。又别置道院，延接道流，诵经宣醮，用素馔荐献，中京往往化之。后萧太后一年而薨，追封齐国王"。[①]称耶律隆祐晚萧太后一年而薨，似不确。萧太后死于统和二十七年（1009年)，其下一年为统和二十八年（1010年），《辽史·皇子表》称耶律隆祐开泰元年（1012年）薨。《辽史》是以《辽实录》为基础，其记载比较可信。宋朝人的记载，由于时地之差，常常出现错误，此即一例也。耶律隆祐死后，先谥仁孝，重熙年间（1032—1054年）改谥孝靖。有子三人，名叫胡都古、合禄、贴不，似未仕，《辽史》中不见其事迹。

萧太后的长女名叫观音女，见《辽史·公主表》。《契丹国志》却称之为燕哥，"适后弟北宰相留住哥，署驸马都尉"。[②]实际上燕哥是辽圣宗的长女、萧太后的长孙女，《辽史·公主表》称辽圣宗有十四女，贵妃生一女，名叫燕哥，封随国公主，进封秦国公主，辽兴宗封为宋国长公主，下嫁萧匹里。《契丹国志》燕哥之说是错误的。

《秦晋国大长公主墓志》称："圣宗大孝宣皇帝，同母弟也……统和壬子岁，改封楚国长公主。"[③]统和壬子岁，即统和三十年，是年十一月改元开泰。辽圣宗将她封于楚国长公主，证明她的年龄要大于辽圣宗，是辽圣宗的姐姐。辽圣宗出生的时间，《辽史》有明确记载，称保宁三年（971年）十二月己丑，"皇子隆绪生"。[④]观音女年长于耶律隆绪，因此，观音女应出生于保宁二年或保宁元年。辽景宗于保宁元年（969年）二月即位，当即以萧燕燕为贵妃，故而观音女应出生于保宁元年末或保宁二年初。

---

① 《契丹国志》卷14《诸王传》，上海古籍出版社点校本，第152—153页。

② 《契丹国志》卷13《后妃传》，上海古籍出版社点校本，第142页。

③ 陈述辑校：《全辽文》卷6，中华书局1982年版，第126页。

④ 《辽史》卷11《圣宗二》，中华书局校点本，第120、125—126页。

据《秦晋国大长公主墓志》，乾亨辛巳岁，始封齐国公主。乾亨辛巳岁，即乾亨三年（981年）。这一年，观音女12岁。统和壬子岁（即开泰元年，1012年），改封楚国长公主。开泰改元以后，册为晋国长公主。戊午岁(开泰七年，1018年），封吴越国长公主。太平辛酉岁(太平元年，1021年），晋封为赵魏国长公主。辽兴宗即位以后，"以公室之元姑，实先皇之伯姊……重熙元年，特加大字"。即封她为赵魏国大长公主。戊寅岁（重熙七年，1038年），又册封她为秦晋国大长公主。由此可知，从辽景宗到辽圣宗、辽兴宗三朝，观音女前后七次受封，其爵位逐步提高，在辽代的公主中，封号如此多的人，恐怕只有观音女。她享有特殊的荣誉，其原因非常明显，因为她是辽景宗的长女，辽圣宗的长姊，辽兴宗的长姑母，故而受到三朝皇帝的恩遇。

观音女的丈夫，是北府宰相、上京留守、检校太师、兼中书令、赠宋王萧继远。《辽史·公主表》和其本传均称萧继先，不过在《圣宗纪》中却称萧继远。统和四年三次提到萧继远。三月庚寅，"遣飞龙使亚刺、文班吏亚达哥以给先发诸军，诏驸马都尉萧继远领之"；十一月丙戌，"遣谋鲁姑、萧继远治边巡徼"；十一月辛卯，"诏驸马都尉萧继远、林牙谋鲁姑、太尉林八等固守封疆，毋漏间谍。军中无故不得驰马，及纵诸军残南境桑果"。按：上述记事，又见于《辽史·萧继先传》："统和四年，宋人来侵，继先率逻骑逆境上，多所俘获，上嘉之，拜北府宰相。"[1]纪与传的记事相同，一称萧继远，一称萧继先，可知萧继远与萧继先实为同一人。

又《圣宗纪》统和十七年十月癸酉，"攻遂城不克。遣萧继远攻狼山镇，破之。次瀛州，与宋军战，擒其康昭裔、宋顺，获兵仗、器甲无算。进攻乐寿县，拔之。次遂城，敌众临水以拒，纵骑兵突之，杀戮殆尽"。又，统和二十年三月甲寅，"遣北府宰相萧继远等南伐"。[2]又，统和七年二月乙卯，"枢密使韩德让封楚国王，驸马都尉萧宁远同政事厅下平章事。"[3]疑此萧宁

---

① 《辽史》卷38《萧继先传》，中华书局校点本，第1268页。
② 《辽史》卷14《圣宗五》，中华书局校点本，第154、157页。
③ 《辽史》卷12《圣宗三》，中华书局校点本，第133页。

远为萧继远之误。《秦晋国大长公主墓志》也称，故秦晋国大长公主为景宗"长女也"，下嫁萧继远，"拜驸马都尉"。墓志是当时的人记当时之事，更为准确可信。

为什么同一个人有萧继远、萧继先两个不同的名字？有可能是改名的结果。即最初起名为萧继先，后来由于某种原因改名为萧继远。萧继先是萧思温的养子，史称萧燕燕祖父为胡母里，其伯父为胡鲁古、尼古只，①萧继先应是胡鲁古或尼古只之子，大概他过继给萧思温以后，改名为萧继远。

萧太后的次女名叫长寿女。《辽史》称初封吴国公主，统和初晋封卫国公主，又改封魏国长公主。魏国长公主这种说法甚为可疑，只有年纪大于在位皇帝之姊才能称作长公主。观音女长于辽圣宗一岁，可以称长公主。在观音女与辽圣宗之间，从时间来看相差甚短，已容不得另有一女在其间，故魏国长公主应为魏国公主，"长"字为衍文。只有一种可能，即长寿女与观音女属于双胞胎的孪生姊妹，年纪才可均长于辽圣宗。不过史书中却无此记载。

史载长寿女下嫁给宰相萧排押。萧排押字韩隐，国舅少父房之后，其本传称，统和四年（986年）冬，"尚卫国公主，拜驸马都尉，加同政事门下平章事"。卫国公主即长寿女，与《公主表》所记相同。《契丹国志》称萧皇后次女名叫长寿奴，"适后侄东京留守悖野"。萧排押于统和十五年（997年）"加政事令，迁东京留守"。则东京留守悖野当即萧排押，悖野应是萧排押的契丹名。萧排押"多智略，能骑射"，统和四年（986年）"破宋将曹彬，米信兵于望都"，统和二十二年（1004年）澶渊之战，"将渤海军，下德清军"。在"澶渊之盟"和议以后，"为北府宰相"。在征讨高丽的战争中，萧排押进入开京，大胜而还，"帝嘉之，封兰陵郡王"。长寿女死于开泰六年（1017年），萧排押死于太平三年（1023年）。

萧太后第三女名叫延寿女，"性沉毅，睿智皇后于诸女尤爱。甚得妇道，不以贵宠自骄……年二十一，以疾薨"。②封越国公主，死后追封赵国公

---

① 《辽史》卷88《萧排押传》，中华书局校点本，第1341页。

② 《辽史》卷65《公主表》，中华书局校点本，第1002页。

主。她下嫁给萧恒德。萧恒德《辽史》有传，称："统和元年，尚越国公主，拜驸马都尉，迁南面林牙。"曾从宣徽使耶律阿没里征高丽，统和六年（988年），"上攻宋，围沙堆，恒德独当一面。城上矢石如雨，恒德意气自若，督将士夺其陴。城陷，中流矢，太后亲临视、赐药"。统和十二年（994年）八月，"赐启圣竭力功臣"。后来，越国公主延寿女生病，"太后遣宫人贤释侍之，恒德私焉。公主恚而薨。太后怒，赐死。后追封兰陵郡王"。^①《契丹国志》称："延寿奴适悖野母弟肯头，延寿奴出猎，为鹿所触死，后即缢杀肯头以殉葬。"^②这种说法与《辽史》记载大不相同，可能来自民间传闻，不太可信。

萧太后三子，一人继皇位，成为辽代著名的皇帝辽圣宗。余二子均封王，亦有所作为。其三女中，以长女观音女最为著名，封为秦晋国大长公主，经历了辽景宗、辽圣宗、辽兴宗三朝，名声显贵，善始善终。其次女长寿女、三女延寿女虽然都被封为公主，然而寿短，都比辽圣宗早亡。

萧太后的家世，反映了辽朝由初期向中期转变的历史过程，辽朝逐步由皇位纷争走向皇位一统，嫡长子继承制得以确立，政治形势趋于稳定，因而在对宋朝的关系上，始终处于主动地位，使辽朝进入了繁荣强大的重要时期。

---

① 《辽史》卷88《恒德传》，中华书局校点本，第1342—1343页。

② 《契丹国志》卷13《后妃传》，上海古籍出版社点校本，第142页。

【第五章】

萧太后的夫君辽景宗

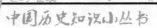

萧太后的夫君是耶律贤，他是辽朝第五代皇帝，史称辽景宗。辽景宗是辽太祖耶律阿保机的嫡长子、东丹王耶律倍的长孙。辽朝初期皇位的继承争夺相当激烈，反复无常，到了辽景宗以后，皇位才转到耶律倍一系，因此，辽景宗是一位承前启后的重要皇帝。

一　皇位之争

辽太祖有子四人：长子耶律倍，小字图欲；次子耶律德光，小字尧骨；三子李胡，字奚隐；四子牙里果，字敌辇。前三子为皇后述律平所生，第四子为宫人萧氏所生。

耶律倍属于嫡长子，因此，神册元年（916年）阿保机建立辽国时，耶律倍理所当然地被立为皇太子。天显元年（926年），耶律倍以皇太子、大元帅的身份，随从阿保机征伐渤海，在灭亡渤海以后，改渤海国为东丹，册立耶律倍为人皇王，"乃赐天子冠服，建元甘露，称制，置左右大次四相及百官，一用汉法"。东丹国实际上是一个半独立的政权，以皇太子担任东丹国王，表明辽太祖对渤海国旧地统治的高度重视。

由于耶律倍统治东丹国，专心致力于管理国家，此后随同阿保机东征西讨的儿子主要是次子耶律德光。耶律倍尊崇孔子，接受汉族文化比较多，长于文治。与耶律倍相比，耶律德光则长于武功，在讨伐周围邻部的战争中，"所向皆有功"，充分显示了他的军事才能。契丹人属于马上民族，以武为立国之本，因此，述律平对耶律德光特别器重。在辽太祖死后，述律平有意让次子耶律德光继帝位，又不便明说，便采用了一个巧妙的办法。她命耶律倍与耶律德光"俱乘马立帐前"，告诉各酋长说："二子吾皆爱之，莫知所立，汝曹择可立者执其辔。"①耶律倍是嫡长子，本应继承皇位，述律平却让大家选择，其想立耶律德光的用意是显而易见的。各部酋长不敢违抗她的意愿，多数执耶律德光之马辔，于是，耶律德光便继位当了皇帝，史称辽太宗。

大同元年（947年），辽太宗在灭亡后晋的归途中，死于栾城杀狐林（今河北栾城县北）。当时，辽太宗的长子耶律璟留守上京，耶律倍的长子耶律阮（小字兀欲）随同辽太宗伐晋，由于他的身份最高、最嫡，国不可一日无君，耶律阮遂被拥立为皇帝，史称辽世宗。这样，辽朝的皇帝由辽太宗一系转为耶律倍一系。

述律平的本意，是让其三子李胡继承皇位，她听说耶律阮即位以后，派李胡"以兵逆击"，在泰德泉李胡之兵被打败以后，述律平亲自率师于潢河（今西拉木伦河）石桥横渡阻击辽世宗，然而许多契丹贵族都不赞成李胡当皇帝，因为他太残暴而不得人心。最后经耶律屋质从中斡旋说和，述律平最后只好承认既成的事实，她引用了契丹民谚，"偏怜之子不保业，难得之妇不主家"，告诉李胡说："我非不欲立汝，汝自不能矣"。②事后李胡仍与述律平一起密谋篡位，辽世宗只好把他们迁移到祖州（辽太祖陵所在地），禁止他们回上京城。

辽世宗即位以后，又有人出来争夺皇位，此人是辽太祖第五弟安端之子耶律察割。在辽世宗与李胡争夺皇位的斗争中，察割曾说服其父安端支持辽世宗，后来以种种手段骗取辽世宗的信任，接近辽世宗的行宫，以便于谋害活动，篡夺皇位。天禄五年（951年）七月，辽世宗在太液谷游幸，察割准备在此谋乱而未得手。同年九月，辽世宗到达归化州（今张家口市宣化区）祥古山，准备南伐后周。数日后南移到新州（今河北涿鹿县）火神淀，察割在行宫中弑杀了辽世宗，"因僭位号"，自称皇帝。然而察割之举名不正、言不顺，没有取得契丹贵族的支持，结果为寿安王耶律璟所计杀，耶律璟当了皇帝，史称辽穆宗。辽穆宗为辽太宗之长子，于是皇位又转到辽太宗一系。

---

① （宋）叶隆礼：《契丹国志》卷2，《太宗嗣圣皇帝上》，上海古籍出版社点校本，第11页。
② 《辽史》卷72《宗室传·李胡》，中华书局校点本，第1213页。

辽穆宗是以凶暴嗜杀闻名的皇帝,他"每夜酣饮,达旦乃寐,日中方起,国人称之为睡王"。①辽穆宗"体气卑弱,恶见妇人。居藩时,述律太后欲为纳妃,帝辞以疾;即位后,嫔御满前,并不一顾。朝臣有言椒房虚位者,皆拒而不纳。左右近侍、房帷供奉,率皆阉人"。②因此之故,辽穆宗没有子女。辽穆宗将辽世宗之子耶律贤,视为自己之子,成为自己的合法继承者。因此,辽穆宗被近侍小哥、盥人花哥、庖人辛古等人刺杀以后,耶律贤便继位当了皇帝,史称辽景宗。辽景宗是耶律倍之孙,自此帝位又回到耶律倍一系。自辽景宗以后的所有皇帝,均是辽景宗的子孙,换句话说均属于耶律倍一系。

辽朝初期的帝位之争,自然属于契丹皇族内部的争权夺利。不过耶律倍一系从失势到得势,最后取得了皇位的继承权,实质上是嫡长子继承制的胜利。耶律察割篡位得不到承认,因为其父安端是辽太祖之弟,并非嫡出。辽穆宗是以残暴闻名,抛开这一因素,其父辽太宗也不是嫡长子,只是述律平以皇太后之权将他推向了皇帝宝座。辽太宗一系失去皇位,与其非嫡长有一定的关系。嫡长子继承制的确立,是社会的一种进步,它可以避免群子争位的发生,有利于社会的安定和发展。

《辽史》编者在《义宗倍传》末评论说:"自古新造之国,一传而太子让,岂易得矣?辽之义宗,可谓盛矣……终辽之代,贤圣继统,皆其子孙,至德之极,昭然在兹矣。"③义宗是耶律倍死后追谥的庙号,《辽史》认为耶律倍让皇位于其弟耶律德光,这种义举有"至德之报",故其子孙最终得以绍继皇统。这种说法初看似有一定道理,然而仔细分析,实质上并非是让国有德,而是嫡长子继承制在发挥作用。耶律屋质曾对争夺皇位的李胡说:"礼有世嫡,不传诸弟。昔嗣圣(指辽太宗)之立,尚以为非,况公暴戾残忍,人多怨言,万口一词,愿立永康王(指辽世宗),不可夺也。"④此言说明,早在辽

①(宋)叶隆礼:《契丹国志》卷5《穆宗天顺皇帝》,上海古籍出版社点校本,第50页。
② 同上书,第54页。
③《辽史》卷72《宗室传·义宗倍》,中华书局校点本,第1212页。
④《辽史》卷77《耶律屋质传》,中华书局校点本,第1257页。

朝初年嫡长子继承制就已深入人心，如果没有述律太后的宠爱和支持，辽太宗是无法继位的。辽太宗死后，契丹贵族拥立耶律倍之子耶律阮为皇帝，可以说是顺理成章，述律太后理屈词穷，只好收回让李胡继承皇位的成命。

二 即位之初的贵族争斗

辽景宗本名耶律贤，字贤宁，小字明扆。这是《辽史》所载，本于《实录》，比较可信。宋朝人的记载稍有不同，《契丹国志》称："景宗讳明记，更名贤。"①《续资治通鉴长编》、《东都事略》所载，均是如此，说明其来源相同。

耶律贤是东丹王耶律倍的嫡孙，辽世宗耶律阮的嫡子，位居第二。其长兄名叫耶律吼，耶律贤即位以盾，曾"祭皇兄吼墓，追册为皇太子，谥庄圣"。②据此，则耶律吼在辽景宗即位以前即已逝世，无事迹可载，可能属于夭折。

辽世宗天禄五年（951年）九月，发生了察割之乱，辽世宗及其皇后萧氏撒葛只、妃甄氏皆入害。这时的耶律贤只有四岁，因受到宫人的保护而脱险。《契丹国志》记载，火神淀察割之乱时，"帝（按：指辽景宗）时年九岁，御厨尚食刘解里以毡束之，藏于积薪中，由是得免"。③此九岁之说，似不确。辽景宗死于乾亨四年（982 年）九月，时年三十五，在位十三年，则当生于947年（天禄元年〕，察割之乱时，耶律贤适当四岁，而不是九岁。

察割之乱把耶律璟推向皇帝宝座，史称辽穆宗。他是辽太宗的长子，其人不近女人，故而无子。他很亲近耶律贤，察割之乱以后，将耶律贤收养在他

---

① 《契丹国志》卷6《景宗孝成皇帝》，上海古籍出版社点校本，第57页。

② 《辽史》卷8《景宗上》，中华书局校点本，第91页。

③ 《契丹国志》卷6《景宗孝成皇帝》，上海古籍出版社点校本，第57页。

的宫卫永兴宫中。按照辽朝的习惯，每一皇帝即位以后，都要从相关的州县部族中抽调一部分人马，作为自己的保卫私兵，皇帝死后则负责看护陵寝。永兴宫是辽太宗的宫卫，辽穆宗是在永兴宫中长大的。辽穆宗即位之初，尚未建立自己的宫卫，只好沿用永兴宫的旧名。

到了应历十九年（969年）二月，辽穆宗大概已经预感到他的皇位不会太久了，因为他残暴凶狠，杀死了许多无辜的近侍和大臣，民怨太重。于是，辽穆宗将耶律贤召至面前，对他说："吾儿已成人，可付国政。"①这时耶律贤二十二岁，已经到了可以管理国家的年龄。此话说出没过几天，辽穆宗即在怀州（辽太宗怀陵的护陵邑）附近的行宫中被近侍小哥、花哥、辛古等人杀死。耶律贤既然已被辽穆宗指定为接班人，他得知此事以后，立即率领飞龙使女里、侍中萧思温、南院枢密使高勋等人和甲骑千人赶赴辽穆宗的行宫，痛哭流涕。于是，当天，耶律贤就被女里、萧思温、高勋等一帮藩汉大臣推举为新皇帝，并上尊号为天赞皇帝。随即改元，将应历改为保宁。

耶律贤即位以后，将负责辽穆宗安全的殿前都点检耶律夷腊、右皮室详稳萧乌里"宿卫不严"而斩首。这既是追究他们的过失，又是显示皇帝的威严。对于巩固新即位皇帝的地位，产生了一定的影响。

辽太宗有子五人，长子为辽穆宗耶律璟，次子名叫罨撒葛，辽太宗会同元年封他为太平王，辽穆宗"委以国政"，对他相当重用。然而此人却野心很大，阴谋作乱，被辽穆宗贬到西北戍边。辽景宗即位以后，太平王罨撒葛很害怕受到追究，治其罪，亡入沙陀之中。辽景宗发现夷离毕粘木衮暗中支持罨撒葛的反叛活动，毫不留情将其处死。罨撒葛孤立无援，只好回朝请罪。辽景宗以宽大为怀，释其罪，还晋封他为齐王。又封辽太宗第四子敌烈为冀王、封辽太宗第五子必慑为越王，此二人都是罨撒葛之弟。辽景宗的目的是为了改善与辽太宗诸子的关系，有利于巩固自己的皇帝地位。

与此同时，辽景宗对于拥戴他当皇帝的人也大加封赏。辽景宗即位以后不久，即娶萧思温的第三女萧绰为妃为后，又以萧思温为北院枢密使，不久又

---

① 《辽史》卷8《景宗上》，中华书局校点本，第89页。

兼北府宰相，并给以"世预其选"的特权。"世选"是辽朝用官的一种特殊的制度，朝廷的重要职官，南北府宰相、夷离董等，只能由某一指定的家族中产生，如北宰相由皇族四帐世预其选，南宰相由国舅五帐世预其选。所谓世选与世袭有所不同，世袭是子孙自为承袭，世选是量材选用，不能自为承袭，它比世袭更为科学一些。萧思温家族世预北府宰相，是辽景宗对他的高度信任。不久以后，萧思温又被封为魏王。

南院枢密使高勋，原是后晋的阁门使，后来投降了辽朝，受到辽太宗的重用。辽世宗时，备受重用，"天禄间，为枢密使，总汉军事"。[1]他掌握有军队，可以调动军队，为了保卫辽景宗的安全，他"率甲骑千人驰赴"行宫，保证了辽景宗顺利即位。他是一位大功臣，因此，辽景宗即位以后，加封他为秦王。

女里也是拥戴辽景宗的功臣。他原是辽世宗积庆宫人，为习马小底，此人善识马，他根据马的足迹便可以断定马的优劣。辽景宗在藩邸之时，"以女里出自本宫，待遇殊厚，女里亦倾心结纳"。[2]他得知辽穆宗被刺杀，马上"奔赴景宗"，"集禁兵五百以卫"。辽景宗即位以后，女里"以翼戴功，加政事令、契丹行宫都部署，赏赉甚渥，寻加守太尉"。[3]

然而辽景宗即位不久，却发生了盘道岭谋杀案，萧思温被杀死。保宁二年（970年）四月，辽景宗到东京（今辽宁辽阳）"致奠于让国皇帝及世宗庙"。让国皇帝为东丹王耶律倍，世宗为辽景宗之父耶律阮，辽景宗即位以后祭奠其祖父、父亲之庙，以告慰其先人在天之灵。在归途之中却不意在医巫闾山之盘道岭（今属北宁市，即旧北镇县）遇到了强盗，皇帝的出行队伍很庞大，有数以百计的人马和卫队，胆敢抢劫皇帝出行的强盗绝非一般的强人。令人奇怪的是他们并不抢劫财物，而是专门刺杀萧思温。事后才知道这是国舅萧海只、萧海里和萧神靓所策划的谋杀案。同年九月，他们在事实面前供认不

---

① 《辽史》卷85《高勋传》，中华书局校点本，第1317页。
② 《辽史》卷79《女里传》，中华书局校点本，第1273—1274页。
③ 同上。

讳，认罪伏法，萧海只、萧海里被处死，萧神觇被流放到黄龙府（今吉林省农安县），保宁三年（971年）萧神觇也被处死。

事过多年以后，盘道岭谋杀案有了新的发现，有迹象表明高勋也与此案有关系。保宁八年（976年）七月，高勋被"除名"，即被撤职罢官。两年以后，"寻又谋害尚书令萧思温，诏狱诛之，没其产，皆赐思温家"。[①]到了保宁末年，萧女里"坐私藏甲五百属，有司方按诘，女里袖中又得杀枢密使萧思温贼书"，[②]证明萧女里也介入了盘道岭谋杀案，罪不可赦，被辽景宗"赐死"，即令其自杀。至此盘道岭谋杀案才真相大白，有许多官僚贵族被牵扯进去。至于谋杀萧思温的原因，史书中没有明确记载。不过史家评论说："穆宗沈湎失德，盖其资富强之势以自肆久矣。使群臣于造次动作之际，此谏彼诤，提而警之，以防其甚，则亦讵至是哉。于是知护思、思温处位优重，耽禄取容，真鄙夫矣！"[③]又有评论说："迁尚书令，封魏王，任遇弥坚。年既昏耄，事多徇私，吏有言韵微讹者，抉摘示明，朝廷以此患之，畏后不敢言。"[④]从这些史家评论中可以看出，萧思温身为高官，享有厚禄，然而对辽穆宗的各种失德行为，未能进行阻谏，处处以自保为重，有失臣工之德，批评他是鄙夫，是很恰当的。在辽景宗时代，由于其女为皇后，更是有恃无恐，朝廷对他也没有办法。盘道岭谋杀案的出现，反映出朝廷内外对萧思温都恨之入骨，故而国舅萧氏也有人参与谋杀活动，盗贼出面劫杀，也反映出平民对他的种种行为愤愤不平。盘道岭谋杀案很可能是一宗冤案，只是由于史书记载简略，今日已无法了解其细节了。辽景宗初年统治集团内部的争斗，也有是非曲直的，因为贪官污吏对广大平民是没有什么好处的。

---

① 《辽史》卷85《高勋传》，中华书局校点本，第1317页。
② 《辽史》卷79《女里传》，中华书局校点本，第1274页。
③ 《辽史》卷78《论曰》，中华书局校点本，第1269页。
④ 《契丹国志》卷15《外戚传·萧守兴》，上海古籍出版社点校本，第157页。按：萧守兴即萧思温。

三 顺民意求安宁

纵观辽朝前期的历史，辽太祖、辽太宗时代属于建国时期，东征西讨，南征北战，建立了横跨燕山南北的国家。辽世宗、辽穆宗时代，契丹贵族内部争权夺利的争斗不息，社会动荡不安，给民众带来了许多苦难。辽景宗的青少年时代，经历了种种的政治风波，在心灵上受到很大的创伤。因此，辽景宗即位以后，他顺应民意，采取了一系列寻求安宁的措施，从而使辽朝从动荡走向安宁。将辽景宗称作中兴之主，是一点也不夸张的。

辽景宗即位以后，马上改元为"保宁"。以保宁为年号，充分体现了辽景宗的政治主张。保宁就是要保证社会的安宁，既有利于实现统治，又给民众谋福祉，使大家能平安地生活、劳动、栖息，这是古往今来民众的理想。为了保持社会的安宁，辽景宗采取了一系列的措施。

在辽穆宗时代，皇帝残暴，滥刑罚，喜杀戮，刺面、腰斩、炮烙、铢梳、挫尸，无所不用其极，服侍皇帝的近侍、卫士终日惶恐不安，时刻担心大难临头，最后辽穆宗被服侍他的近侍所杀。这类血的教训，使辽景宗明白了"刑法之制，岂人主快情纵意之具邪"？①

辽太祖少子李胡有子名喜隐，在辽穆王时因谋反之罪下狱因之。辽景宗登基以后，喜隐竟"自去其械而朝"。辽景宗见了大怒，责问他："汝罪人，何得擅离禁所！"下令将喜隐重新关进牢房之中。② 由此可知，辽景宗认为即使

① 《辽史》卷61《刑法志上》，中华书局校点本，第938页。
② 《辽史》卷72《宗室传》，中华书局校点本，第1214页。

是皇亲贵族，也要守法服法，不能例外。

古有击钟鸣冤的制度，以保证小民有申冤的机会。辽穆宗废除了钟院（又称登闻鼓院）。辽景宗即位以后，提出"穷民有冤者无所诉"是不合理的。于是，保宁三年（971年）下令重新铸造大钟，恢复钟院，并将他恢复击钟鸣冤的诏书，铸在大钟之上，令万民皆知，广为流传，让有冤之民皆来击钟鸣冤。

保宁五年（973年），有近侍实鲁里"误触神纛"(纛即旗帜)，按照辽穆宗时代的严刑峻法当处以死刑。辽景宗认为因为这一件小事即处死刑有些太重，指示有关官府"杖而释之"，这种做法与辽穆宗的严刑峻法成为明显的对比，反映出辽景宗体察民情的爱民之心。

为了体察民情，辽景宗在即位以后巡视全国。据《辽史》记载，他巡视过的地方有东京（今辽阳）、归化州（今河北宣化）、南京（今北京）、金川（金莲川，在今河北沽源）、云州（今山西大同）、新城（今河北新城）等地，了解民情民意。他还指示"五使廉访四方鳏寡孤独及贫乏失职者，振（赈）之"。①

辽景宗体察民情民意，提倡平民鸣冤申诉，使社会风气渐趋和谐安定，从而保证男耕女织的顺利进行，农业有了很快发展。保宁七年（975年），北汉受宋朝的威胁，粮食不足，派使者来"乞粮"，辽朝是北汉的友邻，五辽景宗"诏赐粟二十万斛助之"。史家评论说："非经费有余，其能若是。"②

旧史家赞曰："辽兴六十余年，神册、会同之间，日不暇给；天禄、应历之君，不令其终；保宁而来，人人望治。以景宗之资，任人不疑，信赏必罚，若可与有为也。"③有为也，是指辽景宗颇有作为而言。旧史家又指出："景宗之世，人望中兴。"④辽景宗正是适应了时代的潮流，勤心努力，顺民

① 《辽史》卷8《景宗上》，中华书局校点本，第95页。

② 《辽史》卷59《食货志上》，中华书局校点本，第924页。

③ 《辽史》卷9《景宗下》，中华书局校点本，第105页。

④ 《辽史》卷79《论曰》，中华书局校点本，第1275页。

心体民意，作出了正确的选择。现代史家也认为，辽景宗时代是辽朝中兴的转机，①其子辽圣宗继承了他的遗志，又苦加经营，辽朝走向强大，形成了与北宋鼎立的南北朝局面。因此，将辽景宗称作中兴之君是不为过的。

① 杨树森：《辽史简编》，辽宁人民出版社1984年版，第108页。

四 用贤才

辽景宗治国有方，与他重用贤才有密切的关系。这些经世的贤才，或为皇帝出谋划策，或按皇帝的旨意治国治民，这是景宗中兴的重要原因。

当辽景宗在藩邸之际，对辽穆宗的暴政曾有所"刺讥"，即表示反对。这时，"嗜学有大志"的耶律贤适，劝告他"宜早疏绝，由是穆宗终不见疑"，得以被定为皇储，史家称这是"贤适之力也"。辽景宗即位以后，"多疑诸王或萌非望"，即担心有人反叛篡位，"阴以贤适为腹心"，多听取耶律贤适的意见。耶律贤适没有辜负辽景宗的信任，他"忠介肤敏，推诚待人，虽燕息不忘政务。以故百司首职，罔敢偷惰，累年滞狱悉决之"。当时，高勋、女里等人与辽景宗的姨母、保姆相勾结，"势薰灼，一时纳贿请谒，门若贾区"。耶律贤适对此十分忧虑，不过由于这些人或为贵戚，或有拥戴之功，辽景宗也无可奈何。耶律贤适提出"以病解职"，辽景宗不允，"令铸手印行事"，①所谓"手印"，大概属于画押印，说明辽景宗对耶律贤适高度信任。

辽景宗初即位时，对国丈萧思温曾十分依赖，加尚书令，封魏王。萧思温被刺杀以后，辽景宗将"性端介，识治体的郭袭任命为南院枢密使，寻加兼政事令"。郭袭多次向辽景宗进谏治国之策。他提出："穆宗逞无质之欲，不

---

① 《辽史》卷79《耶律贤适传》，中华书局校点本，第1272—1273页。

恤国事，天下愁怨。陛下继统，海内翕然望中兴之治……伏望陛下节从禽酗饮之乐，为生灵社稷计，则有无疆之休。"①辽景宗"览而称善"，采纳了他的意见，确定了顺民意、求安宁的治国之策。

汉族官僚室昉，是会同初年进士，深受辽太宗、辽世宗的重用，属于老臣。辽景宗即位以后，曾"数延问古今治乱得失，奏对称旨"。辽景宗很重用他，"拜枢密五使，兼北府宰相，加同政事门下平章事。乾亨初，监修国史"。②室昉熟悉中国古代治国之得失，辽景宗虚心听取他的意见，对于制定治国方略不能不产生重大的影响。北府宰相在辽代是职尊权重的显官，多由契丹世家大族所垄断。辽景宗请室昉兼北府宰相，足见对他的高度信任。

辽景宗顺民意、求安宁的治国理念，得到了宗室贵族的大力支持。平王隆先、晋王道隐，是辽世宗之弟、辽景宗之叔。他们身份虽高，却深知辽景宗顺民意、求安宁之心，在他们管辖的地方，模范执行。平王隆先为东京（今辽阳）留守，他"薄赋税、省刑狱、恤鳏寡，数荐贤能之士"。晋王道隐被辽景宗改封蜀王，被任命为上京留守，乾亨元年改为南京（今北京）留守。他"号令严肃，民获安业，居数年，徙封荆王。"③

汉族官僚韩匡嗣父子，与辽景宗关系尤深。韩匡嗣是韩知古之子，"善医"，辽景宗在藩邸之时即与之相善，即位以后任命韩匡嗣为上京留守、南京留守，又以南京留守摄枢密使。韩匡嗣不知兵，乾亨元年（979年）满城之战，中宋人之计兵败，辽景宗数落他有五罪，欲杀他，幸而有"皇后引诸内戚徐为开解"，"乃杖而免之"。

韩匡嗣有五子，其长子韩德源、次子韩德让早年都曾做过辽景宗的近侍，韩德让曾任东头承奉官、补枢密院通事，做过上京留守、南京留守。乾亨元年（979年）七月高梁河之战，宋兵一度包围了南京城。"宋兵围

---

① 《辽史》卷79《郭袭传》，中华书局校点本，第1274页。
② 《辽史》卷72《宗室传》，中华书局校点本，第1211页。
③ 《辽史》卷72《宗室传》，中华书局校点本，第1212页。

城，招胁甚急，人怀二心"，形势相当危急。韩德让"登城日夜守御，援军至，围解"。④

辽景宗晚年，韩德让与耶律斜轸成为顾命大臣，拥立皇太子耶律隆绪为帝，协助萧太后治国，对辽圣宗时期的治国产生了重大的影响，后面相关的章节将详细介绍。

---

① 《辽史》卷82《耶律隆运传》，中华书局校点本，第1289页。

五 高梁河大捷

辽景宗将处理国内事务，追求社会的安宁，置于最重要的地位；而将与宋朝的关系列于次要的地位，避免边界冲突，争取和平相处。戍守南境的边官，深知辽景宗的心意，付诸实践。史载："合住久任边防，虽有克获功，然务镇静，不妄生事以邀近功。邻垠敬畏，属部又安。宋数遣人结欢，冀达和意。合住表闻其事，帝许议和。安边怀敌，多有力焉。拜左金吾上将军。"又称："镇范阳时，尝领数骑径诣雄州北门，与郡将立马陈两国利害，及周师侵边本末。词气慷慨，左右壮之。自是，边境数年无事。识者以谓合住一言，贤于数十万兵。"①范阳即涿州，隶南京，雄州为北宋边界上的城镇，屯有重兵。合住主动到雄州城下，向宋朝将领陈说两国和战的利害，维护了辽宋的和平。合住的这种做法，符合辽景宗的心意，表达了辽景宗的和好愿望。

由于辽景宗主动向宋朝示好，表达了和平相处的愿望，因而得到了宋朝的响应。保宁六年（974年）三月，宋太祖赵匡胤"遣使请和"，辽朝"以涿州刺史耶律昌术(按：即耶律合住）加侍中与宋议和"。②宋朝人的记载则与此相反，北宋人孙逢吉在《职官分纪》一书中称，开宝七年（即保宁六年）"契丹深州刺史耶律琼贻书知雄州孙全兴，请讲好"。③疑此说系为宋朝讳也，宋太

① 《辽史》卷86《耶律合住传》，中华书局校点本，第1321—1322页。

② 《辽史》卷8《景宗上》，中华书局校点本，第94页。

③ 转引自《辽史纪事本末》卷19《宋初和战》，中华书局排印本，第364页；《续资治通鉴长编》卷15开宝七年，中华书局排印本，第328页。

祖自知辽朝强大，无法用武力收复燕云，故别置封桩库，俟库满三五十万，用以赎回燕蓟之地。主动向辽朝提出和好，自在情理之中。如果辽朝真的主动向宋朝提出和约，足以证明辽景宗休息养民的治国理念是坚定不移的。

然而辽景宗维护辽宋和平的愿望，却被宋太宗的北伐给打破了。宋太祖死后，其弟赵匡义当了皇帝，史称宋太宗。宋太宗继承了宋太祖的遗志，对于未能收复燕云十六州耿耿于怀。宋太祖先是用武力平定了南方诸国，以解除后顾之忧，全力收复燕云。他自知武力不如辽国，只好放长计，计划用金钱赎燕云，即用和平的手段达到目的，属于无奈之举。宋太宗即位以后，则立足于用武力收复燕云，从而主动北伐，引起了高梁河之战，其结果是辽朝大捷，宋朝大败，宋太宗中箭负伤，狼狈地逃回了开封，后来由于箭伤发作而殒命。

宋太宗即位时，今山西有刘氏北汉，其君主为刘继元。北汉势孤力单，故常以辽朝为后援。宋太宗认为，只有先灭亡北汉，才能孤立辽朝，削其右臂，有利于伐辽。乾亨元年（979年）五月，刘继元投降，宋军毁坏了太原城，北汉灭亡。宋太宗决定乘胜攻打辽南京，收复燕蓟之地。当时，宋朝的将士皆疲惫不堪，"皆不愿行，然无敢言者"。只有殿前都虞崔翰力主伐辽，他说："此一事不容再举，乘此破竹之势，取之甚易，时不可失也。"[1]宋太宗深以为然，即令枢密使曹彬调集各路兵马，决意北伐。由于将士无意北伐，出现了"扈从六军有不即时至者"，宋太宗大怒，"欲置于法"，由于赵延溥的极力劝阻，宋太宗气消，未能动法。

这时的辽景宗对宋太宗北伐失去了警惕，他大概误认为，既然有保宁六年签订的和约在先，宋朝必当遵守和议，不能轻举妄动。因此，辽景宗依然在南京很远的地方狩猎，南京城内毫无防御准备，江休《复杂志》称，只有守城弱兵5000人，"皆脆兵弱卒"。[2]宋朝人称宋太宗此次北伐攻燕，是"乘其无备"，确属实际情况。宋朝事先做了充分准备，动员了全国的兵力，又加上北汉投降的30000士兵，总计其兵力达十余万人。宋辽的军事力量对比，相差十

---

① 《续资治通鉴长编》卷20《太宗》太平兴国四年，中华书局排印本，第454页。

② 《契丹国志》卷6《景宗孝成皇帝》，上海古籍出版社点校本，第60页。《续资治通鉴长编》卷20《太宗》太平兴国四年。

分悬殊。

因此，宋军的北上相当顺利，几乎没有遇到什么抵抗。易州、涿州的守将先后向宋军投降。宋太宗高兴之余，还作了一首《悲陷蕃民诗》，令从臣和之。所谓"陷蕃民"，即辽南京幽州城中的汉族百姓。宋军很快到达幽州城下，定国节度使宋偓之兵驻城南，河阳节度使崔彦进之兵驻城北，彰信节度使刘遇之兵驻城东，定武节度使孟玄喆之兵驻城西，将幽州城团团围住。宋太宗则驻跸在幽州城南的宝光寺，后来又移驻幽州城北和城西北督诸将攻城。①

由于城内辽兵很少，宋朝大军围城，使幽州城内的居民甚为恐慌，有些居民欲逃出城，却遭到宋兵的堵截。当时，韩德让代其父韩匡嗣戍守南京城。"宋兵围城，招胁甚急，人怀二心。隆运登城，日夜守御。"②在宋兵围城之际，耶律学古"受诏往援"。"宋势益张，围城三周，穴地而进，城中民怀二心。学古以计安反侧，随宜备御，昼夜不少懈。适有敌三百余人夜登城，学古战却之。"③

援助北汉的耶律沙、耶律奚低和耶律讨古，长途跋涉回到南京以后，与宋军会战于城北的沙河，不抵宋军退至清河（沙河、清河今仍其名，在北京市昌平区），又退至高梁河（在北京西直门外，旧称玉河），与围城的宋军相遭遇，由于兵力不支而"少却"。南京城内守军很少，而城外的援军又接连失利，南京的形势岌岌可危，随时都有被宋军攻陷的可能。

正在游猎中的辽景宗得知宋军包围了南京城的消息以后，曾急令附近的辽军前往增援。其中最重要的是耶律休哥率领的五院军和耶律斜轸率领的青帜军。耶律斜轸"取奚低等青帜军于得胜口以诱敌，敌果争赴。斜轸出其后，奋击败之"。④这场伏击，使宋军损失很大。斜轸的军队乘胜来到高梁河，与耶律休哥兵分左右合击南京城北的宋军。这里是宋军的主力所在，兵力既多，又有宋太宗在城北督战，战斗力比较强。不过耶律休哥和耶律斜轸两支劲旅的出

① 《续资治通鉴长编》卷20《太宗》太平兴国四年，中华书局排印本，第456—457页。

② 《辽史》卷82《耶律隆运传》，中华书局校点本，第1289页。

③ 同上书，第1304页。

④ 《辽史》卷83《耶律斜轸传》，中华书局校点本，第130页。

现，却出乎宋太宗的意料，最终使宋军转胜为败。许多文献对高梁河之战都有记载。

《辽史》记载："（耶律）沙等及宋兵战于高梁河，少却；休哥、斜轸横击，大败之。宋主仅以身免，至涿州，窃驴车遁去。甲申，击宋余军，所杀甚众，获兵仗、器甲、符印、粮馈、货币不可胜计。"[①]又，耶律休哥"遇大敌于高梁河，与耶律斜轸分左右翼，击败之。追杀三十余里，斩首万余级，休哥被三创。明旦，宋主遁去，休哥以创不能骑，轻车追至涿州，不及而还"。[②]

宋朝人撰的《契丹国志》记载："先是宋师自并幸燕，乘其无备，帝方猎，急归牙帐，议弃幽、蓟，以兵守松亭、虎北口而已。时耶律逊宁号于越，呼为'舍利郎君'，请兵十万救幽州，并西山薄幽陵，入夜持两炬，朝举两旗。选精骑三万，夜从他道自宋军南席卷而北。"[③]这段记载不甚可靠，江休复即提出质疑，既拥十万师，何用人持两炬两旗以为疑兵乎？未免自相矛盾矣。[④]

《续资治通鉴长编》记载："初，武功郡王德昭从征幽州，军中尝夜惊，不知主所在，或有谋立王者，会知上处，乃止。上微闻其事，不悦。及归，以北征不利，允不行太原之赏，议者皆为不可……"[⑤]据此可知，宋军士气不高，故有夜惊，失上（宋太宗）所在，有谋立赵德昭之议。

潘永因《宋稗类抄》称："太宗围幽州城，夜大风，军中虚惊，南北军皆溃，诸将不知上所在，唯节度高琼随；翌日，上欲诛诸将，因琼谏而止。"[⑥]这条材料与《续资治通鉴长编》上文相似，证明《续资治通鉴长编》之记载是可信的。

王铚《默记》称："驾至幽州，四面攻城，而师以平晋（按：指平北汉）不赏，又攻燕，遂军变，太宗与其亲厚夜遁，得钱俶殿乃得脱。后神宗语及北边事曰：'太宗军溃，仅得脱，凡行在服御、宝器被掠，从人宫嫔尽陷

---

① 《辽史》卷9《景宗下》，中华书局校点本，第102页。
② 同上。
③ 《契丹国志》卷6《景宗孝成皇帝》，上海古籍出版社点校本，第59页。
④ 《辽史纪事本末》卷19《宋初和战》，中华书局排印本，第371页。
⑤ 《续资治通鉴长编》卷20《太宗》，中华书局排印本，第460页。
⑥ 《辽史纪事本末》卷19《宋初和战》，中华书局排印本，第371页。

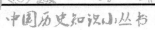

没，上中两箭，岁岁必发，其弃天下亦以箭疮发'云。"①

宋朝人的记载比较真实，从中可以看出宋朝的将士不愿北伐辽南京，平北汉不得奖赏，连续作战的劳累，都是他们反战的原因。由于士气不高，兵无斗志，加上宋太宗的催促督战，辽军的强力反击，引起了宋朝士兵的倒戈哗变，引起全军溃退。宋太宗匆忙逃跑，逃到涿州改乘驴车南奔，其间还被辽兵射中两箭，最后竟以箭疮不断复发而病亡。

辽朝在兵力少，毫无准备的情况下仓促应战，然而辽景宗的号令得到了全军将士的拥护，个个英勇果敢，奋不顾身，耶律休哥身负重伤，仍坚持带兵作战，表现了高昂的士气，与宋军的士兵哗变形成鲜明的对比。辽景宗调度有方，反败为胜，充分显示了他的一国统帅的地位，在将士中拥有很高的威信，将士愿意为国家打仗拼命。人心所向，是战争胜负的最关键因素。

---

① 《辽史纪事本末》卷19《宋初和战》，中华书局排印本，第271—272页。

【第六章】

萧太后的治国成就

一　治国理念

契丹人原是游牧民族，"其富以马，其强以兵。纵民于野，驰兵于民……马逐水草，人仰湩酪，挽强射生，以给日用"。以放牧、射猎谋生，是一种典型的自然经济，对自然的依赖性比较大，因而经济基础非常脆弱。每逢大雪和干旱，牲畜便会大批死亡，至今牧区仍是如此，故牧民将大雪称作"白灾"，将干旱称作"黑灾"。

契丹人自北魏以来，经过了长期的放牧、射猎阶段。史称到了玄祖匀德实时代，"始教民稼穑"。①匀德实是耶律阿保机的祖父，其生活的时代当是唐代的后期。到了耶律阿保机建国以后，"内建宗庙朝廷，外置郡县牧守，制度日增，经费日广，上下相师，服御浸盛，而食货之用斯为急矣"。因此，随着社会的发展，农业的重要性日益显现出来。史称："太祖平诸弟之乱，弭兵轻赋，专意于农。"②不过辽太祖、辽太宗、辽世宗、辽穆宗四朝，对外战争频仍，内部皇位之争不断，社会不太安宁，直接影响了社会经济的发展。

到了辽景宗时代，接受了前代的教训，顺民意、求安宁，以保证农牧商的顺利发展。萧太后协助辽景宗治理国家，深知发展经济是强国之本。到了辽圣宗即位以后，她以皇太后的身份摄国政，采取了宽刑狱、振兴经济的一系列政策，使辽朝迅速强大起来，在与宋朝的交往中保持强大的优势。

在萧太后逝世以前，由于她处于摄政的地位，凡是以皇帝名义作出的治国大策，实际上都是出于萧太后的意志，通常是先由萧太后作出决定，然后以

① 《辽史》卷2《太祖下》赞语，中华书局校点本，第24页。
② 《辽史》卷59《食货志上》，中华书局校点本，第923—924页。

皇帝的名义发布。因此，从统和元年至统和二十七年的辽朝国策，都与萧太后密切相关。在萧太后逝世以后，她的政治理念在很长的时间内，仍在发挥巨大的作用。开泰、太平年间辽圣宗采取的许多措施，仍是萧太后政策的继续，不妨把它看作萧太后的余音。历史上许多重要人物的影响，都是如此。

史称，统和初年，"（室）昉与韩德让、耶律斜轸相友善，同心辅政，整析蠹弊，知无不言，务在息民薄赋，以故法度修明，朝无异议"。[①]统和初年，正是萧太后摄政，"务在息民薄赋"，"法度修明"，准确地概括了萧太后执国政的要点。只有"法度修明"，才能调整、缓和统治阶级内部的矛盾和统治者与广大人民群众之间的矛盾；只有"息民薄赋"，才能激发广大人民群众生产劳动的积极性。这些都体现了"国以人重"的理念，反映出萧太后对辽朝社会现实有深刻的观察和认识。因此，萧太后治国是以宽法律入手，着眼于薄赋税，达到富国强兵的目的。

①《辽史》卷79《室昉传》，中华书局校点本，第1271—1272页。

二　宽法律

契丹人是游牧民族，最初实行的法律是不成文的习惯法。例如契丹八部大人（即酋长）共同推举一人为王（即部落联盟长），每隔三年改选一次，"推一大人建旗鼓以统八部"，"被代者以为约本如此，不敢争"。①这种八部大人共同约定的办法，就是契丹人的习惯法。又如刑罚中的用沙袋（熟牛皮缝制，内实以沙）、木剑、大棒、铁骨朵击打，极具游牧民族的特点，也应当属于习惯法。辽太祖征服四夷以后，境内所管辖的居民已不限于契丹一族，原来契丹人的习惯法难以满足需要。于是，神册六年（921年），"乃诏大臣定治契丹及诸夷之法，汉人则断以律令，仍置钟院以达民冤"。②所谓律令，即唐代的法律。治契丹及诸夷之法，大概仍然是以契丹人的习惯法为基础，稍加补充而成的成文法。不过在执行的过程中，却因人而异，畸轻畸重的现象时有发生。史称："世宗天禄二年，天德、萧翰、留哥及其弟盆都等谋反，天德伏诛，杖翰，流留哥，遣盆都使辖戛斯国。夫四人之罪均而刑异。"辽穆宗残暴嗜杀，有法律而不遵，随意杀人，法律变成了一纸空文。

辽景宗"在潜，已鉴其失"，故而他即位以后，着力于整顿法律，例如被辽穆宗罢废的钟院又得以恢复，重新铸钟，"纪诏其上，道所以废置之意"。不过辽景宗在位时间只有十三年，由于国事繁杂而未能及时整顿法律。然而萧太后对此却铭记在心，相当重视。史称："圣宗冲年嗣位，睿智皇后称

① 《新五代史》卷72《四夷附录第一》，中华书局校点本，第886页。
② 《辽史》卷61《刑法志上》，中华书局校点本，第937—938页。

制，留心听断，尝劝帝宜宽法律。"①萧太后在宽法律、减免刑狱方面采取了许多措施。

首先是修订刑法方面的有关条文，改变契丹人与汉人同罪不同刑的旧规。统和十二年（994年）七月庚午，"诏契丹人犯十恶者依汉律"。②所谓汉律是根据唐律修订的法律，适用于汉族人和渤海人，契丹人犯罪是依据契丹及诸夷之法量刑。所谓十恶是十种重大的罪名，即谋反、谋大逆、谋叛、谋恶逆、不道、大不敬、不孝、不睦、不义、内乱，自隋至清均有十恶之罪，罪大恶极称十恶不赦。契丹人犯十恶之罪按汉律处置，说明汉律的适用范围扩大到契丹人，契丹人犯十恶之罪与汉人犯十恶之罪要做到同罪同刑，就不会有民族差别，会更公平一些。

辽朝是以契丹人为主体的多民族国家，其中以汉族人、渤海人文化技术水平最高，对社会贡献最大。然而旧有的法律条款很不公平，例如"蕃民（指契丹人）殴汉人死者，偿以牛马，汉人则斩之，仍以其亲属为奴婢"。③

萧太后认为，这种歧视汉族人的法律条款很不公平，应当加以修改。"先是，契丹及汉人相殴致死，其法轻重不均，至是一等科之。"④

在契丹人的内部，主人与奴婢的法律地位也不平等。统和二十四年（1006年），"诏至非犯谋反、大逆及流死罪者，其奴婢无得先首；若奴婢犯罪至死，听送有司，其主无得擅杀"。⑤按此新的法律规定，只有主人犯了十恶之罪，奴婢才可以检举告发，如非十恶之罪，奴婢不得告发。奴婢犯了死罪，只能由有关的官府处理，其主人没有杀戮之权。这种规定在一定程度上保护了奴婢的生命安全，改善了奴婢与主人的关系。

统和二十九年（1011年）五月，"以旧法，宰相、节度使世选之家子孙犯罪，徒杖如齐民，唯免黥面，诏自今但犯罪常黥，即准法同科"。⑥按此新的

① 《辽史》卷61《刑法志上》，中华书局校点本，第939页。
② 《辽史》卷13《圣宗四》，中华书局校点本，第145页。
③ 《辽史拾遗》卷17。
④ 《辽史》卷61《刑法志上》，中华书局校点本，第939页。
⑤ 同上。
⑥ 同上。

规定，世选之家子孙犯罪，也同一般"齐民"（即百姓）一样，需要黥面，取消了以前不黥面的特权。开泰八年（1019年），又改革了盗窃罪的量刑标准。原先是"以窃盗赃满十贯，为首者处死"，由于"其法太重，故增至二十五贯，首者处死，从者决流（按：流指流放）。"①犯盗窃罪的人多为贫困的黎民百姓，将处死刑的标准由十贯改为二十五贯，就是改变了量刑标准，有利于保护人民大众的生命安全。

统和十二年（994年）八月丁酉，"录囚，杂犯死罪以下释之"。同一年又规定，"旧法死囚尸市三日，至是一宿即听收瘗"，即把死囚的陈尸三日改为一日。同时又改变了连坐之法，"先是叛逆之家，兄弟不知情者连坐"。后来，阿没里提出异议："夫兄弟虽曰同胞，赋性各异，一行逆谋，虽不与知，辄坐以法，是刑及无罪也。自今，虽同属兄弟，不知情免连坐。"萧太后对此"嘉纳，著为令"。②

由于《辽史》太简略，《刑法志》和纪、传中有关法律的记载不多，漏记了许多法律改革的条文。不过就上述而言，辽圣宗时代确实改革了刑法中的有关条款，改变了严刑峻法，体现了"宽法律"的旨意。史称辽圣宗在位时，"更定法令凡十余事，多合人心，其用刑又能详慎"。③这个时期"宽法律"的改革，符合当时社会发展的需要，得到了社会各界的赞许，应当归功于萧太后的治国理念。

① 《辽史》卷61《刑法志上》，中华书局校点本，第939页。
② 《辽史》卷79《阿没里传》，中华书局校点本，第1275页。
③ 《辽史》卷61《刑法志上》，中华书局校点本，第939页。

三 决滞狱

史载统和元年七月甲子，"皇太后听政"，即行使摄政的权力。没过几天，七月乙卯即"亲录囚"，过问刑狱之事，说明萧太后对刑狱的高度重视。她亲自决刑狱，并责令御史台处理冤狱。"尝敕诸处刑狱有冤，不能申雪者，听诣御史台陈诉，委官覆问。往时大理寺狱讼，凡关覆奏者，以翰林学士、给事中、政事舍人详决；至是始置少卿及正主之。犹虑其未尽，而亲为录囚。数遣使诣诸道审决冤滞。"

据《辽史·圣宗纪》，萧太后确曾亲自决滞狱，或指派有关的官府和官员决滞狱，一直持续到其死后的开泰年间。今录之如下。

统和元年十二月甲辰，"敕诸刑辟已结正决遣而有冤者，听诣台诉"。

统和二年四月庚寅，"皇太后临决滞狱"；同年六月己卯，"皇太后决狱，至月终"。

统和三年六月甲戌，"皇太后亲决滞狱"。

统和四年正月己卯，"朝皇后，决滞狱"。

统和八年正月庚寅，"诏决滞狱"。

统和九年三月戊申，"复遣库部员外郎马守琪、仓部员外郎祁正、虞部员外郎崔祐、蓟北县令崔简等，分决诸道滞狱"。

统和十二年十一月甲寅，"诏南京决滞狱"。

统和十四年五月癸卯，"诏参知政事邢抱朴决南京滞狱"。

统和十五年五月己巳，"诏平州决滞狱"；又同年十月戊申，"以上京狱讼烦冗，诘其主者。辛酉，录囚"。

统和十六年七月丁卯，"录囚，听政"。

开泰三年四月戊午，"诏南京管内毋淹刑狱，以妨农务"。

开泰五年六月，"以政事舍人吴克昌按察霸州刑狱"。

开泰六年七月辛亥，"遣礼部尚书刘京、翰林学士吴叔达、知制诰仇正己、起居舍人程翥、吏部员外郎南承颜、礼部员外郎王景运分路按察刑狱"。

由于萧太后亲自决滞狱，并派遣有关官员到各州县决滞狱，使长期以来积压的滞狱得到了清理解决。史称："统和中，南京及易、平二州以狱空闻。至开泰五年，诸道皆狱空，有刑措之风焉。"① "诸道狱空，诏进阶赐物。"②

统和至开泰年间（983—1020年）的"狱空"，说明了两个方面问题。其一是长期积压的刑事、民事罪犯都得以处理解决；其二是在此期间社会安定，犯罪的现象大为减少。

那么，萧太后为什么下决心解决滞狱呢？这是有种种原因的。首先，狱中关押的犯人要吃饭，狱中的犯人越多，国家的负担也就越重。"狱空"则减少了国家在这方面的负担。其次，狱中的犯人越多，看护监狱的工作人员也就越多。这样就减少了社会上的各色劳动力，特别是农业劳动力。"毋淹刑狱，以妨农务"，说的就是这个道理。再次，滞狱的处理，使涉及刑狱各方面的当事人之间的矛盾得以化解，减少了社会上的矛盾。因此，从治理国家而言，"狱空"是一件涉及社会安宁、经济发展的大事。萧太后决滞狱，表明了她高瞻远瞩，善于治理国家的才能和智慧。

萧太后宽法律、决滞狱的理念，对其子辽圣宗产生了很大的影响。在萧太后死后，辽圣宗仍在执行这一政策。史载，太平六年（1026年）辽圣宗下诏说：

朕以国家有契丹、汉人，故以南、北二院分治之，盖欲去贪枉，除烦扰也；若贵贱异法，则怨必生。夫小民犯罪，必不能动有司以达于朝，唯内族、外戚多恃恩行贿，以图苟免，如是则法废矣。自今贵戚以事被告，不以事之大小，并令所在官司按问，具申北、南院覆问得实以闻；其不按辄中，及受请托

① 《辽史》卷61《刑法志上》，中华书局校点本，第940页。
② 《辽史》卷15《圣宗六》，中华书局校点本，第178页。

为奏言者，以本犯人罪罪之。①

  辽圣宗在下诏中所陈述的，是贵戚（内族、外戚）与小民犯法，都应当按同一法律处理，不能有贵贱之分，否则"法废矣"，失去了其作用。如果贵贱异法，在社会上必然要产生种种怨恨，出现各种矛盾，不利于社会的安定。在当时的历史条件下，贵戚与小民很难能做到在法律面前平等，不过辽圣宗能够认识到这一点，就很难能可贵了，应当给予充分肯定。

  辽圣宗已经认识到，原有的法律虽经补充修改，仍存在许多不完善的地方。因此，太平七年（1027年），辽圣宗又下诏给朝廷内外的大臣们说："制条中有遗缺及轻重失中者，其条上之，议增改焉。"②所谓"制条"，即辽代的刑法条文，辽圣宗认为制条有"遗缺"即不完善之处，在量刑上有偏重偏轻的缺点，因此，要求大臣们提出自己的意见，加以评议修改，使之更加适应当时的社会情况。不过这时辽圣宗已经到了晚年，政务之事既多，他个人的精力也不如从前。在他逝世以前，是否对刑法"制条"进行了修订，《辽史》缺载，现在已很难知其详了。

---

① 《辽史》卷61《刑法志上》，中华书局校点本，第940页。
② 同上。

四 整顿吏治

整顿吏治，是萧太后治理国家的重要措施。要想把她的治国理想付诸实现，必须吏治清明，使朝廷内外的文臣武将能够理解她的治国理念，严肃认真地执行各种方针政策，达到预期的目的。

统和元年辽圣宗刚即位，她初以皇太后的身份"预政"，就发现了官场上风气不正。因此，统和元年十一月，萧太后以皇帝的名义"下诏谕三京左右丞、左右平章事、副留守判官、诸道节度使判官、诸军事判官、录事参军等，当执公方，毋得阿顺。诸县令佐如遇州官及朝使非理征求，毋或畏徇。恒加采听，以为殿最"。①这一诏谕是禁止上级官府长官以各种借口向下级官府勒索财物，以满足自己的私欲，下级官吏不得为了孝顺上司而徇私枉法。换言之，就是禁止官府的营私舞弊，减少国库的开支和对人民群众的勒索。

统和九年七月，萧太后又以皇帝的名义，"诏诸道举才行，察贪酷，抚高年，禁奢僭，有殁于王事者官其子孙"。②诏谕中的"察贪酷"、"禁奢僭"，是针对贪赃、奢侈而提出的，"僭"指超过了国家的规定，越格营造生活设施（如府邸、陵墓）和服饰，等等。为此，统和十年一月，"禁丧葬礼杀马，及藏甲胄、金银、器玩"等物，③这是给品官大臣下的禁令，皇帝、皇后、贵戚自然不在此限。后来，又规定"禁天下服用明金及金线绮，国亲当服者，

---

① 《辽史》卷10《圣宗一》，中华书局校点本，第112页。
② 《辽史》卷13《圣宗四》，中华书局校点本，第141—142页。
③ 开泰七年十一月，"禁服用明金、缕金、贴金"。

奏而后用"。^①这些明文规定，旨在防止官吏贪污公款，勒索百姓。统和十六年四月，"罢民输官俸，给自内帑"。^②这是一项重要的改革，此前官吏的俸禄来自民间，官府趁机可以敲诈勒索，改由内帑支付以后，可以减轻民众的负担，减少官府的勒索。

从古至今，官吏的贪污、勒索既是民众的沉重负担，又败坏了官府的风气，多少年来都是难以解决的问题。萧太后从反贪污、反勒索入手来扭转官府的风气，可以说是整顿吏治的关键之所在。萧太后提出的这些举措，显示了她的英明和务实。

①《辽史》卷17《圣宗二》，中华书局校点本，第197页。
②《辽史》卷14《圣宗五》，中华书局校点本，第153页。

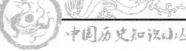

五 明赏罚

　　赏罚分明是古往今来国家驾驭百官的基本原则，有功则赏有利于调动官员的积极性，有过则罚可以使官员兢兢业业，尽量少出过错。在帝王面前任职，有履薄冰之感。

　　萧太后深知此用人之道，统和四年八月，"诏第山西诸将校功过而赏罚之。乙室帐宰相安宁以功过相当，追告身一通；谛居部节度使佛奴笞五十。惕隐瑶昇、拽刺欻烈、朔州节度使慎思、应州节度使骨只、云州节度使化哥、军校李良迪、蔚州节度佛留、都监崔其、刘继琛，皆以闻敌逃遁夺官；欻烈仍配隶本贯；领国舅军王六笞五十……以斜轸所部将校前破女直，后有宋捷、策功加赏……加斜轸守太保"。①这是对当年辽宋战争中有关将校的赏罚，其中只有耶律斜轸因擒得杨继业有功而受奖升官，其余大部分将校（包括州节度使在内）均因怯敌逃跑而被罚，或被罢官，或被鞭笞。从中不难看出，萧太后对于明赏罚的原则非常坚定，毫不含糊。

　　同年十月，"北大王帐郎君昌葛只里言本府王蒲奴宁十七罪，诏横帐太保虁国底鞫之。蒲奴宁伏其罪十一，笞二十释之。葛葛只里亦伏诬告六事，命详酌之。知事勤德连坐，杖一百，免官"。②蒲奴宁因有十一罪，被鞭笞二十次以后释放；葛葛只里因揭发不实，有诬告之嫌，交主审的虁国底酌情处理；知事勤德亦与葛葛只里犯有同罪，故而以连坐之故，被杖一百、免官。由此可知，萧太后对于他们分别轻重，一律加以处罚。

---

① 《辽史》卷10《圣宗二》，中华书局校点本，第124页。
② 《辽史》卷11《圣宗二》，中华书局校点本，第125页。

同年十一月，"以古北、松亭、榆关征税不法，致阻商旅，遣使鞫之"。①古北口、松亭关、榆关是从辽南京到辽上京、辽东京旅途上必经的关口，在此设有关卡征纳商税。由于关卡的官员"征税不法"，即征税太高，造成商旅中断，因而萧太后派专使前去审问事实真相，然后加以解决。

同年十一月，萧太后又赏罚一批人。"楮特部节度使卢补古、都监耶律昐与宋战于泰州，不利"，卢补古因临阵遁逃，被"夺告身一通"；其判官、都监"各杖之"，也受到处罚。郎君拽剌双骨里在望都之战中，擒俘宋朝士兵九人，获甲马十一，因功"赐酒及银器"。数日以后，又将"卢补古等罪诏谕诸军，以御盏郎君化哥权楮特部节度使，横帐郎君佛留为都监，代卢补古。"②

统和四年是萧太后摄政的初年，在这一年中她先后处理了四批官员，有赏有罚，有升有降，证明了萧太后大刀阔斧整顿官场上存在的种种弊病，用以增强官员的责任感。

在《辽史》中记载朝廷重臣升迁比较多，很容易使人产生一些错觉，仿佛受奖赏的都是贵族成员。不过萧太后执政以后，对于低下的官员和一般的差使人员，只要有建功的表现，也同样给予奖赏。

在统和四年与宋战争中，"有司天的人员赵宗德、齐泰、王守平、邵祺、闫梅随同，他们言天象数有征"，即预测气象比较准确，保证了行军战斗的顺利进行。萧太后根据耶律休哥的推荐，予以奖赏，"赐物有差"。③在同年的战争中，"谛居部下拽剌解里侦候有功，命入御盏郎君班祗候"。④

统和七年正月，在攻打易州的战斗中，辽"大军齐进，破易州"。攻城之战，"以东京骑将夏贞显之子仙寿先登，授高州刺史"。⑤夏仙寿只是一名士卒而已，由于攻城先登有功，马上即授刺史之官，这种奖赏可能完全出乎人们的意料。

统和十八年正月，"还次南京，赏有功将士，罚不用命者。诏诸国各还

① 《辽史》卷11《圣宗二》，中华书局校点本，第125页。
② 《辽史》卷11《圣宗二》，中华书局校点本，第126页。
③ 《辽史》卷12《圣宗三》，中华书局校点本，第130页。
④ 同上书，第129页。
⑤ 《辽史》卷12《圣宗三》，中华书局校点本，第133页。

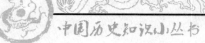

本道"。①这是战后总结，赏罚分明。所奖赏的人员为"将士"，其中既有将（军官）、又有士（士兵）不拘一格，有功即奖赏。

在著名的辽宋"澶渊之战"以后，统和二十三年五月，"以金帛赐阵亡将士家"，以表彰他们为国捐躯。开泰元年十二月，"刘晨言殿中高可垣、中京留守推官李可举治狱明允，诏超迁之"。②

对一些官员的失职行为，一般都给予处罚。"尚书萧姬隐坐出使后期，削其官。"又，"以公主赛哥杀无罪婢，驸马萧图玉不能齐家，降公主为县主，削图玉同平章事"。太平六年十二月，"诏北南诸部廉察州县及石烈、弥里之官，不治者罢之。诏大小职官有贪暴残民者，立罢之，终身不录；其不廉直，虽处重任，即代之；能清廉自持者，在卑位亦当荐拔；其内族受赂，事发，与常人所犯同科"。③这是对全国州县和部族在职官吏的大检查，凡贪暴残民的官吏立即罢免，清廉的官吏"位卑"也要提拔重用。

由此可知，在辽圣宗之世对官吏的廉察相当认真严格，基本上做到了赏罚分明，保证了政令的畅通，官吏的廉洁。

---

① 《辽史》卷14《圣宗五》，中华书局校点本，第155页。

② 《辽史》卷15《圣宗六》，中华书局校点本，第172页。

③ 《辽史》卷17《圣宗八》，中华书局校点本，第200页。

六 良吏惠民

萧太后整顿吏治的目的，是培养一批清廉爱民的良吏，以保证居民安居乐业，社会安宁，实现国家长治久安。从有关的事实来看，在辽圣宗时代，已达到了预期的目标。

中国的地方官属于有任期的流官，即定期轮换改派，至今仍是如此。地方官长期在一个地方任职，会产生许多弊病。地方官直接接触当地的居民百姓，负有保护居民平安生活的责任，故而又被称作"父母官"。然而有些地方官如狼似虎，以欺压百姓为能事，为恶多端，百姓视他们为仇敌、为桀纣。居民盼望他们赶快期满调离，以除掉百姓的大害。

在辽圣宗时代，许多地方都出现了惠民的良吏，深受百姓的拥护爱戴，成为真正的"父母官"。在期满之际，百姓不忍这些良吏离去，向朝廷提出要求，让他们继续在这里任官，一般都得到了朝廷的准许。

统和五年七月，"涅剌部节度使撒葛里有惠政，民请留，从之"。①

统和八年四月，"严州刺史李寿英有惠政，民请留，从之"。②

统和十二年五月，"武定军节度使韩德冲秩满，其民请留，从之"。③

统和十三年正月，"长宁军节度使萧解里秩满，民请留，从之"。④

统和十三年六月，"启圣军节度使刘继琛秩满，民请留，从之"。⑤

① 《辽史》卷12《圣宗三》，中华书局校点本，第130页。
② 《辽史》卷13《圣宗四》，中华书局校点本，第139、144页。
③ 同上。
④ 同上书，第146页。
⑤ 同上。

统和十五年四月，"广德军节度使韩德凝有善政，秩满，其民请留，从之"。①

开泰九年十月，"复奏谛居、迭烈德部言节度使韩留有惠政，今当代，请留。上命进其治状"。②

上述被地方百姓挽留的地方官，撒葛里、萧解里、韩留从名字上看，应属契丹官吏；李寿英、刘继琛、韩德冲、韩德凝（韩匡嗣之子）则属于汉族官吏。他们任地方官的时间，都在辽圣宗统和、开泰年间。这些地方官均有惠政、善政于民，因此到了秩满之日，当地民众皆请其留任，并得到了朝廷的批准。这些惠民良吏的出现不是偶然的，是萧太后及其子辽圣宗整顿吏治的结果。明赏罚的政策，感召了很大一部分官吏，使他们自觉地爱民，保护百姓的切身利益，这便是史书所称的惠政、善政。朝廷根据地方民众的请求，让这些人继续在地方做官，可以使这些良吏发挥出更大的作用，对国家的治理是非常必要的。

这些爱民的良吏，有的因有政绩得以升迁。例如韩德凝为人"谦逊廉谨，保宁中，迁护军司徒，开泰中，累迁护卫太保、都宫使、崇义军节度使"，在广德军节度使任上建有业绩，"部民请留"，朝廷考虑到此人可以重用，改为西南面招讨使，对平定党项隆益答叛乱有大功。③

与惠民有关的另一个重要问题，是赈灾救贫抚高年。辽朝境内有农区、牧区、干旱、蝗虫、水患时有发生，因此，赈灾救贫成为朝廷所关心的重要问题。萧太后和辽圣宗采取了一系列的对策。

圣宗乾亨五年（是年六月改元统和）诏曰："五稼不登，开帑藏而代民税；螟蝗为灾，罢徭役以恤饥贫。"④据此可知，萧太后在摄政之初，即把赈灾救贫列为重要问题加以处理。在《辽史》中有许多赈灾救贫的记录。

统和元年九月，"以东京、平州旱、蝗，诏振之"。⑤统和六年，"霜

---

① 《辽史》卷13《圣宗四》，中华书局校点本，第149页。
② 《辽史》卷16《圣宗七》，中华书局校点本，第188页。
③ 《辽史》卷74《韩德凝传》，中华书局校点本，第1235页。
④ 《辽史》卷59《食货志上》，中华书局校点本，第924页。
⑤ 《辽史》卷10《圣宗一》，中华书局校点本，第111页。

旱，灾民饥，诏三司，旧以税钱折粟，估价不实，其增以利民"。①统和九年三月，"振室韦、乌古诸部"。②开泰元年十二月，"诏诸道水灾饥民质男女者，起来年正月，日计佣钱十文，价折佣尽，遣还其家"。③开泰二年七月，"诏以敦睦宫子钱振贫民"。④开泰六年十月，"南京路饥，辄云、应、朔、弘等州粟振之"。⑤开泰七年四月，"振川、饶二州饥"，"振中京贫乏"。⑥

为了应对灾害的不断出现，统和十三年十月，"诏诸道置义仓。岁秋，社民随所获，户出粟库仓，社司籍其目。岁俭，发以振民"。⑦据此可知，义仓之粟取之于民，灾年又振之于民。"年谷不登，发仓以贷；田园芜废者，则给牛、种以助之。"⑧统和十五年南京大灾，"发义仓振南京诸县民"，⑨同时"诏免南京旧欠义仓粟"。义仓的设置，在一定程度上可以救济灾民的生活和恢复生产，为重新耕种提供了种子。

赈灾救贫的方式很多，减免租赋也是一种办法。统和十二年南京大雨成灾，"漷阴镇水漂溺三十余村"。于是，"诏免行在五十里内租"，又"免南京被水户租赋"。⑩统和十五年二月，朝廷"劝品部富民出钱以赡贫民"。⑪统和十九年十二月，"免南京、平州租税"。

对于丧失劳动能力的老年人，则以"抚高年"的名义给予优恤。"霸州民李在宥年百三十有三，赐束帛、锦袍、银带，月给羊酒，仍复其家。"又规定，"妇人年逾九十者赐物"。辽圣宗在南京，亲自"礼高年，惠鳏寡，赐酺饮"。显然，抚高年是萧太后和辽圣宗大力提倡的结果。

① 《辽史》卷59《食货志上》，中华书局校点本，第924页。
② 《辽史》卷13《圣宗四》，中华书局校点本，第141页。
③ 《辽史》卷15《圣宗六》，中华书局校点本，第172—173、180页。
④ 同上。
⑤ 同上。
⑥ 《辽史》卷16《圣宗七》，中华书局校点本，第183页。
⑦ 《辽史》卷59《食货志上》，中华书局校点本，第924—925页。
⑧ 同上。
⑨ 同上。
⑩ 《辽史》卷13《圣宗四》，中华书局校点本，第145、149页。
⑪ 同上书，第149页。

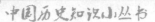

对于年高有德的大臣，更是十分敬重和爱护。统和初年，"（室）昉与韩德让、耶律斜轸相友善，同心辅政，整析蠹弊，知无不言，务在息民薄赋，以故法度修明，朝无异议"。统和八年，"诏入朝免拜，赐几杖"。统和九年，"上以昉年老苦寒，赐貂皮衾褥，许乘辇入朝"。[1]统和二十九年十二月，"以知南院枢密使事邢抱质年老，诏乘小车入朝"。[2]辽圣宗敬大臣、礼高年的做法，成为朝廷"抚高年"的良好榜样。

① 《辽史》卷79《室昉传》，中华书局校点本，第1271—1272页。
② 《辽史》卷15《圣宗六》，中华书局校点本，第170页。

七 重农桑

契丹人原是游牧民族，"契丹旧俗，其富以马，其强以兵。纵马于野，弛兵于民，有事而战，纩骑介夫，卯命辰集。马逐水草，人仰湩酪，挽张射生，以给日用，糗粮刍荛，道在是矣"。①牲畜的多少，成为社会财富多少的主要象征，故而辽太祖之述律皇后夸耀说："我有羊马之富，西楼足以娱乐。"②

契丹人原居长城以北的沙漠草原地区，地理环境决定了其适于游牧射猎生活。正如《辽史》所言："天地之间，风气异宜，人生其间，各适其便。长城以南，多雨多暑，其人耕稼以食，桑麻以衣，宫室以居，城郭以治。大漠之间，多寒多风，畜牧畋渔以食，皮毛以衣，转徙随时，车马为家。此天时地利所以限南北也。"③

辽朝建立前后，契丹人逐渐南下，灭亡了渤海，占领了燕云十六州。渤海、燕云都是农耕区，契丹人是一个虚心好学的民族，他们在与汉族人、渤海人的接触中很快掌握了农业种植知识和农业生产技术，在放牧射猎的同时还从事农业耕种，处于半农半牧状态。由于农业的收获量要比牧业为高，抵御自然灾害的能力也比游牧业强，因而农业在经济生活中的地位日益提高，成为最重要的产业部门。受此影响，辽朝统治者特别重视农业、关心农业。史称："太祖平诸弟之乱，弭兵轻赋，专意于农。"辽太宗"诏有司劝农桑，教纺绩"，

---

① 《辽史》卷59《食货志上》，中华书局校点本，第923页。
② 《新五代史》卷72《四夷附录第一》，中华书局校点本，第888页。
③ 《辽史》卷32《营卫志中》行营，中华书局校点本，第373页。

并将西辽河流域的契丹人，迁移到乌古之地（今哈拉哈河、乌尔逊河、海拉尔河流域）开垦农田，"以事耕种"。[①]

到了辽圣宗之世，随着居民的增多和对宋用兵，农业的重要性尤显突出。萧太后和辽圣宗制定了一系列政策，以推动农业经济的发展。根据史籍的记载，为了发展农业，辽朝采取了劝农、开荒、减赋等许多措施。

当时民众谋生的手段，有事农、经商、做工等许多方式。居民往往根据自身的专长和经济利益进行自由选择。中国古代统治者坚信民以食为天，采取重农抑商政策。为了引导民众事农，辽圣宗时代采取了劝农的办法。所谓劝农，就是给农民种地提供种种方便，只有这样农民才能安心于本业。

统和元年九月，"南京留守奏，秋霖害稼，请权停关征，以通山西籴易，从之"。[②]由于南京农业减产，急需解决口粮，故而采用"权停关征"的办法，采购山西的粮食。以便恢复南京的农业种植。统和四年八月，"韩德让奏宋兵所掠州郡，其逃民禾稼，宜募人收获，以其半给收者，从之"。[③]统和六年八月，"大同军节度使耶律抹只奏今岁霜旱乏食，乞增价折粟，以利贫民"。[④]统和七年三月，"遣使登木叶山，禁刍牧伤禾稼"。[⑤]统和十年，"免云州租赋"，"朔州流民给复三年"，同年八月，"观稼，仍遣使分阅苗稼"。统和十二年七月，"遣使视诸道禾稼"。同年十月，"诏定均税法"。同年十二月，"赐南京统军司贫户耕牛"。统和十四年正月，"蠲三京及诸州税赋"。同年十一月，"诏诸军官毋非时畋猎妨农"。统和十五年正月，"诏诸道劝民种树"。[⑥]太平八年正月，"诏州县长吏劝农"。[⑦]这些措施都为农业的发展提供了保证。

为了扩大耕地面积，使农民有地可种，采取开荒政策。据《圣宗纪》，

---

① 《辽史》卷59《食货志上》，中华书局校点本，第924页。

② 《辽史》卷10《圣宗一》，中华书局校点本，第111页。

③ 《辽史》卷10《圣宗二》，中华书局校点本，第124页。

④ 《辽史》卷12《圣宗三》，中华书局校点本，第131、134页。

⑤ 同上。

⑥ 《辽史》卷13《圣宗四》，中华书局校点本，第142—143、145、147—148页。

⑦ 《辽史》卷17《圣宗八》，中华书局校点本，第201页。

统和七年六月，"诏燕乐、密云二县荒地许民耕种"。[①]统和十三年六月，"诏许昌平、怀柔等县诸人请业荒地"。统和十五年二月，"诏品部旷地令民耕种"，三月"募民耕滦州荒地，免其租赋十年"。[②]《食货志》载，"徙吉避寨居民三百户于檀、顺、蓟三州，择沃壤，给牛、种俗"。[③]按《圣宗纪》统和七年正月，"宋鸡壁砦守将郭荣率众来降，诏屯南京"。[④]吉避寨即鸡壁砦，郭荣叛宋降辽以后，他所携带的300户居民被安置于南京的植州、顺州、蓟州耕种荒地。

辽圣宗时代重农桑的惠农举措，为辽兴宗所继承。辽兴宗即位以后，曾"遣使阅诸道禾稼"，并"通括户口"。他下诏说："朕于早岁，习知稼穑。力办者广务耕耘，罕闻输纳，家食者全亏种植，多至流亡。宜通检括，普遂均平。"为了节约用粮，辽兴宗"禁诸职官不得擅造酒糜谷，有婚祭者，有司给文字始听"。[⑤]因此，重农桑的政策，经萧太后和辽圣宗的提倡，一直延续到辽兴宗、辽道宗时代。不仅原来的燕云十六州和渤海旧地（东京道）的农业持续发展，就是契丹人的故埌上京道、中京道，在广袤的草原上也出现了农业耕种，这已为出土的考古资料所证明。

由于朝廷对农业种植的提倡和重视，种植地区已扩大到西北部族中。据统和被流放到西北部的耶律昭所言："夫西北诸部，每当农时，一夫为侦候，一夫治公田，二夫给纠官之役，大率四丁无一室处。刍牧之事，仰给妻孥。一遭寇掠，贫穷立至。春夏赈恤，吏多杂以糠粃……为今之计，莫若振穷薄赋，给以牛耕，使遂耕获。"[⑥]所谓西北诸部，有人认为属于西京道，是错误的。《辽史》有关于西北界边防城的记载，静州、镇州、维州、防州、河董城、静边城、皮被河城，招州、塔懒主城，均在上京道境内。静州故城为内蒙古科右前旗洮儿河谷中的东方红古城，镇州在蒙古国布尔根省鄂尔浑河与图拉河之间

① 《辽史》卷12《圣宗三》，中华书局校点本，第135页。
② 《辽史》卷13《圣宗四》，中华书局校点本，第146、149页。
③ 《辽史》卷59《食货志上》，中华书局校点本，第924页。
④ 《辽史》卷12《圣宗三》，中华书局校点本，第133页。
⑤ 《辽史》卷59，《食货志上》，中华书局校点本，第925页。
⑥ 《辽史》卷104《耶律昭传》，中华书局校点本，第1454页。

的青·托罗盖城、维州、防州为镇州附近的哈拉布黑·巴勒嘎斯和塔勒·乌兰·巴勒嘎斯，河董城为蒙古国克鲁伦河南岸的巴尔斯浩特，静边城在满洲里附近，皮被河城为今蒙古国克鲁伦河北岸的祖赫雷姆城，招州在镇州附近，塔懒主城在蒙古国克鲁伦河北岸的巴伦赫雷姆城。[1]将西北诸部列入西京道，是毫无根据的臆说。耶律昭指出西北诸部春夏赈济以粮，又建议提供耕牛，使其自行耕种，这个建议可能已被采纳，其根据是后来"唐古率众田胪朐河侧，岁登上熟。移屯镇州，凡十四稔，积粟数十斛，每斗不过数钱。"[2]在蒙古国巴伦赫雷姆城（塔懒主城故址）中，发现有农田和菜地，城外有灌溉水渠，证明辽代时这里确实有农业耕种。

由于萧太后和辽圣宗的农业政策得当，辽圣宗时代以及辽兴宗时代的农业相当成功。特别是西北边防地区六的农业种植，获得史无前例的大丰收，积累了大量的粮食。史称："辽之农谷，至是为盛。"充足的粮食，不仅满足居民生活的需要，也为辽朝的强大奠定了物质基础，辽朝在与宋朝的战争中，屡屡占有优势、打胜仗，与其雄厚的经济基础是分不开的。

---

① 景爱：《关于呼伦贝尔边壕的时代》，载《社会科学战线》1982年第1期。又见《关于呼伦贝尔边壕的探索》，载《历史地理》第3辑，上海人民出版社1983年版。

② 《辽史》卷59《食货志上》，中华书局校点本，第925页。

第七章

辽宋第二次战争

一 宋太宗二次北伐的缘起

辽景宗乾亨元年（宋太平兴国四年，979年）高梁河之战，宋军大败而归，宋太宗股中两箭，损失惨重。不过宋太宗赵光义仍念念不忘收复燕云十六州之地，以报高梁河大战之仇。辽景宗逝世以后，宋朝认为第二次北伐又出现了大好时机，不可轻易错过。于是，知雄州贺令图、贺令图之父岳州刺史贺怀蒲、文思院薛继昭、军器库使刘文裕、崇仪副使侯莫陈利用等人相继向宋太宗上言："自国家伐太原，而契丹渝盟，发兵以援，非天威兵力决而取之，河东之师几为迁延之役。且契丹主年幼，国事决于其母，其大将韩德让宠幸用事，国人疾之，请乘其衅以取幽蓟。"宋太宗对这些人的建议十分重视，"遂以令图等言为然，始有意北伐"。①

然而高梁河之战的惨败，只过去了四年而已，宋太宗对箭伤之痛仍记忆犹新，他还能亲赴前线督战否？一些大臣认为这种可能性极小，于是，在"上初议亲征"之际，给事中、参知政事李至上言：

幽陵，戎之右臂，王师往击，彼必来拒。攻城之人不下数万，兵多费广，势须广备糇粮。假令一日克平，当为十旬准计，未知边庾可充此乎？又戎城之旁，坦无陵阜，去山既远，取石尤难，金汤之坚，非石莫碎，则发机縋石，将安得乎？若圣心独断，睿虑已成，则京师天下根本，顾陛下不离辇毂，恭守宗庙，示敌人以闲暇，慰亿兆之瞻仰者，策之上也。大名，河朔之咽喉，或暂驻銮辂，扬言自将，以张兵势、壮军威者，策之中也。若乃远提师旅，亲

① 《续资治通鉴长编》卷27《太宗》雍熙三年，中华书局排印本，第602页。

抵边陲，北有戎援之虑，南有中原为虑，则曳裾之恳切，断鞅之狂愚，臣虽不肖，耻在昔贤之后也。①

李至之言是告诉宋太宗，再次北伐燕京，必须做好充分的准备，"广备糇粮"，这一点至为重要。后来曹彬"退师雄州以援饷馈"，正是军粮不足之故，说明李至还是很有预见性的。李至吸取了高梁河之战的教训，告诫宋太宗不要亲赴前线督战，或者是坐守京师，此为上策；或者暂驻大名，"扬言自将"，以壮军威，此为中策。后来宋太宗采纳了李至的上策，坐镇京师遥控前线军事，不意曹彬因粮饷不继而退兵，造成整个二次北伐的失败。由此看来，李至阻止宋太宗亲赴前线，他自认为是上策，实际上却变成了下策。

---

① 《续资治通鉴长编》卷27《太宗》雍熙三年，中华书局排印本，第602—603页。

二 二次北伐的军事部署

高梁河之战，宋朝军队高度集中，企图一举攻下燕京城。兵力高度集中，自然有其优越性，可以实现以强击弱，速战速决，符合军事原则。高梁河之战初期，宋军取得了一些小胜，即证明了这一点。然而不意官兵倒戈哗变，引起全军溃退，自相践踏，死伤极多。宋太宗吸取了高梁河之战的教训，制订了新的北伐计划，以东、中、西三路大军北伐。东路"遣（曹）彬与崔彦进、米信自雄州"，中路"田重进趣飞狐"，西路"潘美出雁门"。①这三路均是进军要道，史称雄州道、飞狐道、雁门道。②然而由于兵力分散，为辽军各个击破，最后造成全线崩溃，使第二次北伐又以失败告终。

宋太宗准备北伐之时，辽朝正忙于征讨女真（史作女直）、高丽和党项。统和二年，"东路行军、宣徽使耶律蒲宁奏讨女直捷，遣使执手奖谕"；"五国乌隈于厥节度使耶律隗洼以所辖诸部难治，乞赐诏给剑，便宜行事，从之"。经过征讨，当年八月，"女直术不直、赛里等八族乞举众内附，诏纳之"。统和三年七月，"诏诸道缮兵甲，以备车征高丽……遣使阅东京诸军兵器及东征道路"。同年八月癸酉，"以辽泽沮洳，罢征高丽。命枢密使耶律斜轸为都统，驸马都尉萧恩德为监军，以兵讨女直"。同年十一月，"东征女真，都统萧闼览、菩萨奴以行军所经地里、物产来上"。③统和四年正月，"林

---

① 《宋史》卷258《曹彬传》，中华书局校点本，第8981页。
② 《辽史》卷11《圣宗二》，中华书局校点本，第120页。
③ 《辽史》卷10《圣宗一》，中华书局校点本，第113—116页。

牙耶律谋鲁姑、彰德军节度使萧闵览上东征俘获……枢密使耶律斜轸、林牙勤德等上讨女直所获生口十余万、马二十余万及诸物"。①又征讨党项（即西夏，当时尚未建国），统和元年七月，"韩德威遣详稳辖马上破党项俘获数，并送夷离堇之子来献"。统和四年二月，"西夏李继迁叛宋来降"。②

宋太宗准备二次北伐，辽朝一无所知。统和元年十一月，"应州奏，获宋谍者，言宋除道五台山，将入灵丘界"。③显然这是为北伐探路，不过辽朝却失之警惕，只是"诏谍者及居停人并磔于市"，就算了事，并未拷问宋朝人北伐的军事信息。

由于辽朝忙于征讨女真、高丽之事，其兵力集中于东京道（今辽阳），枢密使耶律斜轸、林牙勤德、谋鲁姑、节度使萧闵览、统军使室罗、侍中抹只、奚王府监军迪烈与安吉等人，都曾赴东京道征讨，他们于统和四年正月才"克女直还军"，同年二月"耶律斜轸、萧闵览、谋鲁姑等族帅来朝，行饮至之礼，赏赉有差"。④三月初宋朝开始北伐，辽朝尚未及调动兵力，做反击宋朝的准备。因此，宋朝二次北伐之初，在军事上曾取得一些小胜利。当辽朝将兵力集结以后奋力反击时，宋朝军事上诸多弊病都一一暴露出来了，结果是反胜为败，充分显示了宋朝政治上的种种腐朽性。

辽宋之间的第二次战争，按其进程来说可以分为前后两个阶段。前一阶段宋朝采取攻势，辽朝采取守势，宋朝小有胜利；后一阶段辽朝采取全面反攻，宋朝彻底失败。

---

① 《辽史》卷11《圣宗二》，中华书局校点本，第119页。

② 同上。

③ 《辽史》卷10《圣宗一》，中华书局校点本，第112页。

④ 《辽史》卷11《圣宗二》，中华书局校点本，第119—120页。

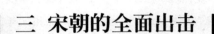

三 宋朝的全面出击

宋朝第二次北伐的作战方案，是宋太宗亲自制订的。他虽然没有亲临前线督战，然而东、中、西三路全面出击，却是依据宋太宗的旨意而执行。

雍熙三年（辽统和四年，986年）三月，曹彬和米信率领的东路军进发到涿州（今河北涿县）城东，与涿州的辽朝守军交战，宋将李继隆、范廷召被辽军射伤，宋军集中兵力攻打北城门，由于寡不敌众，涿州被宋军攻克。曹彬进入涿州以后，派部将浚仪人李继宣等"领轻骑渡涿河觇敌势"。涿河又称涿水，是涞水下游北支，今称北巨马河。当时涿河以北为辽朝控制之地，故宋将李继宣北渡涿河以观察辽军的动态。不久，有少量辽军来反攻，"继宣击破之于城南，斩首千级，获马五百匹，杀奚宰相贺斯"。四月，"米信破敌于新城，斩首三百级。敌众复集，信兵稍却，信独以麾下龙卫卒三百人御之，被围数重，矢下如雨，信自杀射数人，麾下多死"。傍晚时分，曹彬派李继宣来援助，"遂破敌于新城东北，斩首千级，获马一百匹"。不久，攻破了新城和固安。于是，东路军"兵势大振"，捷报频传，士气倍增。①

中路田重进之军，亦于三月进抵飞狐（今河北涞源县北）北界，与辽朝西南面招安使大鹏举（渤海人）相遇，宋将袁继忠谓田重进："敌多骑兵，利于平地，不如乘险逆击之。"宋将谭延美则提出："敌恃众易我，若出其不意，可克也。"于是，田重进"阵压东偏，数交锋，胜败未决"。后来宋将

---

① 以上引文均见《续资治通鉴长编》卷27《太宗》雍熙四年三月四月记事。见《宋史》卷260《米信传》，中华书局校点本，第9023页。

荆嗣"出西偏，薄山崖，以短兵接战"，使辽军骑兵的作用难以发挥，"敌退上岭，裨将黄明与战不利"。荆嗣在黄明的声援下，夺取了土岭，"追奔五十余里，抵苍头而还"。乘胜"拔小冶、直谷二寨"，后数日，"敌乘夜复围直谷、石门二寨"。当时辽兵二万余，宋兵只有数千人，相差甚为悬殊。于是采用荆嗣之计，"以全军就平州列队树旗，另遣二三百人执白旗于道侧"，以迷惑辽军。这一办法果然发挥了作用，辽军误以为宋朝"大军继至"，在心理上产生了恐惧感，"一日五七合，敌不胜，将遁去，重进遂以大军乘之，敌北骑崩溃，生擒大鹏翼及监军马頵、副将何万通并契丹、渤海千余人，斩首数千级，俘老幼七百人，获马畜铠累万计。"此后，田重进包围了飞狐城，"令大翼举至城下"劝降。一方面是宋军围城，另一方面由于大鹏翼劝降，最后城中守将吕行德、副将张继从、刘知进等"举城降"。田重进又乘胜包围了灵邱城，守将穆超也"举城降"。田重进又从灵邱挥师北上，进至蔚州（今河北蔚县），城内左右都押李存璋、许彦钦等，"杀敌酋萧啜理及其守卒千人，执监城使同州节度使耿绍忠，举城降"。蔚州的降宋，使宋军"悉收城内辎重"，解决了粮饷不足的困难。中路田重进之顺利进军，与大鹏翼的投降有关，史称"大鹏翼貌壮伟而勇健，名闻边塞，既擒之，戎夺气"。他的投降，不仅带来了降卒和马畜铠甲，还影响了辽兵的士气，特别是他的劝降瓦解了军心，涣散了斗志，极大地帮助了田重进攻城略地。因此，大鹏翼的投降，受到宋太宗的高度重视和奖赏，"以鹏翼为右千牛卫将军、领平州刺史"。还有一点也很重要，即当地的人民群众也积极配合，如蔚州一带"边民之骁勇者竟团结以袭敌，或夜入城垒，斩取首级来归"。①

田重进是幽州（即辽南京）人，"形质奇伟，有武力"，善治军。"师初自蔚州还，袁继忠为后殿，行列甚整，至定州，有降卒后期至者，重进怒，将斩之，继忠谕以杀降不祥，皆赦免之。"史称"幽州之役，唯重进之师不败"，故战争结束以后，田重进由步军都指挥、静难军节度使晋为马步军都虞侯，"自张令铎罢马步军都虞侯，凡二十五年不以除授"，可知宋太宗对田重

---

① 以上引文见《续资治通鉴长编》卷27《太宗》雍熙三年三月四月记事。中华书局排印本第608—613页。

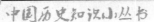

进是何等的器重。田重进"不事学"，宋太宗居藩邸时即知其忠勇，即位后"知其忠朴，故终始委遇焉"。①

潘美、杨业统率的西路军，起初进军也相当顺利。雍熙三年三月，"潘美出雁门，自西陉入，与敌战，胜之，斩首五百级。逐北至寰州，斩首五百级"，不久，"刺史赵彦辛举寰州降。诏以彦辛为本州团结使"。同月，"潘美进围朔州，其知节度副使赵希赞举城降，诏以希赞为本州观察使"。②此后也相当顺利，"诸军连拔云、应、寰、朔四州，师次桑干河，会曹彬之师不利，诸路班师，美等归代州"。③此后形势逆转，杨业在朔州陈家谷为辽将耶律斜轸伏兵所包围，兵败被俘，雁门以北的西路军全部崩溃。

① 《宋史》卷260《田重进传》，中华书局校点本，第9024—9025页。

② 《续资治通鉴长编》卷27《太宗》雍熙三年，中华书局排印本，第608页。

③ 《宋史》卷272《杨业传》，中华书局校点本，第9304页。

四 曹彬岐沟关之败

宋朝曹彬之军攻占了涿州、新城、固安以后，辽朝立即作出了反击的安排。"诏宣徽使蒲领驰赴燕南，与休哥议军事；分遣使者征诸部兵益休哥以击之；复遣东京留守耶律抹之以大军继进。"为了防御宋军从海道北上，"诏林牙勤德以兵守平州之海岸以备宋。仍报平州节度使迪里姑，若勤德未至，遣人趣行；马乏则括民马；铠甲缺，则取之显州之甲坊"。[①]又任命耶律休哥为反击曹彬的统帅，任命北院宣徽使蒲领为南征都统，"以副于越休哥"。蒲领即耶律阿没里，字蒲邻，又作蒲宁或普宁，是遥辇嘲古可汗四世孙，"以征高丽功，迁北院宣徽使"。[②]有统军作战的经验，故协助耶律休哥反击曹彬。

由于耶律休哥统率的军队是从各部族和东京现征集，要将这些部队调集到前线战场，需要一段时间。因此，曹彬、米信之兵占领涿州、新城、固安以后，耶律休哥和耶律阿没里未能进行反击，静等援军的到来，一直到了同年五月，辽军才组织反击。

按照宋太宗制订的军事计划，是要曹彬的东路军"按兵养锐，以张西师之势；俟美等尽略山后地，会重进之师而东，合势以取幽州"。[③]故而宋太宗在战前曾嘱咐曹彬："但令诸将先趋云、应，卿以十余万众声言取幽，且持重缓行，毋得贪利以要敌。敌闻之，必萃劲兵于幽州，兵既聚，则不暇为援于山后

---

① 《辽史》卷11《圣宗二》，中华书局校点本，第120页。

② 《辽史》卷79《耶律阿没里传》，中华书局校点本，第1274页。

③ 《宋史》卷258《曹彬传》，中华书局校点本，第8981—8982页。

矣。"①因此，曹彬在占领涿州、新城、固安以后，未能再向幽州（辽南京）进军，等待潘美、田重进会师以后，共同围攻幽州，以期一举攻占幽州城。

曹彬之军在进入深州以后，只能静等潘美、田重进之师。他所统率的十余万大军消耗很大，"留十余日，食尽，乃退师至雄州，以援供馈"。雄州在宋朝境内，曹彬的十余万大军就是从这里出发，进入辽朝境内，回到雄州等待粮粮，是有一定道理的。然而宋太宗听到这个消息以后，却惊骇不已："岂有敌人在前，而却军以援刍粟乎？何失策之甚也。"马上派使臣禁止曹彬进一步退师，要求曹彬"引师缘白沟河与米信军接，养兵蓄锐以张西师之势，待美尽略山后之地，会重进东下取幽州与彬、信合，以全师制敌，必胜之道也"。②白沟河为易水下游，又称巨马河，当时是辽宋的分界线，曹彬之师"缘白沟河"驻防，便于粮粮的供应，是比较好的选择。

田重进和潘美的捷报，对曹彬麾下的诸将产生了很大的影响，"谋划蜂起，更相矛盾，彬不能制，乃裹五十日粮，再往攻涿州"。这时，辽军的大部队已陆续到达前线。"敌当其前，且行且战，去城才百里，历二十日始至。有敌酋领万骑与米信战，相持不解。"曹彬之军虽然第二次占领了涿州，然而"时方炎暑，军士疲乏，所刍粮又不继，乃复弃之，还师境上"。这时，曹彬曾令其部将卢斌"以万人戍涿州"，卢斌提出："深州深入北地，外无援，内无食，丁籍残失，守必不利，不若以此万人结阵而去，比于固守，其利百矣。"曹彬采纳了卢斌的要求，"令斌拥城中老幼并狼山而南，彬等以大军退，无复行伍，为敌所蹑"。从曹彬之军"无复行伍"来看，宋军有些粗心大意，失去了对辽军的警惕，不意辽军紧随其后，在岐沟关（今河北易县东）北，对宋军发起突然攻击，使宋军损失惨重，史称"岐沟关之战"。

宋朝人对此战的记载是：

五月庚午，至岐沟关北，敌追及之，我师大败。彬等收余军，宵渡巨马河，营于易水之南。李继宣力战巨马河上，敌始退，追奔至狐山（按：又作孤

---

① 《续资治通鉴长编》卷27《太宗》雍熙三年，中华书局排印本，第612页。
② 以上引文均见《续资治通鉴长编》卷27《太宗》雍熙三年，中华书局排印本，第612—613页。

山），方涉巨马河，人畜相践踏而死者甚众。知幽州行府事、右谏议大夫刘保勋马陷淖中，其子开封兵曹利涉，督刍粟随军，常从其后，尽力掀之不能出，遂俱死。殿中丞孔宜亦随军督刍粟，溺于巨马河。诏录保勋孙巨川为秘书省正字，宜子延世同学究出身。①

《辽史·圣宗纪》有以下的记载：

五月庚午，辽师与曹彬、米信战于岐沟关，大败之，追至巨马河，溺死者不可胜纪；余众奔高阳，又为辽师冲击，死者数万，弃戈甲若丘陵。辁漕数万人匿岐沟空城中，围之。壬申，以皇太后生辰，纵还。癸酉，班师，还次新城，休哥、蒲领奏宋师奔逃者皆杀之。甲戌，以军捷，遣使分谕诸路京镇。丁丑，诏诸将校，论功行赏，无有不实。己卯，次固安南，以青牛白马祭天地。②

《辽史·耶律休哥传》的记载是：

统和四年，宋复来侵……曹彬、米信出雄、易，取岐沟、涿州，陷固安，置屯。时北南院、奚部兵未至，休哥力寡，不敢出战。夜以轻骑出两军间，杀其单弱以胁余众；昼则以精锐张其势，使彼劳于防御，以乏其力。又设伏林莽，绝其粮道。曹彬等以粮运不继，退保白沟。月余，复至。休哥以轻兵薄之，伺彼蓐食，击其离伍单出者，且战且却。由是南军自救不暇，结方阵，堑地两边而行。军渴乏井，漉淖而饮，凡四月始达于涿。闻太后军至，彬等冒雨而遁。太后益以锐卒，追及之。彼力穷，环粮车自卫，休哥围之。至夜，彬、信以数骑亡去，余众悉溃。追至易州东，闻宋师尚有数万，濒沙河而曩，促兵往击之。宋师望尘奔窜，堕岸相蹂死者过半，沙河为之不流。太后旋斾，休哥收宋尸为京观。封宋国王。③

---

① 《续资治通鉴长编》卷27《太宗》雍熙三年五月，中华书局排印本，第613—614页。
② 《辽史》卷11《圣宗二》，中华书局校点本，第122页。
③ 《辽史》卷83《耶律休哥传》，中华书局校点本，第1300页。

岐沟关之战，宋军大败，故宋朝人的记载比较简单，有回护之意。辽朝大捷，故《辽史》记载甚详细。通过上述记载，从中可以发现重要的问题。

在援军没有到达以前，耶律休哥因为兵少不敢出战，只能以轻骑骚扰宋师，虚张声势，使宋师"劳于防御"。辽军"伏林莽，绝其粮道"，是曹彬退师白沟的主要原因。一个月以后，曹彬又北上涿州，耶律休哥仍以轻兵进行骚扰，宋师只好"结方阵，堑地两边而行"。曹彬第二次北上之时，辽军的主力尚未到达前线，故而耶律休哥只能以轻兵骚扰。岐沟关之战，是萧太后率领的辽军主力到达以后展开的，当时曹彬又以糗粮不足的原因退师，他不知道辽军主力已到，误以为辽军不敢决战，只能时而骚扰而已。因此，宋军第二次北上是结阵而行，以防辽军突袭。而第二次退师，则放松了警惕，军纪涣散，"无复行伍"，辽军正好利用了宋军的无备，以精锐之卒进行追击。这完全出乎曹彬的预料，他有些惊慌失措，与米信少数将领率先逃跑，余下的十万大军失去了指挥，也相继溃逃，慌不择路，有的陷入泥淖，有的为急流淹死，溃不成军，一败涂地。宋师退师所经之水，一称巨马河（今作拒马河），一称沙河，宋师涉渡时死伤甚多，"沙河为之不流"。那么，沙河与巨马河关系如何？顾祖禹《读史方舆纪要》对此有详细考证，其文称：

> 沙河，在州南。又有唐河与沙河合流而东，盖九河之水汇流于安州霸县之界，溢而旁出者也。东经文安县入海，其入海处呼为飞鱼口。《寰宇记》谓之五渠水，又谓之长鸣水。志云，城西有瓦合水，亦流于沙河。[①]

文中称沙河在"州南"，州指霸州，为唐代益津关所在地，治文安县。所谓九河是指刘李河、易水、鲍河、徐河、唐河、滱河、巨马河等许多河流而言，这些河流最后汇合为一条河流，注入渤海。在辽宋时被称作巨马河、白沟河，又被称作沙河。既然巨马河又有沙河之称，史籍中称宋师涉渡巨马河，或称涉渡沙河，都不为错。当时，巨马河（沙河）水深流急，故宋军在此淹死者甚多，"沙河为之不流"，可能多少有些夸张，极言宋朝士兵淹死之众多也。

① 顾祖禹：《谈史方舆纪要》卷11《北直二》，中华书局排印本，第465页。

五 陈家谷杨业被擒

雍熙四年三月，潘美、杨业初出雁门之时，由于辽军忙于征讨女真、高丽，放松了山后地区的防御，兵力至为单薄，故而潘美率领的西路军屡屡取胜，连续攻占了寰、朔、云、应数州。田重进的中路军也攻占了飞狐、灵邱、蔚州。一时宋朝上下都大为振奋，认为幽州也唾手可得。不料岐沟关之败，却使宋太宗十分惊恐。其实，在岐沟关之战的同时，辽朝的增援部队已到达了山后。五月，"斜轸遣判官蒲姑奏复蔚州，斩首二万余级，乘胜攻下灵邱、飞狐，赐蒲姑酒及银器"。[①]说明田重进所占飞狐、灵邱、蔚州三地已被辽军收复。宋太宗大概预感到山后的形势有变，赶紧下令"徙云、朔、寰、应四州民"于内地，"诏潘美、杨业等所部兵护送之"。

不过，"时契丹国母萧氏与其大臣耶律汉宁、南北皮室及五押惕隐，领众十余万，复陷寰州"。辽军有继续扩大之可能。根据这种情况，杨业向潘美等人提出："今寇锋益盛，不可与战。朝廷止令取数州之民，但领兵出大石路，先遣人密告云、朔守将，你大军离代州日，令云州之众先出。我师次应州，契丹必悉兵来拒，即令朔州吏民出城，直入石碣谷，遣强弩三千列于谷口，以骑士援于中路，则三州之众，保万全矣。"

然而西路监军王侁却极力反对杨业的主张，他认为杨业畏敌，提出："领数万精兵而畏懦如此，但趋雁门北川中，鼓行而往马邑。"马邑在朔州东，雁门在马邑东南之代州，他是要求杨业之军大张旗鼓北上迎敌。军器库

① 《辽史》卷11《圣宗二》，中华书局校点本，第122页。

使、顺州团练使刘文裕也附和王侁的主张。当时是辽军精锐初到，士气正旺，而宋军在此已战斗近半年，其疲劳可知。杨业从军事角度指出："不可，必败之势也。"王侁却指责杨业："君素号无敌，今见敌逗挠不战，得非有他志乎？"杨业原是北汉的将领，是随同北汉君主刘继元降宋，王侁是征讨刘继元的宋将，对杨业是北汉旧臣的底细十分清楚，此语诬蔑他有不臣之心，其用意十分恶毒。杨业为了表白他对宋太宗的忠贞不贰，只好冒死前往，临行他哭泣对潘美说："此行多不利，业太原降将，分当死，上不杀，宠以连帅、授以兵柄，非纵敌不击，盖伺其便，将立尺寸功以报国恩。今诸君责业以避敌，业当先死于敌。"他请求潘美在陈家谷口"张步兵张弩，为左右翼以援，竢业转战至此，即以步兵夹击救之，不然者，无遗类矣。"

潘美和王侁虽然答应在陈家谷口设兵为援，然而"侁欲争其功"，在此停留不久，"即领兵离谷口，美不能制，乃缘灰河西南行二十里"，当听说辽军大至，杨业交战不利的消息时，不前往支援，反而"麾兵却走"，把杨业置于孤立无援之地。据宋朝人记载，杨业与辽兵交战以后，"自日中至暮，果至谷口，望见无人，即拊膺大恸，再率帐下士力战，身被数十创，士卒殆尽，业犹手刃数十百人，马重伤不能进，遂为敌所擒，其子延玉与岳州刺史王贵俱死焉……乃不食三日而死"。[①]

以上是宋朝人关于杨业在陈家谷兵败被俘的记载，辽朝人的记载又如何？《辽史·圣宗纪》记载：统和四年（即雍熙三年）七月斜轸奏："大军至蔚州，营于州左。得谍报，敌兵且至，乃设伏以待。敌至，纵兵逆击，追奔逐北，至飞狐口。遂乘胜鼓行而西，入寰州，杀守城吏卒千余人。宋将杨业初以骁勇自负，号杨无敌，北据云、朔数州，至是，引兵南出朔州三十里，至狼牙村，恶其名，不进；左右固请，乃行。遇斜轸，伏四起，中流矢，堕马被擒，疮发不食，三日死。遂函其首以献。诏详稳辖麦室传其首于越休哥，以示诸军，仍以朔州之捷宣谕南京、平州将吏。自是宋守云、应诸州者，闻继业死，

---

① 以上引文均见《续资治通鉴长编》卷27《太宗》雍熙三年八月，中华书局排印本，第621—622页。

皆弃城遁。"①

又，《耶律斜轸传》记载："会宋将曹彬、米信出雄、易，杨继业出代州。太后亲帅师救燕，以斜轸为山西路兵马都统。继业陷山西诸郡，各以兵守，自屯代州。斜轸至定安，遇贺令图军，击破之，追至五台，斩首数万级。明日，至蔚州，敌不敢出，斜轸书帛射城上，谕以招慰意。阴闻宋军来救，令都监耶律题子夜伏兵险阨，俟敌至而发。城守者见救至，突出，斜轸击其背，二军俱溃，追至飞狐，斩首二万余级，遂取蔚州。贺令图、潘美复以兵来，斜轸逆于飞狐，击败之。宋军在浑源、应州者，皆弃城走。斜轸闻继业出兵，令萧挞凛伏兵于路。明旦，继业兵至，斜轸拥众为战势。继业麾帜而前，斜轸佯退。伏兵发，斜轸进攻，继业败走，至狼牙林，众军皆溃，继业为流矢所中，被擒。斜轸责曰：'汝与我国角胜三十余年，今日何面目相见！'继业但称死罪而已。"②

《耶律奚低传》称："统和四年，为右皮室详稳。时宋将杨继业陷山西郡县，奚低从枢密使斜轸讨之。凡战必以身先，矢无虚发。继业败于朔州之南，匿深林中。奚低望袍影而射，继业坠马。先是，军令须生擒继业，奚低以故不能为功。"③

综合上述记载，可知《辽史》记载更为详细、准确。辽朝的援兵是自燕京（南京）而来，自东西行，因此，先至蔚州（今河北蔚县），而后分兵到达寰州（在朔州东北），至朔州（今山西朔州市）城南狼牙村陈家谷，将杨继业（即杨业）包围俘获。杨业在陈家谷一说是被流矢击伤，一说是被耶律奚低（又作奚底）击中，以奚低违反军令"不能为功"来看，被耶律奚低击中更为可信一些。杨业向耶律斜珍"称死罪而已"，应当是真实的，这从他不食三日而求死，以明其志可以得到证明。三日不食而死之说却不可信，大量实例证明三日不食是饿不死人的，《圣宗纪》称"疮发不食，三日而死"，强调了"疮发"的感染作用，是比较可信的。

① 《辽史》卷11《圣宗二》，中华书局校点本，第123—124页。

② 《辽史》卷83《耶律斜轸传》，中华书局校点本，第1302—1303页。

③ 《辽史》卷83《耶律奚低传》，中华书局校点本，第1303页。

宋人的记载，极力渲染王侁、刘文裕、潘美等人居心叵测，有意陷害杨业，关于杨业兵败被俘的细节有意回避，其目的是为了凸显杨业的忠君爱国思想。这一点恰好为后世有关杨家将的历史小说和戏剧所采纳，至今仍有人信以为真。

《辽史》有些记载，值得玩味和深思。《圣宗纪》载，战后一方面"以捷告天地，以宋归命者二百四十人分赐从臣"，即将这些人作为契丹贵族的部曲，史称头下军州，是诸王、外戚、大臣及诸部以"从征俘掠或置生口"所建，刺史以下"皆以本部部曲充焉"。汉族俘虏文化水平比较高，虽是部曲仍可以受到重用。另一方面"又以杀人多，诏上京开龙市建佛事一月，饭僧万人"。①反映出在反击宋朝的战争中，宋朝被杀的士卒数以万计，其数量相当可观，为了哀悼这些死者，故而举办佛事、饭僧以使他们超度。这种情况与唐太宗征讨高丽以后，修建悯忠寺（今北京市宣武区法源寺）极为相似。

还有，耶律奚低以射伤杨业，使其伤发而死，因违反军令而不能记功受奖。前人多认为是辽朝人喜爱杨业勇敢善战之才，欲活捉而重用之。此固为一说，然而其实情未必如此。杨业本是北汉主刘继元之骁将，抗宋十分有力。后来刘继元降宋，杨业只好随之。《宋史》称："太宗征太原……业劝其主继元降，以保生聚。"②这是不符合实际情况的说法。《新五代史》明确记载，劝刘继元降宋的人是枢密副使马峰，他"老疾居于家，舁人见继元，流涕以兴亡谕之，继元乃降"。③杨业是北汉的旧臣，北汉曾依靠辽朝的援助抗宋，故而辽朝对杨业怀有敬重之情，希望他能够归辽抗宋。这才是辽萧太后和圣宗皇帝要活捉杨业的真实原因。耶律奚低对朝廷的用意并不清楚，违反了上峰的军令，结果是不能记功受奖。

① 《辽史》卷11《圣宗二》，中华书局校点本，第123页。
② 《宋史》卷272《杨业传》，中华书局校点本，第9303页。
③ 《新五代史》卷70《东汉世家》刘继元，中华书局校点本，第871页。

六 君子馆之战

雍熙三年十二月，辽宋之间又发生一次重要的战役，史称君子馆之战。由刘廷让率领的宋军数万人，在瀛州君子馆（今河北河间市以北约12公里）被辽军所包围，经过数日的战斗，刘廷让全军覆没。

《续资治通鉴长编》记之甚详："契丹将耶律逊宁号于越者（按：即耶律休哥，字逊宁），以数万骑入寇瀛州。都部署刘廷让与战于君子馆，会天大寒，我师不能彀弓弩，敌围廷让数重。廷让先以麾下精卒与沧州都部署李继隆令后殿，缓急期相救。及廷让被围，继隆退屯乐寿（按：今河北献县，北距君子馆约50公里）。御前忠佐神勇指挥使钜野桑赞以所部兵力战，自辰至申，而敌援兵复至，赞引众先遁，廷让全军皆没，死者数万人，廷让得麾下他马乘之，仅脱死。先锋将六宅使、平州团练使、知雄州贺令图，武州团练使、高阳关部署杨重进，俱陷于敌。"[1]《宋史》有相同的记载，称："契丹遂长驱而入，陷深、祁、德数州，杀官吏，俘士民，所在辇金帛而去，博、魏之北，民尤苦焉。太宗闻之，下哀痛之诏。"[2]

君子馆之战，辽军是由萧太后亲自指挥的，由耶律休哥担任先锋。《辽史》载："时宋将刘廷让以数万骑并海而出，约与李敬源合兵，声言取燕。休哥闻之，先以兵扼其要地，会太后军至，接战，杀敬源，廷让走瀛州。"据此可知，君子馆之战是由刘廷让、李敬源"声言取燕"所导致的，宋将李继隆、桑赞畏敌先逃，造成全军覆没，力谏宋太宗北伐的贺令图以及李敬源、杨重进

① 《续资治通鉴长编》卷27《太宗》雍熙三年，中华书局排印本，第625页。
② 《宋史》卷259《刘廷让传》，中华书局校点本，第9003页。

战死，宋军损失非常惨重。"自是宋不敢北向，时宋人欲止儿啼，乃曰：'于越至矣。'"①

岐沟关之战、飞狐之战、陈家谷之战，都是在辽境内展开的，而君子馆之战是在宋境内进行的，辽军深入到瀛州（今河间）、莫州（今任丘）、祁州（今安国）、深州（今仍其名）、德州等地，所造成的损失非常惨重，故而宋太宗"下哀痛之诏"以慰问之。耶律休哥（字逊宁）于越之名在宋朝境内大振，民间以"于越至矣"吓唬小儿止啼，反映出耶律休哥在民间产生了广泛的影响。

---

① 以上引文均见《辽史》卷83《耶律休哥传》，中华书局校点本，第1301页。

七 宋太宗二次北伐失败的原因

宋太宗在高粱河之战失败以后很不甘心，下定决心还要北伐燕云，用武力收复燕云十六州。他在寻找合适的时机，辽圣宗以幼小即皇帝位，他认为最好的时机来到了，其周围的一些大臣明知他有此意，为了讨取他的欢心和重用，极力劝告他不要错过此难得的机会，可以说是一拍即合。从太平兴国八年（辽统和元年，983年）到雍熙三年（辽统和四年，986年）的三四年间，宋太宗做了许多准备工作，包括筹集军用的粮草、调整军事部署、任命官吏、侦探出兵的路线等。然而这次北伐最后却以损兵折将而告终，其失败的原因何在？

首先是对辽朝的政局分析有错误。贺令图、贺怀蒲、刘文裕等人认为，辽圣宗是幼主，萧太后摄政，必然引起契丹贵族的反对，导致其政局不稳，自然成为北伐燕云的最佳时机。其实，辽圣宗的即位取得了以耶律斜轸、耶律休哥为首的契丹大臣和以韩德让、室昉为首的汉族大臣的合力支持。史称，"是时，昉与韩德让、耶律斜轸相友善，同心辅政"，[①]萧太后善于用人，"故群臣咸竭其心"，"大臣多得其死力"。耶律休哥、耶律斜轸在反击宋朝北伐的战争中，充分发挥了其军事才能，攻无不克，战无不胜，誓死为朝廷效力，君臣始终如一，这是宋太宗及其周围的谋士们所没有想到的。

贺令图、刘文裕北伐的建议之所以能被宋太宗很快采纳，除了宋太宗有急于求成的心理以外，还有一个重要的原因，即他们都是外戚。贺令图的父亲贺怀浦，"孝惠皇后兄也"，孝惠皇后为宋太祖的正妻贺皇后；而"简穆皇

① 《辽史》卷79《室昉传》，中华书局校点本，第1271页。

后，即文裕祖姑也"。由于贺令图、刘文裕属于外戚，故而宋太宗对他们是言听计从。

北伐燕云是举国大事，然而"初议兴兵，上独与枢密院计议，一日至六召，中书不预闻。及败，召枢密院使王显，副使张齐贤、王沔，谓曰：'卿等共视朕，自今复作如此事否？'上既推诚悔过，显等咸愧惧，若无所容"。[1]据此可知，宋朝二次北伐燕云是他与枢密院商定的，朝廷的其他官府"不预闻"，即全不知道。此等大事如何神秘至此？原因只有一个，即其他朝廷重臣不赞成北伐燕云。

赵普是陈桥兵变的老臣，"雍熙三年春，大军出讨幽蓟，久未班师"。赵普对此心存疑虑，他给宋太宗上了两份很长的手疏，他不赞成北伐，称："所失者多，所得者少。"他针对当时的形势指出："陛下非次兴兵，必因偏听，小人倾侧，但解欺君，事成则获利于身，不成则贻忧于国。"又称："奸人但说契丹时逢暗主，地有灾星，以此为词，曲中圣旨。殊不知蕃戎上下，幽州俱置生涯，土宿照临，外处不可征讨。若彼能同意，纵幼主以难轻，不顺群情，无灾星亦败。诚宜守道，事贵无私，如乐祸以贪功，虑得之而不武。"他尖锐地批评了"乐祸而贪功"，即利用辽幼主刚即位乘机北伐的做法不当。他还指出："今者愿忍一朝之忿，常隆万世之因，如或未止干戈，必恐渐多杀害。即曰民愁未定，战事方摇，仍于梦幻之中，大作烦劳之事。是何微类，误我至尊。乞明验于奸人，愿不容于首恶。"[2]赵普之言，所针对的是误导宋太宗北伐燕云的奸人、首恶，其实也间接地批评了宋太宗"乐祸而贪功"的做法。

其次，宋朝的将领懦弱、胆怯，战争之初由于缺乏作战准备，只在少量守城士兵的州县曾有所进取，可是当辽军的主力到达以后，面对强敌则失去信心，不敢克敌制胜。东路曹彬、米信遭遇耶律休哥的精兵，公然置其统率的十万大军于不顾，竟"以数骑亡去"，结果造成全军崩溃，自相践踏，争渡巨马河，死伤过半。西路潘美、杨业之军也是如此，王侁、刘文裕用言语相激，

① 《续资治通鉴长编》卷27《太宗》雍熙三年，中华书局排印本，第618页。
② 《续资治通鉴长编》卷27《太宗》雍熙三年，中华书局排印本，第614—616页。

迫使杨业临敌，杨业事先虽然提出要潘美在陈家谷口接应，可是，潘美、王侁竟"麾兵却走"，置杨业于死地。君子馆之战，李继隆、桑赞明知刘廷让被辽军包围，却引众先逃，使刘廷让全军覆没。这么多的例证，足以说明宋军将领大多都是贪生怕死的胆小鬼，这样的军队怎么能不打败仗。

再次，宋太宗在高梁河之战中箭负伤，对亲临前线有恐惧感。李至正是揣摸到了宋太宗的心意，提出不离京师，"恭守宗庙"为上策。实际上这上策却是下策，由于宋太宗不在前线督战，曹彬两次占领涿州以后，又以粮草不继为由两次退师，正是在第二次退师之际，遭到辽军的追击而溃败。如果宋太宗在前线督战，退师之举就不会发生。如果宋太宗在前线督战，潘美、王侁不救助杨业之事大概也不会发生。至于皇帝亲上战场，对将士的士气会有很大的鼓舞作用，这是显而易见的。

辽朝的萧太后虽是女辈，却能够亲临前线。她亲自带领援军与宋军交战，"太后益以锐卒"，追击曹彬之师。"及太后南征，休哥为先锋，败宋师于望都。"君子馆之战，"会太后军至，接战，杀敬源，廷让走瀛州"。①萧太后亲临前线，不仅鼓舞了士气，也能够随时解决军事问题。这与宋太宗的畏缩不前，形成鲜明的对比。

最后，从军事角度来说，宋太宗第二次北伐的乱指挥也存在许多问题。端拱二年（989年）知制诰田锡在奏书中明确指出："今之御戎，无先于选将帅，既得将帅，请委任责成，不必降以阵图，不须授之方略，自然因机设变，观衅制宜，无不成功，无不破敌矣……今委任将帅，而每事欲从中降诏，授以方略，或赐以阵图，依从则有未合宜，专断则违是上旨，以此制胜，未见其长。"②田锡奏书所指出的，正是宋太宗在二次北伐时所犯的毛病。他没有亲赴前线，对军前的情况并不了解，却不断降诏书，授方略，赐阵图，完全束缚了前线将帅的手脚。按照皇帝旨意去办，则"未合宜"，即与战场实际情况不合。将在外，君令有所不受，说的就是这个道理。宋太宗的"专断"，使前方将帅无所适从，手忙脚乱，在此情况下怎么能不失败。

---

① 《辽史》卷83《耶律休哥传》，中华书局校点本，第1300—1301页。

② 《续资治通鉴长编》卷30《太宗》端拱二年，中华书局排印本，第675页。

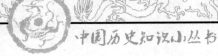

上述四点，都是涉及战争胜负的重要问题。因此，雍熙三年辽宋之战宋军的溃败，重要的不是辽军的强大，而与宋太宗对辽朝的政局分析不准，宋朝将领贪生怕死，以及宋太宗不敢亲赴前线督战，却在京城里瞎指挥，有直接的关系。

八 二次北伐失败的影响

宋太宗第二次北伐的目的，在赐赵普的手诏中有如下的表述："朕昨者兴师选将，止令曹彬等顿于雄、霸，裹粮坐甲，以张军声，俟一两月间，山后平定，潘美、田重进等会兵以进，直抵幽州，共力驱攘，俾契丹之党远遁沙漠，然后控扼险固，恢复旧疆，此朕之志也。"[1]为此他做了治理燕云十六州的许多准备，甚至还任命了地方官员。一旦收复了燕云之地，马上设治管辖，其考虑不可谓不周。然而宋太宗没有料想到，第二次北伐又是以失败告终，他的大志完全变成了泡影。

宋太宗第二次北伐的失败，使朝廷上下大为震惊，舆论大哗。知制诰、知大名府赵昌言，"遣观察支使郑蒙乘驿诣阙上书，请斩败军将曹彬等"。武德军节度使、侍中赵普多次上疏提出"是何微类，误我至尊。乞明验于奸人，愿不容于首恶"。迫于朝野的压力，宋太宗诏翰林学士贾黄中等人，对曹彬、崔彦进、米信、杜彦圭、郭守文、傅潜、陈廷山、蔡玉、薛继昭九人，"诣尚书省鞫之"。雍熙三年七月间，贾黄中等人提出："曹彬、郭守文、傅潜具伏违诏失律，士多死亡；米信、崔彦进违部署节制，别道回军，为敌所败；杜彦圭不容士脯食，设阵不整，军多散失；蔡玉遇敌畏懦不击，易服潜遁；陈廷山涿州会战失期；薛继昭临阵先谋引退，军情挠惑；法皆当斩。"[2]不过宋太宗自知他自己作为全军统帅，也负有责任，因此，这些将领均免死，只是以降低官职了事。对于陈家谷杨业被擒的有关人员，也做了处理。潘美"坐削秩三

---

[1]《续资治通鉴长编》卷27《太宗》雍熙三年，中华书局排印本，第617页。

[2]《续资治通鉴长编》卷27《太宗》雍熙三年，中华书局排印本，第619页。

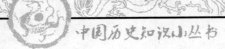
等"，王侁除名，刺配金州，刘文裕刺配登州。杨业受奖，赠太尉、大同军节度使，录其子孙六人做官。

宋太宗第二次北伐的失败，使宋朝君臣对辽朝有了新的认识，即用武力收回燕云十六州是做不到的，从此断绝了收回燕云的打算。宋朝改变了策略，对辽朝的攻势改为守势。"宋自是不复深入，社稷固而边境宁。"对于辽朝来说，通过这次战争对宋朝的军事实力有了充分的认识和了解，发现了宋朝的虚弱和腐败，此后积极准备南下伐宋，出现了澶渊之战和"澶渊之盟"。

【第八章】

辽宋『澶渊之盟』

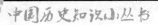

宋真宗赵恒即位的第六年为景德元年，即辽圣宗统和二十二年，公元1004年，辽宋又进行了一次战争，战争的主要地点是在宋朝河北东路开德府的澶州（今河南濮阳）。澶州地濒当时的黄河（金章宗明昌五年黄河改道以后，这里的旧河道已消失），澶州有南北二城，分别在黄河的南北，故史家又称此地为澶渊，此战又称澶渊之战。由于战争中出现了意外的事件，宋朝不想打仗，主动请和，故而辽宋双方签订了停战和议，史称"澶渊之盟"。此后，辽宋一直保持和好关系，对辽宋的历史都产生了深远的影响。当时，萧太后仍处于摄政时期，澶渊之战的发生和"澶渊之盟"的签订，都与她有着密切的关系。

那么，澶渊之战是如何发生的？"澶渊之盟"又是在什么背景下签订的？涉及宋太宗第二次北伐失败以后，宋辽双方诸多的问题，需要进行仔细分析论证。

一　萧太后欲收回关南之地

统和四年宋太宗北伐的失败，使辽朝对宋朝的虚弱了如指掌。因此，战后积极准备南伐，除掠夺财物以外，其目的还是为了收回被周世宗夺去的"关南之地"。

五代时期的石敬瑭，为了取得辽太宗耶律德光的援助，曾于会同元年（938年）将燕云十六州割让给辽朝，当了"儿皇帝"。这十六州是：

1. 幽州，后来升为辽南京，即今日北京。

2. 蓟州，今天津蓟县。

3. 瀛州，今河北河间市。

4. 莫州，今河北任丘市。

5. 涿州，今河北涿县。

6. 檀州，今北京密云县。

7. 顺州，今北京顺义区。

8. 妫州，今河北怀来县（已没入官厅水库）。

9. 儒州，今北京延庆县。

10. 新州，今河北涿鹿县。

11. 武州，今山西神池县。

12. 云州，今山西大同市。

13. 应州，今山西应县。

14. 朔州，今山西朔州市。

15. 寰州，今山西朔县东。

16. 蔚州，今河北蔚县。

五代时后周世宗柴荣，是一个很有作为的皇帝。他企图统一中国，结束五代纷争的局面。为此他曾于显德六年（959年）"以北境未复"而北伐，占领了益津关（后改称霸州）、瓦桥关（后改称雄州）和鄚州（即莫州），史称："关南平，凡得州三、县十七、户一万八千三百六十。"①周世宗计划将"攻幽州"，由于患病而未能成行。其死后，赵匡胤发动陈桥兵变，代替后周称帝，建立了宋朝。

周世宗北伐之际，正是辽穆宗耶律璟应历九年。这个残暴的"睡王"以饮酒嗜杀为趣，毫无治国的能力。对于后周的北伐，虽然派萧思温以兵马都总管去"击之"，然而并未能阻止周世宗的北上，据《辽史》记载，周军"拔益津、瓦桥、淤口三关"，"陷瀛、莫二州"。②辽景宗在位的时间比较短，未及收回"关南之地"。辽圣宗即位以后，由萧太后执掌国政，始终未忘"关南之地"。因此，宋太宗二次北伐失败以后，辽朝一直准备南下伐宋，收回"关南之地"。在"澶渊和议"谈判的过程中，辽朝曾提出收回"关南之地"，宋朝以那是前代之事，据理力争，辽朝的要求未能得逞。

① 《旧五代史》卷119《周书十》世宗纪，中华书局校点本，第1580—1581页。

② 《辽史》卷6《穆宗上》，中华书局校点本，第75页。

二 宋朝对辽政策之调整

雍熙三年，宋太宗北伐燕云失败以后，宋太宗仍准备对辽朝动武用兵。雍熙四年（987年）五月，即潘美、田重进承诏入朝以后，宋太宗曾"出御制'平戎万全阵图'，召美、重进及崔翰等，亲授以进退攻击之略，并书'将有五才十过'之说赐之"。同年九月，雄、霸等州"皆相告以敌将犯边，急设备"，尽管核实以后发现是"谍者之妄"，并非属实，不过宋太宗"亦将议亲征，河北东路转运副使王嗣宗上疏言敌必不至之状，上乃止"。[1]由此二事可以看出宋太宗仍欲征辽之心境。

不过宋朝多数大臣都产生了厌战的心理，不赞成继续与辽朝打仗。端拱二年（989年）正月，宋太宗"诏文武群臣各陈备边御戎之策"，户部郎中张洎提出：自古以来备御之术，"或度塞以蠹兵，或和亲而结好，或诱部落以分其势，或要盟誓以固其心"；对于宋朝而言，"唯练兵聚谷，分屯塞下，来则备御，去则无追"。张洎的意见与宋太宗大相径庭，是以军事防御来代替军事征讨，他还提出："请陛下稍抑至尊，举通和之策。"[2]

淳化元年（990年）六月，已升为太仆少卿的张洎，再次上疏言边防。他说："夫御戎之道有三策焉……缮修城垒，依凭险阻，训戎，聚谷，分屯塞下，来则备御，去则勿追，策之上也。偃革蠹弓，卑辞厚礼，降王姬而通其好，输国货以结其心，虽屈万乘之尊，暂息三边之戍，策之次也。练兵选将，长驱直入，拥戈铤而肆战，决胜负于一时，策之下也。"他认为"上策不

---

① 《续资治通鉴长编》卷28《太宗》雍熙四年，中华书局排印本，第638、642页。
② 《续资治通鉴长编》卷30《太宗》端拱二年，中华书局排印本，第666、670页。

举"，"下策不足恃"，"审睹天下之形势，忧患未已，唯与之通好，或可解纷……结好息民，正在今日"。①

前后两次上疏，所述的思想是一致的，即改变对辽朝的策略，放弃武力征伐，改为言和通好。即由过去对辽的攻势，改为守势。张洎的思想在一定程度上被宋太宗所采纳，并影响到了宋真宗。为了边境设防御敌，根据何承矩的建议，在河北东路中部将湖泊沼泽之水连成一片，形成了"东西三百余里，南北五七十里"的水面，"可以遏敌骑之奔轶"，"设险固以防塞"。后来经过不断疏浚，形成了西起保州（今河北保定），东达泥姑海口（今天津塘沽），东西长900里，南北宽60—70里的边防地带，并修建有寨、铺，可以驻兵防守，被后人喻为"水上长城"。

宋真宗是宋太宗的第三子，他即位以后也曾就与辽朝的和战问题征询诸大臣的意见。宋真宗即位的第三年，即咸平三年（1000年）三月，曾"以手诏访知开封府钱若水备御边寇，翦灭蕃戎之策"。钱若水上言说："今御札云翦灭蕃戎，臣以为不得幽州城，契丹不可灭。今若有陈翦敌之策者，诚可斩也。"他举例说唐庄宗"先令周德威攻取幽州，及得其地，知戎人不足虑，然后南面征天下"。又提醒说："不可恃强兵，皆须逢衅隙……若恃强，则高祖有长平之围是也。"故而"臣不敢为陛下陈敢戎之略，直以今之急务，陈备边之要，望陛下开怀而纳之。夫备边之要有五，一曰择郡守，二曰募乡兵，三曰积粮粟，四曰革将帅，五曰明赏罚。"他最后告诫宋真宗："臣望陛下思兵者凶器，战者危事。"他的最后结论是："王者守在四夷，常获静胜，此上策也。"②钱若水之言，与张洎两次上疏略同，都不主张以武力再次征伐辽朝，两次北伐的惨痛失败，证明了用武力难以收回燕云之地。所不同的是，张洎主张言和通好，钱若水强调备边，即加强北方的边防建设。

由此可以看出，在雍熙三年北伐失败以后，宋朝许多朝廷内外大臣，都认为应当改变对辽朝的策略，这些意见对宋太宗和宋真宗都产生了很大的影响，在"澶渊之盟"的签订上，可以看得非常清楚。

① 《续资治通鉴长编》卷31《太宗》淳化元年，中华书局排印本，第701—703页。
② 《续资治通鉴长编》卷45《宋真宗》咸平三年，中华书局排印本，第999—1001页。

三 辽改善与西夏的关系

居住在河西宁夏平原上的党项人，与辽、宋接壤，在9世纪末成长壮大，成为一支强大的势力，时而依附宋朝，时而投靠辽朝，从政治上来说，是不可忽视的力量。萧太后深知党项人是可以牵制宋朝的工具，因此，采取了许多办法争取党项人，只要党项能够保持中立，就会有助于南下伐宋。"西夏"这个称谓的出现，即与辽朝对党项首领的封赏有关。

党项人的首领，即后来的皇族，是鲜卑人拓跋氏之后，在唐代被赐姓李。宋初曾依附于宋朝，被赐国姓赵。宋太宗太平兴国年间，其首领李继捧朝宋，宋朝廷要求将其亲戚一起带来，以便于监视。李继捧的族弟李继迁认为其中有诈，没有随从，据夏州（今陕西靖边县红墩界乡白城子）投附辽朝以求保护。据清朝人李有棠考证，李继迁降辽是在辽圣宗统和元年，即宋太宗太平兴国末年。此后，李继迁与辽朝关系日趋密切。统和四年二月，"西夏李继迁叛宋来降，以为定难军节度使、银夏绥宥等州观察处置等使、特进检校太师、都督夏州诸军事"。同年十二月，"李继迁引五百骑欸塞，愿婚大国，永作藩辅。诏以王子帐节度使耶律襄之女汀封义成公主下嫁，赐马三千匹"。[①]统和七年三月，义成公主正式与李继迁结婚。

统和八年十二月，"李继迁下宋麟、鄜等州，遣使来告"，辽朝随即"遣使封李继迁为夏国王"。统和九年二月，"夏国遣使来告侵宋捷"，七月李继迁"以复银、绥二州来告"。受李继迁的影响，其族兄李继捧"来附"，也投降了辽朝，授他为"推忠效顺启圣定难功臣、开府仪同三司、检校太师兼

---

① 《辽史》卷11《圣宗二》，中华书局校点本，第119、127页。

侍中，封西平王"。李继迁素与李继捧政见不合，不赞成他降宋，此次李继捧降辽封王，李继迁对辽朝大为不满，担心李继捧的封赏比他还高，日后可能会取代他的位置，故而赌气"潜附于宋"，辽朝随即派招讨使韩德威"持诏谕之"，[1]不久以后李继迁又改变了态度，和好如初。统和十五年，李继迁"以破宋兵，遣使来告"，辽朝又加封他为西平王，西平王本是辽朝赏给李继捧的封号，这次又改赐给李继迁，以此来证明李继迁取代了李继捧的地位，来安抚李继迁。

此后，辽朝与西夏的关系日益密切。李继迁不断派使臣向辽贡方物，以示对辽朝的尊重，把辽朝当成是其宗主国。统和十八年十一月，辽朝"授西平王李继迁子德昭朔方军节度使"。统和十九年六月，李继迁"奏下宋恒、环、庆等三州"，辽圣宗赐诏加以褒美。恒州、环州、庆州都在北宋境内，李继迁入宋境攻打州城，一是为了抢掠粮食、财物；二是向辽朝邀功。统和二十一年五月，李继迁病死，辽朝封其子李德昭为夏国西平王，仍为辽之藩属[2]。

统和十九年、二十年，辽朝已开始南下伐宋。统和十九年十月，辽圣宗之弟耶律隆庆南下至遂城，统和二十年三月，萧太后之弟萧继远南下梁门和泰州。李继迁在此期间不断深入宋朝境内攻城略地，显然是为了配合辽军南下伐宋，彼此相互呼应，以牵制宋朝的兵力。辽朝改善与西夏关系的目的，即在于此。由此不难看出萧太后的深思远虑，反映出了她的政治家才能。

---

① 《辽史》卷14《圣宗五》，中华书局校点本，第141—142页。
② 同上书，第158—159页。

四 试探宋朝之虚实

五代时期，有许多中原的汉族官员曾前往辽朝内地。史载，后梁曾遣太府卿高颀、军将郎公远等人使辽报聘，逾年而还。①幽州汉官韩延徽为刘守光所派遣聘辽，辽太祖命其参军事，他为辽太祖出谋划策，"服诸部落，延徽之筹居多"。"居久之，慨然怀其乡里，赋诗见意，遂亡归唐"，后来"与他将王缄有隙"，又逃往辽朝。②后唐明宗时，曾遣供奉官姚坤使辽告哀，到达了西楼（即辽上京）。后晋出帝时，曾遣开封府军将张晖假供奉官聘于契丹，"奉表称臣"。③后晋被灭亡以后，同州郃阳县令胡峤以萧翰掌书记的身份，随同萧翰到达了西楼，后被放归，撰有《陷虏记》传世。

这些北入辽朝而后又返归的汉族官僚，曾介绍了辽朝境内的山川、道里、险要、物产以及辽朝的政治概况，在中原地区广为流传，颇具军事参考价值。宋朝廷中有许多是五代的旧臣，对辽境知之甚详。例如后晋人宋琪，随石敬瑭割让燕云入辽，并取得辽朝的进士。他是幽州蓟人，对幽州的地理非常熟悉。雍熙三年，时任刑部尚书的宋琪得知宋太宗要北伐燕云，曾上疏详说幽州的山川地理，提出了行军路线，指出："望令大军会于易州，循狐山（又作孤山）之北、漆水（应作涞水）以西，挟山而行，援粮以进，涉添水，并大房，抵桑干河，出安祖寨，则东瞰燕城，裁及一舍。此是周德威收燕之路……

① 《新五代史》卷72《四夷附录第一》，中华书局校点本，第887、889、895—896页。

② 《辽史》卷74《韩延徽传》，中华书局校点本，第1231页。

③ 《新五代史》卷72《四夷附录第一》，中华书局校点本，第887、889、895—896页。

从安祖寨西北有卢师神祠，是桑干出山之口，东及幽州四十余里。"①安祖寨、卢师神祠旧地，均在今北京市石景山区境内。古今对照，证明宋琪所言正确无误。

对于辽朝而言，辽初曾有人因打仗的原因到过中原，有些汉族官僚来自中原。不过到了辽圣宗时代，这些人大多早已故去，不在人世。高梁河之战和反击宋太宗北伐的老将，也大多死去。耶律休哥死于统和十六年，耶律斜轸、耶律奚低死于统和四年，耶律沙死于统和六年。他们都曾与宋朝打过仗，对宋朝有一定的了解，这些晚近的将领也先后死去，给辽朝的军事造成了不利的影响。在此情况下萧太后南伐，必须试探宋朝的虚实，了解宋朝在北方边境上的军事部署、军事设施的分布、道路交通状况以及宋军粮秣供给，等等。

为达到此目的，在辽宋澶渊之战以前，辽朝曾以小股部队对宋朝的若干城镇进行攻击，用以获得宋军的真实情况，便于制订大规模伐宋的方略。这样的军事行动，至少有五次之多。

统和十三年（995年）四月，辽朝以"精骑数千"夜袭雄州。雄州原称瓦桥关，后周时改称雄州，地处辽宋边界附近，系宋朝的边防重镇，是南北往来的要冲，宋琪上疏称："敌所趋径术，或落其便，必欲取雄、霸路直进。"②雄州属于防御州，驻兵比较多，因此，辽军夜袭雄州以试探其防备之虚实。知雄州的何承矩"整兵出拒，迟明，列阵酣战"，③辽军旋即退去。

统和十七年（999年）十月，辽军"攻遂城，不克"，然后"遣萧继远攻狼山镇石砦，破之"。再转攻瀛州（今河北河间市），活捉了守将康昭裔、宋顺。又转攻乐寿县（今河北献县），"拔之"。回师途中又攻打遂城（今河北徐水县），"敌众临水以拒"，辽军"杀戮殆尽"而还。④辽军流动性的袭击，攻克了乐寿县却不据守，说明辽军仍是试探宋朝边境城镇的驻兵戍守情形。当年十月，宋臣柳开上言，对"契丹转肆冲突"应有所戒备，建议宋真宗"速起圣驾，径亲镇州，躬御六师，奋扬威武"。⑤

① 《续资治通鉴长编》卷27《太宗》雍熙三年，中华书局排印本，第603页。
② 同上。
③ 《宋史》卷273《何继筠传》，中华书局校点本，第9329页。
④ 《辽史》卷14《圣宗五》，中华书局校点本，第154—155、156页。
⑤ 《续资治通鉴长编》卷45《真宗》咸平二年，中华书局排印本，第967页。

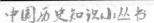

统和十九年（1001年）十月，辽朝廷命梁国王耶律隆庆南伐，与宋兵"战于遂城，败之"。进军到满城（今仍其名），"以泥淖班师"。①辽军既入宋朝境内，却未能深入，很快班师，证明辽军此行仍具有试探性。不过辽军此次南下，却引起了宋真宗的警惕，辽军退师以后，马上下诏在高阳关（旧名关南，即顺安军）、莫州（今河北任丘市）、北平寨（在今保定市西南）增兵。

统和二十年（1002年）三月，辽朝北府宰相萧继远等人南伐。四月，文班太保达里底"败宋兵于梁门"（梁门又称汾门、长城门，是燕南长城上的一座城门，在今河北徐水县西②），南京统军使萧挞凛破宋军于泰州（今河北清苑县）。此次辽军南下，既未深入，又未久留，仍属于试探性质。随后，宋真宗"诏边臣日具契丹事宜飞驿以闻，三日遣指使使臣入奏"，反映出宋朝守边之臣未能及时上奏辽军入境情形，引起了宋真宗的不满。

统和二十一年（1003年）四月，辽南府宰相耶律奴瓜和南京萧挞凛南下，战于望都（今河北望都县），宋将王继忠"以轻骑觇我（辽）军"，被耶律奴瓜所俘虏，"俘杀甚众"，事后耶律奴瓜"以功加同政事门下平章事"。③辽军获胜即归，仍未久留。

从统和十三年到统和二十一年八年中，辽军频频南下，但是规模都不大。辽军到达了宋朝边境的雄州、遂城、瀛州、乐寿、狼山镇、梁门、泰州、望都等地，对宋朝边境的军事部署情况已基本清楚，故而统和二十二年，萧太后和辽圣宗亲统大军南下，展开了澶渊之战。

① 《辽史》卷14《圣宗五》，中华书局校点本，第154—155、156页。

② 景爱：《中国长城史》，上海人民出版社2006年版，第132页。

③ 《辽史》卷85《耶律奴瓜传》，中华书局校点本，第1316页。

五 辽宋的攻防

辽军频频南下，自然会引起宋朝的警觉。为此宋真宗不断调整军事部署。咸平六年（1003年）九月，"诏徙北部都部署兵屯天雄军及邢、铭州，其威虏军兵屯顺安军、莫州，北平寨兵屯定州，宁边军兵屯平虏城、深州、镇、定两路兵屯邢、铭、磁、相州，藩入寇则会而前进。"[①]这是澶渊之战以前，宋军部署的情况。

景德元年（1004年）四月，宋真宗又"诏北边诸路巡检魏愿等赴高阳关东路，李致忠等赴乾宁军，荆嗣等会刘汉凝，田思明等率兵至莫州、顺安军，以备戎寇。"同年六月，"发河东广锐骑兵赴镇州以备戎寇"。[②]八月，"诏镇州所屯河东广锐兵及近南州军先分屯兵并赴定州"。又"徙河北近南州军兵屯澶州"。[③]据此可知，景德元年曾大肆调兵遣将，加强了河北地区的驻防。定州、镇州、天雄军三地集结的军队最多。

定州属河北西路，为中山府所在地。位于唐河之滨，系东西南北之交通中心，具有重要地位。定州北以唐河为险，东北为高阳关（顺安军）和莫州，正东为瀛州（今河北任丘市）和清州（今青县），彼此连成一片，可以相互支援。镇州（今河北正定县）亦属河北西路，为真定府所在地。地濒滹沱河北岸，属华北平原，地势平坦，利于骑兵驰奔，地扼辽军南下要地。天雄军为北京大名府所在地，其周围有洺州、磁州、相州、贝州、博州、德清军环绕屏

---

① 《续资治通鉴长编》卷55《真宗》咸平六年，中华书局排印本，第1214页。

② 《续资治通鉴长编》卷56《真宗》景德元年，中华书局排印本，第1233、1246页。

③ 《续资治通鉴长编》卷57《真宗》景德元年，中华书局排印本，第1253页。

障，南距澶州很近，是河北最重要的城镇。定州、镇州、天雄军，成为宋朝防御辽军南下的三道防线。

在宋太宗时代，根据何承矩的建议，在河北北部疏浚沼泽水塘，将水面连通，形成可以防阻骑兵逾越的水险，其旁置寨、铺，可供民耕。到了宋真宗时代，又加以扩大。景德元年（1004年）正月，北面都钤辖阎承翰提出："请自嘉山东引唐河三十二里至定州，酾而为渠，直蒲阴县东六十二里，会沙河，经边吴泊入界河，可行舟楫，不唯易致资粮，兼可播种其旁，且设险以限戎马。"宋真宗"从之"，采纳了此建议。同年四月，宋真宗对宰臣说："朕阅顺安、静戎军所上《营田河道图》，参验前后奏牍，多有异同。昨自顺安界筑堰聚水，迄今犹未至静戎，地形高仰，恐劳而无功。近王能又言，此河之北有古河道，由静戎抵顺安，岁或多雨，亦可行舟楫，欲兴工开导之。"并诏阁门祗候郭盛等人"乘传与长吏经度以闻"。不久，何承矩又上言，称"乾宁军西北有古河渠抵雄州，可疏通，漕则不复入界河，免戎人邀击之患。"不过这种沟洫会为敌人所"堙塞"，宋真宗也说"此险亦不足恃"，"若群寇犯边，须别为备御"。①

威虏军、莫州并言辽军"自鉴城川抵涿州，声言修平塞军及故城容城"。这个消息未必属实，宋真宗说："敌骑利野战，缮完城堡，或非其意。即诏边臣谨斥候……令威虏、静戎、顺安军，北平寨、保州严兵应援，仍广开方田以拒戎骑。"②景德元年八月，宋真宗"诏北面缘边州军部署等，不得辄离屯所迎送使命……虑其忽被侵轶"。③说明宋真宗对辽军南下十分警惕。

宋真宗从宋太宗二次北伐只由枢密院决定，中书省一无所知的事实中吸取了教训，要改变这种不正常的做法。景德元年八月，他对中书门下平章事毕士安、寇准说："军旅之事，虽属枢密院，然中书总文武大政，号令倾以出。向者李沆或有所见，往往别具机宜。卿等当详阅边奏，共参利害，勿以事属于

---

① 《续资治通鉴长编》卷56《真宗》景德元年，中华书局排印本，第1228、1234—1235页。

② 同上书，第1226页。

③ 《续资治通鉴长编》卷57《真宗》景德元年，中华书局排印本，第1256页。

枢密院而有所隐也。"因此,宋真宗"每得边奏,必先送中书"。①

在澶渊之战以前的数年中,小股辽军不断南下,多属于游骑。其主要目的是为了刺探宋军的部署和相关的军事设施,如沼泽水险、关隘城堡、道路交通的分布。景德元年八月间,"契丹多纵游骑剽掠深、祁间,小不利即引去,徜徉无斗志"。这些游骑深入到河北路定州、镇州以南地区活动,显然是出于了解宋朝军情的考虑。不过宋朝人对此却缺乏深刻的认识,寇准表示说:"是狃我也。愿朝廷练帅领,简骁锐,分据要害地以备之。"②"狃"是指因袭而言,他认为这是辽朝人的老一套,对其用意缺乏深刻认识,不过他要朝廷分据要害做防敌的准备,还是正确的。

寇准当时是任中书门下平章事,并不主兵事,主兵事的是枢密使王继英,军事调动大权在王继英手中。"遣使分诣河北、河东集强壮,借库兵给粮训练,非缘边即分番迭敦,敌骑入寇,悉入守城、寇退放营农。"③这种做法虽好,然而时不可待,九月间辽军即大举南下了。

辽军行动路线是:先从南京城出发,沿桑干河南行到达固安(今河北固安县),固安为辽涿州属县。自固安转向西南行,进入北宋境内的唐兴(今河北安新县东南),这里称唐兴砦,守军不多,"辽师与宋兵战于唐兴,大破之"。辽军破唐兴砦以后,向西进军到达遂城(今河北徐水县),"萧挞凛与宋军战于遂城",大败宋军,然后转向西南进军,到达了望都(今河北保定市西南望都县)。在望都没有停留,折而转向东南,到达瀛州(今河北河间市),在"攻瀛州不克"以后,马上转向定州和祁州。由于定州宋军有备,屯兵比较多,辽军轻骑为宋军所击,攻城困难,遂改攻祁州。祁州原是定州下属的蒲阴镇,景德元年改为州治,城防未备,很快被辽军攻克。辽军由祁州直抵洺州。洺州守军出城截击,然而被辽将耶律课里击退。辽军继续南下,随即攻破了德清军(今河南濮阳市清丰县),很快就到达了澶渊(即澶州北城,在当时的黄河北岸)。

---

① 《续资治通鉴长编》卷57《真宗》景德元年,中华书局排印本,第1257页。

② 同上书,第1251—1252页。

③ 同上书,第1155页。

　　辽军南下的路线，是经过仔细选择的。它尽量避开守军比较多、城防比较强的城镇，遇到反抗比较强的城镇（如定州），不作强攻围剿，以避免持久战，既减少伤亡，节省了粮草，又不至于耽搁时日，以争取早日到达澶渊。澶渊是宋代的渡口，便于渡过黄河。在黄河南岸距澶渊南城不太远的地方，便是北宋京师开封城。辽军此次南伐的目的，很可能是要攻占开封城，颠覆北宋政权。由于事先辽朝游骑多次南下，实地了解了宋朝军事部署和道路交通，故而其南下行军的速度非常迅速，没有遇到太大的战斗就到达了澶渊北城。

六 宋真宗澶渊亲征

景德元年八月，在辽朝尚未动兵南伐之前，宋真宗已得到了辽军南伐的消息，他庄严地表示要御驾亲征。他对辅臣说："累得边奏，契丹已谋南侵。国家重兵多在河北，敌不可狃，朕当亲征决胜，卿等共议，何时可以进发。"

朝廷重臣对此看法不尽相同。毕士安等人认为："陛下已命将出师，委任责成可也。必若戎辂亲行，宜且驻跸澶渊。然澶渊郛郭非广，久聚大众，深恐不易。况冬候犹远，顺动之事，更望徐图。"寇准的意见是："大兵在外，须劳圣驾暂幸澶渊，进发之期，不可稽缓。"枢密使王继英等人则认为："禁围重兵，多在河北，所宜顺动以壮兵威，仍督诸路进军，临事得以裁制，然不可更越澶州，庶合机宜。所宜进发，尤宜缓图。若遽至澶州，必不可久驻。"[①]

这三位朝廷重臣的意见，颇有不同。毕士安以种种借口，如"已命将出师"、"澶渊郛郭非广"、"深恐不易"，反对宋真宗亲征；如果必须亲征，驻跸澶渊即可，至于起驾的时间可以晚时候考虑。王继英的意见是，为了鼓舞士气，"以壮兵威"，皇帝需要亲征，最远只能达到澶州为止。他赞成毕士安的意见，皇帝亲征的时间"尤宜缓图"，在澶州停留的时间越短越好，目的显然是考虑到皇帝的人身安全。寇准认为皇帝必须亲征，进发的时间越早越好。显然他认为皇帝能否亲征，关系到辽宋战争的成功与失败。

天雄军节度使王显（后任河阳三城节度使）疏称："大军方在镇、定，

① 《续资治通鉴长编》卷57《真宗》景德元年，中华书局排印本，第1256—1257页。

敌必未敢引众南侵，若车驾亲征，望且驻跸澶渊，诏镇、定出军会河南大军合势攻杀。或契丹主与其母萧氏虚张形势，以抗我师，潜遣锐兵南下，迫河与驾前诸军对敌，即望令镇、定亡师，直趋彼帐，致其营寨，则缘河游兵自退，所谓不战而屈人兵也。或分遣骑兵千、步兵三千于濮阳渡河，横掠澶州，继以大军追北掩敌，此亦出其不意也。"①王显认为皇帝亲征，只能驻跸澶渊，也是出于安全的考虑。他有些过于乐观，轻视了辽军的战斗力，使其不战自退。实际并非如此。宋真宗在澶渊之战以前将王显调离天雄军，恐怕是有原因的，认为他不宜担任天雄军的统帅。

不过宋朝廷内部有些大臣对辽军南下有恐惧心理，极力主张宋真宗应当离开京师到外地避难。参知政事王钦若"以寇深人，密言于上，请幸金陵；签书枢密院事陈亮叟请幸成都。"王钦若是金陵（今江苏南京）人，陈亮叟是成都人，他们各打自己的小算盘，如果宋真宗采纳了他们的意见，到金陵或成都避难，他们便会摇身变成佐命功臣，得到宋真宗的重用。

寇准对王钦若、陈尧叟的用意十分清楚，不过他佯作不知，当着宋真宗和王钦若、陈尧叟之面严肃地指出："谁为陛下划此策者，罪可斩也。今天子神武，而将帅协和，若车驾亲征，彼自当遁去，不然，则出奇以挠其谋，坚守以老其众。劳逸之势，我得胜算矣，奈何要委弃宗社，远之楚、蜀耶!"宋真宗听了寇准的这番坚定之言，只好改变了外逃避难的主意，决意御驾亲征。②王钦若为人"多智"，诡计多端，为了防止他再游说宋真宗"南幸"，寇准推荐王钦若判天雄军府兼都部署、提举河北转运司，使他离开了京师。

景德元年十一月庚午，宋真宗车驾开始北巡。辛未，次长垣县（今河南长垣县）。壬申，次韦城县（今河南滑县东南）。这时，辽师攻打天雄军，战斗非常激烈，守城士兵大量伤亡，"存者什三四"，辽师乘胜攻克了德清军（今河南清丰县），知军张旦及其子利涉等十四人战死。消息传来，扈从的群臣中又有人提出"以金陵之谋"，告诉宋真宗"宜且避其锐者，上意稍惑"，宋真宗对于御驾亲征又开始动摇起来。他召寇准前来询问："南巡何如?"寇

① 《续资治通鉴长编》卷57《真宗》景德元年，中华书局排印本，第1259页。
② 《续资治通鉴长编》卷57《真宗》景德元年，中华书局排印本，第1267页。

准坚定地回答说："群臣怯懦无知，不异于乡老妇人之言。今寇已迫近，四方危心，陛下唯可进尺，不可以退寸。河北诸军，日夜望銮舆至，士气当百倍。若回銮数步，则万众瓦解，敌乘其势，金陵亦不可得而至矣。"宋真宗对寇准之言，仍半信半疑，"上意未决"。寇准临出之际，遇到殿前都指挥使高琼在门屏间，他带高琼复入，立庭下。寇准说："陛下不以臣言为然，何试问琼等。"寇准遂申前意，词气慷慨。他义正词严，深深感动了高琼，高琼奏曰："寇准言是"，又补充说，"随驾军士父母妻子尽在京师，必不肯弃而南行，中道即亡去耳。愿陛下亟幸澶州，臣等效死，敌不尽破"。寇准又言："机会不可失，宜趋驾。"宋真宗见王应昌在侧，以目顾之，王应昌亦言："陛下奉将无过，所向必克，若逗留不进，恐敌势益张。或且驻跸河南，发诏督王超等进军，寇当自退矣。"经过寇准、高琼、王应昌三人的劝说以后，宋真宗"意遂决"，前往澶州。

甲戌"晨发"韦城，"夕至卫南县（今河南滑县东三十公里）"。派翰林侍读学士潘谨修先赴澶州，"诏澶州北寨将帅及知州不得擅离屯所，迎候车驾"。丙子，宋真宗的车驾发卫南，驻守澶州的李继隆称："澶州北城门巷湫隘，望且于南城驻跸。"次日，宋真宗车驾到达澶州南城。寇准固请宋真宗至澶州北城，他说："陛下不过河，则人心危惧，敌气未慑，非所以取威决胜也。"高琼也坚请宋真宗过黄河到北城，他说："陛下若不幸北城，百姓如丧考妣。"这时，签书枢密院事冯拯在旁呵斥高琼，高琼怒责冯拯说："君以文章致位两府，今敌骑充斥如此，犹责琼无礼，君何不赋一诗咏退敌骑耶？"言毕，高琼即指挥卫士"进辇，上遂幸北城。至浮桥，犹驻车未进"，显然宋真宗又有所犹豫。高琼见状，"乃以执挝筑辇夫被"，并说："何不亟行，今已至此，尚何疑焉？"此话提醒了宋真宗，"上乃命进辇，既至，登北城门楼，张黄龙旗，诸军皆呼万岁，声闻数十里，气势百倍，敌相视益怖骇"。[①]这场面充分表明，宋真宗到达澶州北城，确实产生了增士气、振军威的作用。

宋真宗受王钦若等大臣的影响，虽然口头宣称亲征，然而在实际上却多

---

① 以上引文均见《续资治通鉴长编》卷58《真宗》景德元年，中华书局排印本，第1283—1287页。

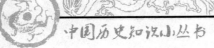

次动摇不定。只是由于寇准的坚定态度，才迫使他不得不前往澶州北城。途中高琼、王应昌态度鲜明，坚决支持寇准的亲征主张，产生了重要的作用。因此，宋真宗的御驾亲征主要归功于寇准的坚定主张。史称："澶渊之幸，力沮众议，竟成隽功，古所谓大臣者，于斯见之。"[①]伟哉斯言。

---

① 《宋史》卷281《寇准传》，中华书局校点本，第9535页。

七 澶渊和议

早在宋太宗时代，张洎就提出宋朝对辽朝的政策是与之通和，"盟誓以固其心"。宋真宗即位之初，钱若水也提出不能与辽战争，即与辽和平相处。他们的言论，对宋真宗无疑都产生了一定的影响。

统和二十一年（宋真宗咸平六年）望都之战，王继忠在康村被辽军重重包围，担负援助任务的王超、桑赞"皆畏缩退师，竟不赴援"，王继忠"且战且行，旁西山而北，至白城，遂陷于契丹"，为辽军所活捉。宋真宗在藩邸之时，王继忠"得给事左右，以谨厚被亲信。即位，补内班崇班，累迁至殿前都虞侯"。①因此，王继忠属于宋真宗的亲信。由于有了这种特殊的关系，王继忠十分了解宋真宗对辽朝的态度，知道宋真宗是被迫与辽军战斗，其真实的愿望是与辽言和。因此，在辽宋战争之际，王继忠能以其特殊的身份，传达宋真宗的真实意图。宋真宗为了利用王继忠传递消息，极力讨好王继忠。"宋以继忠先朝旧臣，每遣使，必有附赐，圣宗许受之。"

统和二十二年，"宋使来聘，遗继忠弧矢、鞭策及求和札子，有曰：'自临大位，爱养黎元。岂欲穷兵，唯思息战。每敕边事，严谕守臣。至于北界人民，不令小有侵扰，众所具悉，尔亦备知。向以知雄州何承矩已布此恳，自后杳无所闻。汝可密言，如许通和，即当别使往请。'"②当时正是辽宋战争进行之际，宋真宗对辽军南下怀有恐惧心理，这从他赴澶渊亲征态度不坚定，屡屡听信"南幸"之言，可以看得很清楚。王钦若、陈尧叟一帮大臣，也是畏

---

① 《宋史》卷279《王继忠传》，中华书局校点本，第9471—9472页

② 《辽史》卷81《王继忠传》，中华书局校点本，第1284页

辽如虎，力主宋真宗"南幸"或"西幸"，逃出开封以求安全。宋军天雄军的重大损失和德清军的失陷，更加重了宋真宗和朝廷中一些大臣的危机感。因此，宋真宗通过王继忠向辽朝议和的要求，在当时是合情合理的。《辽史》的记载来源于《辽实录》，是真实可信的。宋真宗给王继忠的字示，与宋真宗的言行表现是完全一致的，有如合符。

宋朝人的记载，也证明了宋真宗主动向辽朝提出议和。"初，殿前都虞侯、云州观察使王继忠战败，为敌所获，即授以官，稍亲信之，继忠乘间言和好之利。"辽宋和好是关系到国家命运的大事，如果不是宋真宗向他秘密地提出了求和的愿望，王继忠是不敢"乘间言和好之利"的。倡言此事的后果，王继忠比谁都清楚。因为他曾是宋真宗的亲信，而现在是辽朝的官员，取得了双方的信任，对双方，特别是对宋真宗相当了解，而且又是受宋真宗的密托，有文字为证，不会有欺君之罪。

王继忠将辽朝愿意和议的消息反馈给宋真宗，并附有王继忠奏状，称："臣尝念昔岁面辞，亲奉德音，唯以息民止戈为事。况北朝钦闻圣德，愿修旧好，必冀睿慈俯从愚瞽。"宋真宗读了以后，当即对辅臣说："朕念往昔全盛之世，亦以和戎为利。朕初即位，吕端等建议，欲因太宗上僊，命使告讣。次则何承矩请因转战之后，达意边臣。朕以为诚未交通，不可强致。"王继忠从中传达宋真宗之意，则解决了交通(即沟通)困难的问题，把他的和议转达给了对方，王继忠圆满完成了牵线搭桥的作用。不过宋真宗又表示："若屈己安民，特遣使命，遗之货财，斯可也。所虑者，关南之地曾属彼方，以是为词，则必须绝议。"[①]宋真宗对此事还是相当重视，令枢密院选择合适的人充当使者赴辽会谈。枢密使王继英推荐鄜延路走马承受公事曹利用，以阁门祗候、崇仪副使的身份使辽，交涉宋辽和议之事。曹利用到达天雄军以后，曾滞留不前。其原因是北面部署奏报："（辽军）其众犹二十万，侦得其谋，欲乘虚抵贝、冀、天雄军。"天雄军形势危急。王继忠得知曹利用滞留天雄军，"乞自澶州别遣使者至北朝"。当时，宋真宗北上亲征，正在长垣、韦城途中，辽军

① 以上引文均见《续资治通鉴长编》卷58《真宗》景德元年，中华书局排印本，第1280、1283、1288、1290页。

已到达天雄军，以此之故曹利用迟迟不得动身。一直到了天雄军战斗结束，辽军攻克了德清军，进抵澶渊北城，宋真宗也到达了澶渊以后，曹利用才离开天雄军，在契丹寨中拜见了辽圣宗和萧太后，和谈尚无结果，关键是关南之地的去留问题尚未解决，辽朝派左飞龙使韩杞"持国主书与利用俱还"。韩杞与曹利用在行宫中见到了宋真宗和朝廷大臣，辽朝的国书"复以关南故地为请"。宋真宗要求朝廷大臣"请答其书"。大臣们的意见是："关南久属朝廷，不可拟议，或岁给金帛，助其军费，以固欢盟，唯陛下裁度。"宋真宗表示："朕守祖宗基业，不敢失坠。所言归地事极无名，必若要求，朕当决战尔。实念河北居人，重有劳扰，倘以金帛济其不足，朝廷之体，固亦无伤。答其书不必具言，但令曹利用与韩杞口述兹事可也。"

八 澶渊誓书

曹利用赴辽，达成了停战和议，需要双方签订誓书才能生效，具有法律效力。誓书的内容，今全文附后。

宋真宗誓书

维景德元年，岁次甲辰，十二月庚辰朔，七月丙戌。大宋皇帝谨致誓书于契丹皇帝阙下：共遵诚信，虔守欢盟，以风土之宜，助军旅之费，每岁以绢二十万匹，银一十万两，更不差使臣专往北朝，只令三司差人搬送至雄州交割。沿边州军，各守疆界，两地人户，不得交侵。或有盗贼逋逃，彼此无令停匿。至于垄亩稼穑，南北勿纵骚扰。所有两朝城池，并可依旧存守，淘濠完葺，一切如常，即不得创筑城隍，开掘河道。誓书之外，各无所求。必务协同，庶存悠久。自此保安黎献，谨守封陲，质于天地神祇，告于宗庙社稷，子孙共守，传之无穷，有渝此盟，不克享国。昭昭天监，当共殛之。远具披陈，专俟报复，不宣。谨白。

契丹圣宗誓书

维统和二十二年，岁次甲辰，十二月庚辰朔，十二日辛卯。大契丹皇帝谨致书于大宋皇帝阙下：共议戢兵，复论通好，兼承惠顾，特示誓书云："以风土之宜，助军旅之费，每岁以绢二十万匹，银一十万两，更不差使臣专往北朝，只令三司差人搬送至雄州交割。沿边州军，各守疆界，两地人户，不得交侵。或有盗贼逋逃，彼此无得停匿。至于垄亩稼穑，南北勿纵骚扰。所有两朝城池，并可依旧存守，淘濠完葺，一切如常，即不得创筑城隍，开掘河道。誓书之外，各无所求，必务协同，庶存悠久。自此保安黎献，谨守封陲，质于无地神祇，告于宗庙社稷，子孙共守，传之无穷，有渝此盟，不克享国。昭昭天鉴，当共殛之。"某虽不才，敢遵此约，谨告于天地，誓之子孙，苟渝此盟，神明是殛。专具谘述，不宣。谨白。①

澶渊誓书是根据辽朝的要求提出的。史载辽朝派遣王继忠约见曹利用，"虑南朝惑于缘边开移河道，广浚壕堑，别有举动之意。因附利用密奏，请立誓，并乞遣近上使臣持誓书至彼。"②实际上辽朝所担心的是宋朝能否兑现助军之费的诺言，故要求宋朝必立誓书以昭信守。事已至此，宋真宗只好按照辽朝的要求，以皇帝的名义向辽朝立了一份誓书。在接到宋真宗的誓书以后，辽圣宗随之在宋真宗誓书的基础上又增补了三十一字，变成了辽朝的誓书。此外，还有口头协议，辽圣宗称宋真宗为兄，宋真宗称萧太后为叔母。

澶渊誓书属于外交文书，它涉及辽宋双方的重大利益。其中最重要的是宋朝每年都要向辽朝提供"助军之费"的问题。这是辽朝接受和议的首要条件，没有这个条件辽朝就不会与宋朝讲和。辽军已进入宋朝境内，到达澶渊北城，渡河就可以进军开封，这种严峻形势，宋朝的君臣都是很清楚的。故而有人劝宋真宗"南幸"，有人劝宋真宗"西幸"，宋真宗本人也犹豫不决。宋真宗是在形势不利，万不得已的情况下，才答应以绢、银之贡来满足辽朝的要求，让辽朝退师，结束这场战争。战场是在宋朝境内，战争持续的时间越长，给宋朝造成的损失也就越大。这个明显的道理，宋朝君臣都很明白。辽军进入宋朝境内打仗，宋朝却要给辽朝"助军之费"，这个看来是很不合乎情理的事实，反映出辽强宋弱的形势。

宋朝每年都要向辽朝提供绢二十万匹、银十万两，这与附庸国向宗主国朝供方物没有什么不同。不过宋真宗的誓书极力掩饰，称"以风土之宜，助军旅之费"，所谓"风土之宜"即方物的另一种说法，绢、银都变成了"风土之

---

① 宋辽誓书见《续资治通鉴长编》卷58和《契丹国志》卷20，后者删去了"谨白"二字。

② 《续资治通鉴长编》卷58《真宗》景德元年，中华书局排印本，第1291页。

宜"的产物。还有，宋真宗誓书提出，绢、银只送到雄州交割，雄州是宋朝境内缘边的城镇，不差使臣"专往北朝"，极力避免在历史上留下朝贡之嫌，并减少朝内部的种种阻力和非议，例如当曹利用和韩杞至宋真宗"行在议和"，就遭到了寇准的反对，"准初欲勿许，且划策以进"。不过他的意见并没有被宋真宗采纳。

辽朝通过王继忠向宋朝提出了"缘边开移河道，广浚壕堑"的问题，故而宋真宗在誓书中明确说："不得创筑城隍，开掘河道。"显然这是对辽朝疑虑的一种回应。因为宋朝从太宗以来一直到真宗之世，不断疏浚北方邻边河流、湖泊以防御辽朝骑兵南下。看来宋真宗尊重了辽朝的意愿，为了避免辽朝生疑，把这一问题明确写入誓书之中。

宋朝在边界地带修筑了许多城池，如雄州、霸州、威虏军、信安军、北平寨等，而辽朝境内缘边城池比较少。这些城池存在已久，对于宋朝来说，仍怀疑和议以后辽军会有南下的可能，故而在誓书中提出："所有两朝城池，并可依旧存守，淘壕完葺，一切如常。"由于宋境城池多，辽境城池少，故而在誓书中提出"不得创筑城隍"，即不许新建城池。这一点双方都要遵守，不过宋真宗的本意，大概是用以限制辽朝。

辽军骑兵频频南下，长途远征，所携带的粮草用尽以后，常常就地补充，影响当地的"稼穑"，即农业活动。因此，宋真宗在誓书中提出了"至于垄亩稼穑，南北勿纵骚拢"的内容。

至于誓书中"沿边州军，各守疆界，两地人户，不得交侵，或有盗贼逋逃，彼此无令停匿"，是双方必须共同遵守的原则，对双方都有益而无害。遵守这一原则，可以避免边界冲突和纠纷，以维持辽宋和平共处。

宋真宗在誓书中提出："誓书之外，各无所求。"宋朝很担心事后辽朝又以新的借口，来索取各种政治、经济利益，故设此条款加以说明，要求辽朝认真执行誓书所规定的内容。辽圣宗所补充的，只是"孤虽不才，敢遵此约"数语，表明他赞成宋真宗提出的誓书。誓书中有"虔奉欢盟"、"有渝此盟"的字样，因此，后人多将辽宋澶渊和约称作"澶渊之盟"，它简单明确地指出了澶渊和约的性质，今人亦沿用此说。

九 "澶渊之盟"是城下之盟

"城下之盟"典故，出于《左传》，是指在敌国武力渊威胁之下签订的丧权辱国的盟誓。"澶渊之盟"是宋真宗在辽朝大兵入境，包围了澶渊北城的情况下，被迫无奈签订的和约。根据澶渊和议，宋朝每年都必须向辽朝贡纳三十万匹、两的绢、银。宋真宗在誓书中称之为"助军旅之费"，辽军并没有帮助宋朝打仗，哪会有什么"助军旅之费"，实际上它是战争赔款，与近代清朝政府向西方列强提供战争赔款在性质上是相同的。因此，当时的宋朝官员将".澶渊之盟"视为城下之盟，是有一定道理的。

在"澶渊之盟"签订不久，景德三年二月，王钦若即提出"澶渊之盟"是城下之盟。他对宋真宗说："城下之盟，虽春秋小国犹耻之，今以万乘之贵而为澶渊之举，是盟于城下也，其何耻如之。"①王钦若的这种说法，还有另一种版本："澶渊之役，准以陛下为孤注，与虏搏耳。苟非胜虏，则为虏所胜，非为陛下画万全计也。且城下之盟，古人耻之。今虏众悖逆，侵逼畿甸，准为宰相，不能殄灭凶丑，卒为城下之盟以免，又足称乎？"②两种版本文字略有不同，是当时不同的人记录的结果，不过王钦若和司马光都认为"澶渊之盟"是城下之盟却千真万确，不会有误。

王钦若是宋真宗时代的重臣，在"澶渊之盟"前后，曾以参知政事判天雄军，提举河北转运司，资政殿大学士，判尚书都省。他提出的城下之盟的言论，既是他个人的言论，同时也代表了当时朝廷内外相当一部分人的看法。

---

① 《续资治通鉴长编》卷62《真宗》景德三年，中华书局排印本，第1389页。

② 见司马光《涑水记闻》。

宋朝人认为"澶渊之盟"是屈辱的城下之盟,从皇帝实录的篡改上也看得很清楚。南宋初年著名的史学家李焘(1115—1184年)在整理北宋皇帝实录时,惊奇地发现"澶渊之盟"的誓书,"不知真宗实录,何故不载"。后来在仁宗实录庆历二年九月乙丑,却找到了澶渊誓书,不过有些文字作了改动,与原文不完全相同。[①]实录,顾名思义,是当时的史官如实地记录每日所发生的重大事件。澶渊誓书是关系到宋朝的重大历史事件,在真宗实录中为何被删除?显然负责实录的史官认为此事是奇耻大辱,不应记入实录供后人观看。这是一种为尊者(宋真宗)之避讳的手法,严重违背了实录的宗旨和原则。

宋仁宗实录虽然收录了澶渊誓书,然而对其中的重要文字进行了修改。宋真宗誓书在先,其所署的时间是十二月七日;辽圣宗誓书在后,所署的时间是十二月十二日。然而被收入仁宗实录的辽圣宗誓书,却被改为十二月七日,即与宋真宗誓书同日。为什么要作此改动呢?宋真宗誓书在先,证明了宋真宗积极主动地签署誓书,与他最先提出和议主张是一致的;将辽圣宗誓书签署的时间改为与宋真宗同日,则表明誓书的签署无先无后,是同时签署的。然而通读两份誓书以后会发现,辽誓书是在宋誓书的基础上补充若干文字形成的。篡改实录文字,是属于作伪的行为,而且这种作伪的手法并不高明,很容易被人识破。

还有,原宋、辽誓书上有南、北朝的称呼,在仁宗实录中南、北朝的称谓被删掉。据载,"始,通和所致书,皆以南、北朝冠国号之上。将作监丞王曾言:'是与之亢立,失孰甚焉,愿如其国号契丹足矣。'上嘉纳之,然事已行,不必改"。[②]王曾之言是说,辽朝不能与宋朝并立,更不能高在宋朝之上,因为在宋朝官员的口中和奏疏中,契丹被斥之为"戎敌"、"寇戎"、"戎狄"、"夷狄",自然不能与宋朝并列,南朝、北朝的称谓等于提高了契丹的地位,使其更加嚣张。王曾的说法取得了宋真宗的赞成,后悔不该如此。对于实录中已记载的文字,一般的史官是不能改动的,只有得到皇帝的御准,才能进行改动。因此,仁宗实录中对澶渊誓书若干文字的改动,要么是出于宋真宗

---

① 《续资治通鉴长编》卷58《真宗》景德元年,中华书局排印本,第1299—1300页。
② 同上书,第1299页。

的本意，要么是出于宋仁宗的圣旨。不管是出于谁的旨意，都可以看出宋朝君臣对澶渊誓书有屈辱之感。不过虽然删掉了誓书开头的北朝二字，正文中仍保留了北朝字样，并没有完全删净。改动文字的用意，显然是用以贬低契丹，实际上却是弄巧成拙贬低了宋朝自己，人们不禁要问：宋真宗身为大国之君，为什么屈己向契丹求和？为什么要向契丹提供"助军旅之费"？

修改实录，是真正的篡改历史，它本来就不是一种光明正大的行为。至于修改实录的后果，却是他们没有想到的，给后人留下了篡改历史的罪名。

有人认为，"澶渊之盟"是辽将萧挞凛在澶渊北墙视察宋军阵地被伏弩击中而死以后，北宋在战而胜之的条件下签订的平等协议。仔细审视当时的文献记载，事实并非如此。据宋朝人记载，景德元年闰九月"契丹主与其母举国入寇"，《辽史》记载，统和二十二年闰九月"南伐"，在时间上是一致的。在闰九月间，忠实于宋朝的降将王继忠与宋真宗就有了和谈的接触，宋真宗表达了愿意和谈的愿望，向王继忠下诏说："朕丕承大宝，抚育群民，常思息战以安人，岂欲穷兵而黩武。今览封疏，深嘉恳诚……倘谐偃革，亦协素怀。诏到日，卿可密达兹意，共议事宜，果有审实之言，即附边臣闻奏。"①到了十月间，王继忠与宋真宗的接触更加深入。王继忠言："契丹已领兵攻围瀛州，盖关南乃其旧疆，（宋朝）恐难固守，乞早遣使议和好。"宋真宗谓辅臣曰："瀛州素有备，非所忧也。欲先遣使，固亦无损。乃复赐继忠手诏，许焉。"②宋真宗已明确表示可以"议和好"。萧挞凛误中伏弩，是在十一月甲戌以后。史载景德元年十一月甲戌，"契丹既陷德清，是日率众抵澶州北，直犯大阵，围合三面，轻骑由西北面突进……弩潜发，挞凛中额殒"。③这说明早在萧挞凛十一月甲戌中伏弩以前的九、十月间，即辽军刚刚南下的时候，辽宋和好的密谈就开始了，宋真宗明确表示可以遣使与辽朝议"和好"。当时萧挞凛还健在，指挥战斗，不知宋朝战而胜之，又是指何而言。这种毫无史实根据的说法，岂能令人信服！

---

① 《续资治通鉴长编》卷57《真宗》景德元年，中华书局排印本，第1269页。

② 《续资治通鉴长编》卷58《真宗》景德元年，中华书局排印本，第1278页。

③ 同上书，第1286页。

　　其实这场战争直到最后结束，也看不出北宋战胜了辽朝。在战争中将士的死亡是常有的事情，一个将领的死亡不能代表战争的胜负，何况萧挞凛是误中伏弩，不是死于战斗之际。能够表明战争最后胜负的，是战争结束以后双方所承担的责任。辽军是进入宋朝境内讨伐战斗，战后撤离宋境不能算作失败；而宋朝每年要向辽朝贡纳三十万匹、两绢、银，则是其战争失败所要承担的责任。宋朝非常忌讳贡纳的字样，把它说成是"助军旅之费"。辽朝是宋朝的敌人，宋朝最后要向辽朝提供"助军旅之费"，其实是支付战争赔款。仅凭这一铁的事实，就可以知道在澶渊之战中，到底是谁胜谁负了。

　　"澶渊之盟"对宋朝来说是城下之盟，不仅宋朝当时就有这种看法，时至今日许多史学家也持这种认识，例如漆侠就指出，对于宋朝来说"澶渊之盟"是"一个屈辱的城下之盟"。这是最有代表性的说法，类似的看法很多，服于篇幅，不能一一具引了。

十 "澶渊之盟"的作用及影响

"澶渊之盟"对宋朝来说是城下之盟，不过它结束了中原地区的战乱，出现了稳定的和平局面，对于这一点也要给予充分肯定。自五代以来，中原地区战争不断，辽朝也侧身其间，更增加了战争的复杂性。北宋建立以后，南北战争也未能停止。宋太宗两次北伐都以失败告终，辽朝欲收回关南之地，又南下伐宋，引发了澶渊之战。这些不断的战争，对辽、对宋都产生了负面的影响，由于战场是在华北平原上，因而对中原地区，特别是对宋朝境内破坏尤其严重。居民流离失所，大片土地荒芜，百姓饱受战争之苦，迫切要求结束战争，恢复和平的生活。"澶渊之盟"的重大贡献是结束了长期的战争，出现了和平的局面。它符合社会发展的要求，也满足了广大百姓的渴望。

宋朝受战争的危害最大，因此，特别珍惜这来之不易的和平。在"澶渊之盟"签订以后不久，辽军便撤离宋朝境内。当时有一些宋将提出"邀其归路，以精锐追蹑，腹背夹攻"，来打击撤退中的辽军。宋真宗拒绝了这种要求，他指出："河朔人民无日休息，况求结欢盟，已议俞允，若彼自渝盟约，复举干戈，因而誓众，中外同愤，使其覆亡，谅亦未晚。"杨延朗又提出："愿饬诸军扼要路掩杀，其兵歼，则幽、易可袭取也。"[1]其建议亦未被采纳。宋真宗之意是：既签订了和平协议，就应当遵守，不能够破坏。宋真宗从宋朝国家利益考虑，不赞成乘辽退师之机邀击是正确的。如果真的邀击辽军，则战争烽火又起，受害的仍是宋朝百姓，宋朝便会永无宁日。

---

[1] 《续资治通鉴长编》卷58《真宗》景德元年，中华书局排印本，第1296—1297页。

宋真宗要求将《澶渊誓书》抄成副本，"颁河北、河东诸州"，让这些地方知道和约的内容，严格地遵守照办。为了改善两国关系，又"改威虏曰广信，静戎曰安肃，破虏曰信安，平戎曰保定，宁边曰永定，定远曰永静，定羌曰保德，平远城曰肃宁"。①将这些具有污辱性的军号改为和平性的军号，显示了宋朝和好的诚意，避免刺激辽朝，引起不必要的纠纷。

过去有人怀疑，宋朝每年向辽提供银、绢三十万两、匹，势必会加重百姓的负担。实际上并非如此。过去百姓最重的负担是军费军役，"澶渊之盟"以后，由于结束了战争，百姓的负担减少了许多。大中祥符元年（1008年），时任中书侍郎兼刑部尚书的王旦算了一笔账，他指出："国家纳契丹和好以来，河朔生灵方获安堵，虽每岁赠遗，较于用兵之费不及百分之一。"②宋仁宗庆历年间（1041—1048年）担任枢密副使的富弼也认为，"澶渊之盟"签订以后，"自此河湟百姓，凡四十年不识干戈。岁遗差优，然不足以当用兵之费百一二焉，则知澶渊之盟，未为失策"。③如果他们所说的都准确属实的话，那么，"澶渊之盟"签订以后，宋朝百姓的军费负担减少了98%—99%，这是一个很大的数字。军费负担的减轻不仅减少了百姓的负担，也促使百姓安居乐业，为国家创造出更多的财富。宋真宗以后，宋朝经济文化的繁荣，与"澶渊之盟"所创造的和平局面有直接的关系。

"澶渊之盟"对辽、宋双方都是有利的，因此，辽、宋双方都努力维护"澶渊之盟"，使之能长久保持下去。为了做到这一点，双方不断派遣使臣往来，以增进友好。每逢正旦（农历正月初一）、帝后生辰、帝后之丧，双方都要派使臣祝贺或吊唁。辽朝帝后的生辰都称作节日，辽圣宗的生辰称千龄节，其皇后的生辰称顺天节。辽兴宗的生辰称永寿节，其生母皇太后的生辰称应圣节。辽道宗的生辰称天安节。每逢辽朝皇帝、皇后、皇太后的生辰，宋朝都派遣使臣前来祝贺；皇帝、皇后、皇太后之丧，则派遣使臣吊唁。在"澶渊之盟"的次年，统和二十三年十二月，宋朝首次派遣周渐赴辽，祝贺千龄节。统

① 《续资治通鉴长编》卷58《真宗》景德元年，中华书局排印本，第1301页。

② 《续资治通鉴长编》卷70《真宗》大祥符元年，中华书局排印本，第1578页。

③ 《续资治通鉴长编》卷150《仁宗一》庆历四年，中华书局排印本，第3640页。

和二十七年十二月萧太后驾崩以后，第二年二月宋朝派遣王随、王儒赴辽"吊祭"。此后宋朝使臣赴辽的记载不绝于史。辽圣宗驾崩以后，宋朝派遣王随、曹仪赴辽"致祭"。辽朝派遣高德顺、李可封将辽圣宗遗物献给宋朝，以表示感谢，又派遣耶律逊、马惮"充皇太后谢宋使"，又派耶律元载、魏永"充皇帝谢宋使"。重熙二年十二月，宋朝派遣刘宝、王继凝使辽，祝贺应圣节；又派遣章频等六人使辽，祝贺永寿节及来年正旦。

派遣使臣是对等的，辽朝也不断向宋朝派遣使臣。其中以贺正旦使臣最多，帝后的生辰也派遣使臣祝贺。遇有帝后之丧，也同样派使臣赴宋致祭。

宋朝的许多名臣都曾使辽，在来往途中撰写了记载其见闻的文字，史称《语录》。这些《语录》有的已传留下来，如路振的《乘轺录》，王曾的《上契丹事》，薛映的《辽中境界》，宋绶的《契丹风俗》，沈括的《熙宁使虏图抄》。这些语录见证了"澶渊之盟"以后的辽、宋关系，记录了辽朝境内的风俗人情，对于研究辽、宋关系史提供了重要的历史资料。

【第九章】

萧太后与辽中京

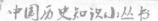

辽朝建有五京。辽太祖神册三年（918年）初建皇都，天显十三年（937年）改名为上京。其故址犹存，在今内蒙古巴林左旗林东镇南，蒙语称波罗城，义为紫城。天显元年（926年）辽太祖灭亡渤海国，改渤海为东丹国，以皇太子耶律倍（图欲）为人皇王主持东丹国。神册四年（919年）修葺辽阳故城，天显三年（928年）将东丹国都城迁到辽阳，改称南京。会同元年（938年）石敬瑭将燕云十六州献给辽太宗，辽太宗改皇都为上京，升幽州为南京，改南京辽阳为东京。于是，上京、东京、南京合称三京，故《辽史》中常见有三京的记载。① "澶渊之盟"以后，统和二十五年（1007年），建中京城，故址为今内蒙古宁城县大明城。重熙十三年（1017年）辽兴宗改云州为西京，至此形成五京之制，有首都、陪都之别。辽初以上京为首都，辽代中期以后以中京为首都。

一 辽中京建于奚王旧地

《辽史》载："统和二十四年，五帐院进故奚王牙帐地。二十五年，城之……号曰中京，府曰大定。"② 奚族原有五部，所谓五帐院是奚王府管理五部奚人的机构，即奚王府的别称。牙帐是指军帅所居的营帐而言，奚王在名义上是五部奚人的最高统帅，故奚王所居亦称牙帐。

辽中京原是奚王牙帐旧地，五帐院将此地进献辽圣宗修建中京城，说明奚王牙帐已迁离此地，移往别处。史称："圣宗尝过七金山土河之滨，南望云

---

① 《辽史》卷10《圣宗一》："下诏谕三京左右相、左右平章事"；卷13《圣宗四》："蠲三京及诸州税赋。"

② 《辽史》卷39《地理志三》，中华书局校点本，第481—482页。

气，有郛郭楼阙之状，因议建都。"①可知这里的地理环境良好，奚王在此建牙帐，辽圣宗在此修建中京，均与这里环境有关。那么，向辽圣宗献地的奚王是谁？献地以后的奚王又迁移到何方？都是与辽中京有关的重要问题，需要认真研究探索。

奚原称库莫奚（《新唐书》误作库真奚），在隋代改称奚，"其先东部胡宇文之别种"，与契丹是"异种同类"。后为前燕慕容元真（即慕容皝）所破，"遗落者窜匿松漠之间"。②这里的"漠"不是指沙漠，而是指广阔貌，唐罗隐诗："漠漠看无际，萧萧别有声。"松漠是指今围场县、克什克腾旗、喀喇沁旗、赤峰市郊、翁牛特旗境内的原始森林，古代有平地森林之称。③

《隋书》仍称奚、契丹居住在松漠之间，《旧唐书》、《新唐书》称奚"东接契丹，西接突厥，南拒白狼河，北至霫国……多依土护真水"。④白狼水为今大凌河，土河为今老哈河。由此可知唐代的奚族大体上居住在西拉木伦河（潢河）以南，大凌河（白狼河）以北地区。《五代会要》称，奚族有五姓（按：即五部），一曰阿荟部，二曰啜米部，三曰奥质部，四曰奴皆部，五曰黑讫支部。原居阴凉川，后徙琵琶川，"在幽州东北数百里，出古北口"。⑤阴凉川，今称阴凉河，为老哈河左岸支流，流经了今赤峰市区，先与英金河会合，后东流注入老哈河。琵琶川古称榆河，为大凌河上源，出自凌源县西。据此可知，五代时奚族居住在北起阴凉河，南到大凌河，以老哈河流域为重心的地区，即今河北承德市北部、内蒙古赤峰市南部、辽宁朝阳市西部。从幽州北上，过了燕山古北口，就进入奚族的居住地。

奚族、契丹族出现之初，奚族要比契丹族强大。故《魏书》、《北史》在记载他们时，都把奚族列在契丹族之前。《隋书》的记载，也是奚族在前，契丹族在后。史家的这种排列次序，反映出了奚族的势力大于契丹族。到了

---

① 《辽史》卷39《地理志三》，中华书局校点本，第481—482页。

② 《魏书》卷100《库莫奚传》、《契丹传》，中华书局校点本，第2222—2223页。又见《北史》卷94《奚》、《契丹》，中华书局校点本，第3126—3127页。

③ 景爱：《平地松林的变迁与西拉木伦河上游的沙漠化》，载《中国历史地理论丛》1988年第4期。

④ 《新唐书》卷219《北狄传》，中华书局校点本，第6173页。

⑤ 《五代会要》卷28《奚》，上海古籍出版社精装排印本，第452页。

唐代后期，契丹族强大起来。史载："咸通中，其王习尔之再遣使者入朝，部落寝强。习尔之死，族人钦德嗣。光启时，方天下盗兴，北疆多故，乃抄奚、室韦，小小部种皆役服之。""是后契丹方强，奚不敢抏，而举部役属。虏政奇，奚怨之，其酋去诸引别部内附，保妫州北山，遂为东、西奚。"①去诸西迁，发生在阿保机时代。"自天祐初，契丹兵力渐盛，室韦、奚、霫皆受制焉。故奚之部族为契丹代守边土，暨虏人虐其首领，去诸怨之，以别部内附，徙于妫州，依北山而居，渐至数千帐，故有东、西奚之号。"②奚族原有五部，去诸所率领的"别部"，当是在五部以外另组织的奚族人，徙居妫州北山者的西奚人数，不及仍居原地的东奚，东奚的居住范围和人口更大、更多。今北京延庆县所发现的洞穴遗址古崖居，即西奚的居住址，③有人称之为燕王家族阴宅，是毫无根据的臆说。

在辽太祖时代，奚王之下辖有五帐六部。"帐"指族帐，五帐即五部，这五部是遥里部、伯德部、奥里部、梅只部、楚里部。天赞二年（923年），"有东扒里厮胡损者，恃险坚壁于箭笴山以拒命、揶揄曰：'大军何能为，我当饮堕瑰门下矣！'辽太祖率兵攻灭了胡损为首的奚族"，"以奚府给役户，并括诸部隐丁，收合流散，置堕瑰部，因堕瑰之语为名，遂号六部奚"。④

实际上这六部是奚王直属的部落，此外还有不属于奚王直属的部落，计有：

迭剌迭达部，"本鲜质可汗所俘奚七百户，太祖即位，以为十四石烈，置为部。隶南府，节度使属西南路招讨司，戍黑山北，部民居庆州南"；

乙室奥隗部，"神册六年，太祖以所俘奚户置。隶南府，节度使属东北路兵马司"；

楮转奥隗部，"太祖以奚户置。隶南府，节度使属东京都部署司"。⑤

---

① 《新唐书》卷219《北狄传》，中华书局校点本，第6172、6175—6176页。

② 同上。

③ 赵其昌：《北京延庆县古崖居——西奚遗址之探讨》，载《北京文博》2002年第2期。

④ 《辽史》卷33《营卫志下》，中华书局校点本，第387页。

⑤ 同上书，第388页。

迭剌、乙室、楮特都是契丹部落，而上述三部分别冠有迭剌、乙室、楮特之名，说明都是奚人与契丹人合编的部落，奚人部落中将契丹人混编在其中，显然是通过契丹人来监视奚人的动向，防止奚人反叛。

到了辽圣宗时代，奚人部落又有所变化。辽圣宗"合奥里、梅只、堕瑰三部为一；特置二剋部以足六部之数"。《辽史·国语解》称："三剋，统军官，犹云三帅也。"①二剋之意同此。辽圣宗时代的六部，仍是奚王直接管辖的六部。除此以外，又出现了新部。《辽史·营卫志》载："奚有三营：曰撒里葛，曰窈爪，曰耨碗爪。太祖伐奚，乞降，愿为著帐子弟，籍于宫分，皆设夷离堇。圣宗各置为部，改设节度使，皆隶南府，以备畋猎之役。"②这新建的三部是从宫分的著帐子弟改编而来，不过仍是为帝后服务，供狩猎时驱使。

这新建三部的居住地是：撒里葛部"居泽州东"。泽州属中京道，军号为广济军，下属神山县、滦河县，境内有松亭关、神山、九宫岭、石子岭、滦河、撒河。泽州驻于神山县，其故址为今河北平泉县城南之会州城。③神山今称大黑山，神山县即以此得名；滦河今仍其名，撒河为今瀑河；九宫岭在今宽城县；石子岭在今平泉县；松亭关在今迁西县。

窈爪部"居潭州南"。潭州亦属中京道，军号为广润军，"本中京之龙山县，开泰中置州"。潭州下辖龙山县，开泰二年以习家寨置县。潭州故址在今辽宁喀喇沁左翼蒙古自治县之南。耨碗爪部，"节度使属东京道都部署司"，其驻地不详，待考。

从以上记载来看，辽代的东奚（奚族的主体）主要聚居在当时的中京道境内；少部分散居在中京道以外地区，例如迭剌迭达部"居庆州南"，庆州属上京道，在今内蒙古巴林右旗，"庆州南"相当于今日的巴林右旗西部和林西县。

西部奚最初脱离了辽朝的统治，在妫水流域的山区以射猎为生，兼营农

---

① 《辽史》卷116《国语解》，中华书局校点本，第1537页。

② 《辽史》卷33《营卫志下》，中华书局校点本，第388页。

③ 刘子龙、张翠荣、李建：《平泉会州城略考》，载刘子龙主编《平泉辽文化》，辽宁民族出版社2008年版，第132—145页。

业，与镇守幽州的刘守光有往来。后来，后晋高祖石敬瑭将幽云之地割让给辽太宗，西奚又陷入辽朝的统治，仍居住于妫水流域。"其后不复见于中国"，可能已被当地其他民族所融合。

奚族人原是游牧民族，不过很早就学会了农业耕种，随之走向定居。奚王居住在哪里？史书中缺乏明确记载，关于奚王的遗迹遗物为寻找奚王的住址提供了重要线索。

1974年秋，在内蒙古宁城县金沟乡喇嘛沟门村曹家房后出土了著名的《大王记结亲事碑》。[①]此碑刻于天赞二年（923年）五月十五日，是目前所见时代最早的辽碑。它以奚大王的口气，记述了结亲事的经过和聘礼的情况。史载天赞二年三月，"军于箭笴山，讨叛奚胡损，获之，射以鬼箭。诛其党三百人，沉之狗河。置奚堕瑰部，以勃鲁恩权总其事"。[②]所谓"以勃鲁恩权总其事"，就是由勃鲁恩主持奚六部之事，勃鲁恩成为奚王。碑文中的大王应即勃鲁恩。

此碑就其性质而言，不是墓碑，而是属于记事碑。当时出土石碑二通，一通刻有文字，另一通未刻文字，其规格完全一致，碑顶抹圆，碑下部有梯形石榫，应有碑座。出土时二碑均平放在地表以下0.5米的熟土中，显然是有人为了保护此碑而特意埋入地下。此碑长1米，宽0.35米，厚0.11米，很沉重，不易搬运。石碑出土的地方，应是它原来放置的场所。

石碑出土的喇嘛沟门村，位于坤都伦河北岸，坤都伦河是老哈河的左岸支流。这一带是水草丰美之地，喇嘛沟门以南约10公里，即为著名的热水汤温泉，是天然的大浴场。受温泉的影响，这里牧草返青比别处早，枯萎的时间要比别处晚，是最理想的天然牧场，也适于耕种。热水汤温泉至今仍是一处天然浴场，可以供奚王沐浴健身。因此，包括喇嘛沟门村在内的温泉四周，成为奚王居住的最佳选择，奚王勃鲁恩的牙帐即设在这里，管理奚王事务的奚王府也应当设在这里。《大王记结亲事碑》的出土地，即应为奚王牙帐所在和奚王府

---

① 李义：《辽代奚"大王记结亲事"碑》，载《辽金西夏史研究》，天津古籍出版社1997年版，第244—251页。

② 《辽史》卷2《太祖下》，中华书局校点本，第18页。

所在的地方。

第二处与奚王有关的遗迹，是河北平泉县的奚王避暑庄。奚王避暑庄在平泉县杨树岭镇铅南沟，西距平泉县城约20公里。遗址在南北走向的两山之间，其东部有青龙河的一条支流，今为季节性河流，辽代应为常年流水的河流。遗址北部称北营，南部称大城。在北营东西两侧山坡上，各有一土台子，似为建筑物的台基。在遗址中原有的城墙和城门，早已毁掉，还有条石、方石、石柱础，亦已被当地居民移往别处。可以见到的有石狮子、石臼、石磨、石碾、青砖、布纹瓦、陶瓷器以及大量的北宋铜钱，还有冶炼用的坩埚和炼渣。建筑材料有兽面纹瓦当、窄唇滴水。从这些遗物来看，这里应是辽代遗址。①

许多文献都记载，奚王有避暑庄。《契丹国志》称唱叫山道北有奚王避暑庄，《钦定热河志》载，奚王避暑庄在平泉州东北，清人涂方晋有诗："唱叫山前蔓草荒，亭台遗迹总凄凉，塞云积雪三千尺，就是奚王避暑庄。"当地居民至今仍称此地为奚王避暑庄。

第三处奚王遗迹是箭笴山，即胡损抗击契丹被擒处。箭笴山今称祖山，在河北青龙县县城东南90公里，东南距秦皇岛市区25公里。史载，回离保（即萧翰又作萧干)，奚王忒邻之后。保大二年（1122年）天祚帝播迁以后，回离保与汉官李处温、契丹官耶律大石等拥立秦晋国王耶律淳为帝，耶律淳死后由其后普贤女摄政。同年十一月，金军攻破辽南京，普贤女外逃，回离保"即箭笴山自立，号奚国皇帝，改元天复，设奚、汉、渤海三枢密院，改东、西节度使为二王，分司建官"。②不久，回离保为其部下所杀，其称帝先后只有八个月，不足一年。顾祖禹《读史方舆纪要》、清《永平府志》、《临榆县志》，都记载了奚回离保在箭笴山称帝一事。

与奚王有关的遗迹，已知者只有以上三处。其中宁城县金沟乡喇嘛沟门距辽中京城太近，只有35公里。奚王献地以后，必然要离开这里。箭笴山偏在

---

① 张秀夫、刘子龙、张翠荣：《失落千年的文明——奚王避暑庄》，载刘子龙主编《平泉辽文化》，辽宁民族出版社2008年版，第260—265页。

② 《辽史》卷114《奚回离保传》，中华书局校点本，第1516页。

一隅，交通不便，奚王献地以后不会到箭苻山居住。只有平泉县杨树镇铅南沟的奚王避暑庄，是远近适宜的居住场所。因而奚王献地以后，以前的避暑庄成为最理想的居住场所。此后的奚王可能长期居住于此，避暑庄变成了奚王牙帐的驻地。虽无直接的证据，然而依当时的形势而言，这是最理想的选择，因为这里是奚族最聚居的地方，便于奚王对奚族各部的管理。

二 向辽圣宗献地者为何人

向辽圣宗献地，其实不是在统和二十四年，而是统和二十年。史称统和二十年十二月，"奚王府五帐六节度献七金山土河川地，赐金币"。①奚王府和五帐院其实是一回事，不过作为奚王的管理机构，只有得到奚王的同意和批准，才能够向辽圣宗献出"七金山土河川地"。那么，这时的奚王究竟为何人？在史书中缺乏明确记载，这就需要对辽代的奚王一一进行考察。

奚王既是奚五部的最高首领，同时又是辽朝的官员，可以担任朝廷的官职。因此，奚王不能自动承袭，需要由朝廷来任命。这样做的目的，是为了加强对奚王的管理，防止其叛变。不仅如此，奚王府的主要官员，也要通过朝廷任命。曾担任奚王的和朔奴，在统和八年曾上表说："臣窃见太宗之时，奚六部二宰相、二常衮，诰命大常衮在酋长左右，副常衮总知酋长五房族属，二宰相匡辅酋长，建明善事。今宰相职如故，二常衮别无所掌，乞以旧制。"②奚王府的常衮职掌也要由朝廷来决定，其任命自然也会如此。其实，奚王府的设置与其说是协助奚王处理政务，毋宁说是用以监视奚王的言行活动。

在《辽史》中，具有奚王身份的奚人，共有九位。今将其生活的时代和事迹，简要记述如后。

天赞二年（923年）三月，辽太祖率军攻打箭笴山诛杀胡损以后，曾增设堕瑰部，号六部奚，"以勃鲁恩权总其事"，③又记作"命勃鲁恩主之，仍号奚

① 《辽史》卷14《圣宗五》，中华书局校点本，第158页。

② 《辽史》卷85《奚和朔奴传》，中华书局校点本，第1318页。

③ 《辽史》卷2《太祖下》，中华书局校点本，第18页。

王"。①勃鲁恩成为辽朝廷正式任命的第一位奚王。其在位的时间不详，其后人也有做奚王者，详后。

在勃鲁恩以后任奚王者，为和朔奴。史称和朔奴字筹宁，"奚可汗之裔，保宁中，为奚六部长"。②奚可汗应是指唐代奚族之酋长。唐代奚族之酋长有多人，贞观中有大酋苏支，从唐太宗伐高丽"有功"。其后有可度者，率部内附，被唐朝任命为饶乐都督，封楼烦县公，赐姓李。显庆年间，可度者死，奚王称匹帝。万岁通天中，奚叛，与突厥相表里，号"两蕃"。延和元年奚族酋长名叫李大酺。李大酺死后，其弟鲁苏为奚族酋长，被封王。其后，奚族酋长有李诗、锁高、延宠、婆固、李日越、索氏、茹羯、匿舍朗、突董苏、去诸等。③可汗应是突厥赐给的官号，当时的奚酋长是李大酺，因此，和朔奴有可能是李大酺的后人。统和初年，和朔奴为南面行军副部署，统和十三年迁都部署，曾奉命伐兀惹，以"士马死伤，诏降封爵"，可能被免去奚六部长之职，奚六部长即奚王之别称。

此后，有萧观音奴为奚王。史称："萧观音奴，字耶宁，奚王搭纥之孙。统和十二年，为右祗候郎君班详稳，迁奚六部大王……及伐宋，与萧挞凛为先锋，降祁州，下德清军，上加优赏。同知南院事，卒。"④其祖塔纥，曾任奚王，搭纥任奚王的时间不详。辽太祖时，勃鲁恩为奚王，和朔奴在辽景宗保宁年间任奚六部长，以此度之，搭纥为奚王，应在辽太宗以后，辽景宗以前。

此后，有萧蒲奴任奚王。史载："萧蒲奴，字留隐，奚王楚不宁之后。""开泰初，选充护卫，稍进用。俄坐罪黥流乌古部。久之，召还，累任剧，迁奚六部大王，治有声。""重熙六年，改北阻卜副部署，再授奚六部大王。十五年，为西南面招讨使，西征夏国……明年，复西征，悬兵深入，大掠

① 《辽史》卷33《营卫志下》，中华书局校点本，第387页。
② 《辽史》卷85《奚和朔奴传》，中华书局校点本，第1317页。
③ 《新唐书》卷219《北狄传》，中华书局校点本，第1673—1675页。
④ 《辽史》卷85《萧观音奴传》，中华书局校点本，第1314页。

而还。复为奚六部大王。"①萧蒲为奚王楚不宁之后，楚不宁何时任奚王，史书无载，不详。

萧蒲奴之后，有萧韩家奴为奚王。史称："萧韩家奴，字括宁，奚长勃鲁恩之后。性孝友。太平中，补祗候郎君，累迁敦睦宫使。伐夏，为左翼都监，迁北面林牙。俄为南院副部赐玉带，改奚六部大王，治有声。清宁初，封韩国公，历南京统军使、北院宣徽使，封兰陵郡王……咸雍二年，迁西南面招讨使。大康初，徙王吴……四年，复为西南面招讨使。"②萧韩家奴从辽圣宗太平年间起，中经辽兴宗重熙年间，一直到辽道宗清宁、咸雍、大康年间，时任奚王，时任西南面招讨使，可谓是三朝元老重臣。

最后一位奚王，是辽朝末年的回离保。"奚回离保，一名翰，字拨懒，奚王忒邻之后……大安中，车驾幸中京，补护卫……天庆间，徙北女直详稳，兼知咸州路兵马事，改东京统军。既而诸蕃入寇，悉破之，迁奚六部大王，兼总知东西路兵马事。"③到了辽朝末年，天祚皇帝耶律延禧逃入夹山（在内蒙古大青山中）以后，回离保与耶律大石、李处温、左企弓等人，拥立耶律淳为帝，称天锡皇帝，改元建福，降封天祚帝为湘阴王。据有燕、云、平及上京、辽西六路之地。不久，耶律淳病死，其后萧氏普贤女摄政，遥立天祚帝之子秦王耶律定为帝，改元德兴。金军攻入居庸关以后，普贤女与回离保逃出南京（今北京），回离保来到箭笴山，自立为奚国皇帝，改元天复。后来，回离保被郭药师打败，上下离心，为其部下耶律阿古哲和其外甥乙室八斤所杀死。回离保只当了八个月的奚国皇帝。

见于《辽史》记载的奚王，有勃鲁恩、和朔奴、萧观音奴、搭纥、萧蒲奴、楚不宁、萧韩家奴、回离保、忒邻等九人。其中搭纥、楚不宁、忒邻任奚王的时代不详，勃鲁恩任奚王是在辽太祖时代，和朔奴在统和十三年以后不久死去，萧蒲奴任奚王是在辽圣宗开泰初年以后，萧韩家奴任奚王是在辽圣宗太平年间，回离保是辽朝末年的奚王。只有萧观音奴是在统和十二年以后任奚

① 《辽史》卷87《萧蒲奴传》，中华书局校点本，第1335页。

② 《辽史》卷96《萧韩家奴传》，中华书局校点本，第1399—1400页。

③ 《辽史》卷114《逆臣下》奚回离保传，中华书局校点本，第1516页。

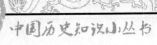

王，在统和二十二年的澶渊之战中，他与萧挞凛同为先锋。奚王献七金山土河川之地，萧观音奴正在奚王位上。因此，向辽圣宗献地的人，应是奚王萧观音奴。奚王献地可能是出于辽圣宗的示意，不过奚王并没有白白贡献，得到的是数量不详的金币。辽圣宗提供的金币，可以看作买卖土地用的金钱。奚王献地虽非己愿，然而是皇帝要占用的土地，而且又付给了大量的黄金，他只能表示接受，别无他法拒绝，只好美其名曰献地。出面献地的人不可能是奚王本人，而是奚王府五帐六节度，只是换了一个不同的说法而已，以减轻奚王的责任。因为献地以后，不仅奚王要搬家，这土地上的许多奚族百姓也要背井离乡，离开这片肥沃的土地和家园。

三　为什么修筑辽中京

在中京修建以前，辽朝已有三京，即上京、东京、南京。东京辽阳古称襄平，是战国时期燕国辽东郡治地，后来成为东汉、前燕的辽东重镇。东晋元兴二年（403年），高句丽侵占辽东，将襄平城改称辽东城。唐太宗贞观十九年（645年）攻占辽东城，改其城为辽州。由于地处辽河之滨，故称辽阳城。辽太祖灭渤海国以后，在前代辽阳城基础上，先设东平郡，辽太宗将东丹国都迁至东平郡，改称南京。辽太宗会同元年（938年）吞并幽州，改幽州为南京，为了避免重名，将南京辽阳改为东京。由此可知，辽东京是在前代城邑的基础上改建而成，不是新修建的都城。

辽南京城历史悠久，早在周武王克商以后，这里就成为方国之都，是召公奭的封地，称燕国。历春秋、战国，后被秦所灭。燕国都城设在蓟城，蓟城故址一说在北京宣武区蓟丘，另一说是在石景山区。汉代燕国之都仍设在蓟城，即蓟丘。西晋蓟城仍存，唐代改称幽州城。辽南京即幽州城故址。由此可知辽南京也是沿用前代的都城。

辽上京与东京、南京不同，它是一座新建的都城。上京修建在潢河（西拉木伦河）北岸，这里是契丹人的发祥地，"地沃宜耕种，水草便畜牧"。[1]辽建国前这里称作西楼，后在此建龙眉宫。辽太祖神册三年（918年）建城，称作皇都。辽太宗天显十三年（即会同元年，938年），改称上京，府称临潢府。

---

[1]　《辽史》卷37《地理志一》，中华书局校点本，第440页。

辽上京建在潢河以北是有原因的。一是这里水草丰美，又是契丹人的发祥地，契丹人是游牧民族，以放牧为生，喜欢射猎，建国之初放牧、射猎仍是其重要的经济基础，故辽太祖淳钦皇后述律氏有言："我有羊马之富，西楼足以娱乐。"①由此可知契丹上层贵族对畜牧业的高度重视。二是，辽上京之南有潢河，潢河发源于克什克腾族，属于山溪性河流，在上京以南的河段，河水湍急，极难涉渡，成为军事上的天险。故辽太宗死后，辽世宗耶律阮与其叔李胡在争夺皇位的斗争中，"太后与世宗隔潢河而阵"，②又作"军次潢河横渡，隔岸相距"。③辽初将上京建在潢河北岸，应有军事上的考虑。

辽上京建立以后，就成为辽朝的政治中心，皇帝的许多诏令是从这里发出的，外国使节朝贡必须到达上京。"西南同文驿，诸国信使居之。驿西南临潢驿，以待夏国使。"④到了辽太宗兼并燕云十六州以后，辽朝的版图已从燕山以北的草原地区，扩大到燕山以南的华北地区，不仅版图扩大了许多，居民也大为增加。据记载，上京只有36500户人，东京有40604户人，而南京有247000户人。居民多了，其经济地位随之而重要，朝廷与南京的各种联系特别频繁。辽上京偏在一隅，对外交通运输不甚方便。从管理国家的角度考虑，应当在比较适中的地方另建新都。辽中京正是位于诸京之间，交通方便，成为新都最理想的场所。

还有一点也很重要，即辽中京的建立更有利于对奚族、霫族的管辖和统治。奚族与契丹族是最亲近的两个民族，在语言、风俗方面基本相同或相似。奚族的农业出现比较早，制造业比较发达，所制造的车辆远近闻名，被称作"奚车"。奚族原有五部，势力比较强大，甚于契丹。在耶律阿保机之父撒剌的（谥德祖）和叔父述澜时代，契丹人强大起来，"德祖俘奚七千户，徙饶乐之清河'至是创奚迭剌部"。述澜"北征于厥、室韦，南略易、定、奚、霫"。耶律阿保机即位前，以夷离堇的身份，"遣偏师讨奚、霫诸部及东北

① 《新五代史》卷72《四夷附录第一》，中华书局校点本，第888页。
② 《辽史》卷72《宗室传》，中华书局校点本，第1213页。
③ 《辽史》卷77《耶律屋质传》中华书局校点本，第1255页。
④ 《辽史》卷37《地理志一》，中华书局校点本，第441页。

女直之未附者，悉破降之"。在耶律阿保机"即皇帝位"（实为部落联盟长）以后，曾"亲征西部奚"、"分兵讨东部奚"，"于是尽有奚、霫之地"。①因此，奚、霫与契丹有深仇大恨，虽然被迫接受了契丹人的统治，然而其内心深处的敌对情绪是很难消失的。

辽代奚族人的居住地，除个别散居在上京道，西奚在南京道以外，主要聚居在中京道，即辽中京城周围地区。前面已据正史的记载，介绍了奚族人自隋、唐以来即居住在潢河以南、燕山以北的情况。宋朝使臣记载奚人的文字就更多了，路振《乘轺录》称："自通天馆东北行，至契丹国三十里。山远路平，奚、汉民杂居益众。里民言，汉使岁至，虏必尽驱山中奚民就道而居，欲其人烟相接也。"所谓"契丹国"，系指辽中京。又称"虎北口东三十余里，又有奚关，奚兵多由此关南入。入山路险隘，止通单骑"。按：虎北口即今古北口，以路边山石似虎而得名，在唐代即有虎北口之称。王曾《上契丹事》称，古北口"北有铺，彀弓连绳，本范阳防扼奚、契丹之所"。将奚置于契丹之前，是因为这里的主要居民是奚人。薛映《辽中境界》称："自过崇信馆，即契丹旧境，盖其南皆奚地也。"宋绶《契丹风俗》称："由古北口北至中京北，皆奚境。"沈括《熙宁使虏图抄》称："中京以南为东奚，其王衙西京数十里。其西南山间奚西奚，有故霫之区。"②

霫族的居住地，与东奚大体相同，也是在辽中京辖境。辽代碑志提供了证据。《萧阌墓志铭》有"白霫香台山冈极寺之离位"，《大辽崇禄寺彭城公墓志铭》、《皇辽左承制彭城公墓志铭》均称墓主人刘文用"改葬于霫都之近郊西陵"，《郑恪墓志铭并序》称墓主人"世为白霫北原人"，"葬于白霫北羖羢北原"。此外，刘敞使辽《寿山》诗有"白隰见层峰"之句，自注："白隰即中京。"白隰即白霫。洪皓《松漠纪闻》："中京，古曰白霫城。"上述辽碑志均出土于内蒙古宁城县境内，刘敞诗、洪皓文均将中京称作白霫之地。宋朝使辽的文字，也记述了霫人的居住地域。沈括称："卧如馆西南距新馆

----
① 《辽史》卷1《太祖上》，中华书局校点本，第2、4页。
② 以上引文见贾敬颜《五代宋金元人边疆行记十三种疏记稿》，中华书局2004年版，第59、94、107、112、129—130页。

四十里，馆宅山间，中有大水，曰霤水，乃故霤之区也。"①霤水，应为今河北滦平县之兴州河。苏颂诗《和仲巽山行》有："林泉虽胜赏，无奈霤奚间。"《和仲巽奚山部落》有："千里封疆蓟霤间。"这些文字都表明，霤人的居住地域与奚人基本相同。此外，辽中京还有渤海人。王曾记载说"柳河馆西北有铁冶，多渤海人所居"；"富谷馆居民多造车者，云渤海人"。②沈括称辽中京"有厘闬宫室，其民皆燕、奚、渤海之人"。③

上述表明，辽中京境内是各族杂居之地，除契丹人以外还有奚人、霤人、渤海人。他们属被征服的民族，虽然接受了辽朝的统治，然而与契丹统治者之间的矛盾是很难消除的。如何加强对他们的统治，也是一个重要问题，修建辽中京，应当考虑到民族关系问题。

促进修建辽中京的最直接、最重要的原因，是"澶渊之盟"。"澶渊之盟"签订的第二年，即统和二十三年、宋真宗景德二年，辽宋双方即互派使臣。同年五月，宋派孙仅等人"来贺皇太后生辰"。同年九月，辽派太尉阿里、太傅杨六"贺宋主生辰"。同年十一月又派太保合住、太师盆奴等人，"使宋贺正旦"。同年十二月，宋派周渐来"贺千龄节"、又派张若谷来贺正旦。同年十月，宋朝送来了第一笔"助军旅之费"（史称"岁币"），"后为常"。④这标志着辽、宋之间的和平友好关系正式开始。上京是辽朝的首都，应当在上京接待宋朝的使臣。不过上京太遥远，而且气候寒冷，不适于接待宋朝的使臣。为了向宋朝使臣表示尊重和友好，故而在上京以南约225公里（直线距离）的奚王牙帐之地，特意修建了新都城，以接待宋朝使臣。由于新都城大体上处于上京、东京、南京的中间，故以其方位命名为中京。陈述先生指出："1005年（宋景德二年、辽统和二十三年）冬十月，宋廷送来结盟后的第一次岁币。契丹习惯，冬夏捺钵，接见使节，没有固定地点，宋廷是直接继承中原文化传统的朝廷，仪节周备。契丹政府不愿示人以简朴，接待聘使特别

---

① 贾敬颜：《五代宋金元边疆行记十三种疏证稿》，中华书局2004年版，第144页。

② 同上书，第97、100、154页。

③ 《辽史》卷14《圣宗五》，中华书局校点本，第161页。

④ 陈述：《契丹社会经济史稿》，生活·读书·新知三联书店1963年版，第89—90页。

对宋使，最低是营建新都的目的之一。"①在没有前代城池的基础上修建全新的都城，其花费是相当巨大的。这笔巨大的花费，有很大一部分是来自宋朝的岁币。宋朝统和二十三年提供第一笔岁币，统和二十四年宋朝提供第二笔岁币，统和二十五年开始修建中京，显然是利用了宋朝提供的两个年度的岁币，这是可想而知的。从这个意义上来说，辽中京是用宋朝的岁币修建的，与"澶渊之盟"有着密切的关系，不妨视作"澶渊之盟"的结果。

辽中京的修建，与萧太后有关。当时萧太后是以摄政的身份管理朝政。修筑辽中京花费很大，又关系到接待宋朝使臣，如此重要的大事，必须取得她的赞成。宋朝人称，辽中京是"承天太后建"，必有所本，是完全正确的。承天太后是统和二十四年十月群臣所上的尊号，②适在辽中京修建前夕，其时间的选择并非偶然。

① 《契丹国志》卷22《四京本末》，上海古籍出版社点校本，第216页。
② 《辽史》卷14《圣宗五》，中华书局校点本，第162页。

四 辽中京的营建

《辽史·圣宗纪》称，统和二十年十二月奚王府献七金山土河川地；《地理志》却载，统和二十四年五帐院进故奚王牙帐地，统和二十五"城之"，即修建辽中京城。有人提出，同一事情《辽史》记载时间却不相同，其中必有一误。《辽史》之《纪》、《传》先撰，所依据的是各朝实录，材料比较可靠。《志》是在《纪》、《传》的基础上，又补充了其他方面的资料做成的，内容或有不实之处。不过像奚王献地这样的大事，《纪》、《志》不该相抵牾。那么，奚王献地的时间为什么有二说呢？细思之其中必有缘故。统和二十年献地的范围可能比较大，当时奚王的牙帐并没有立刻迁离。到了统和二十四年准备建辽中京的时候，奚王才把其牙帐所在的最后领地捐献出来，这从"故奚王牙帐地"的记事，可以找到蛛丝马迹。

辽上京的营建，是汉族官僚康默记主其事。史称："神册三年，始建都、默记董役，人咸劝趋，百日而讫事。五年，为皇都夷离毕。"①辽中京的营建，史称："择良工于燕、蓟，董役二岁，郛郭、宫掖、楼阁、府库、市肆、廊庑，拟神都之制。"②工匠既是燕、蓟汉族人，则主持其事的必须也是汉族官僚。在统和二十五年、二十六年之际，汉官韩德让还健在，不过他是在辽地长大的汉族人，对中原地区城邑制度并不熟悉。对中原地区城邑制度最熟悉的人是王继忠，宋真宗在藩邸，他曾"给事左右"，在开封城中居住甚久，对开封城各项制度比较了解，而且他又深受萧太后的器重。"太后知其贤，授户

①《辽史》卷74《康默记传》，中华书局校点本，第1230页。
②《辽史》卷39《地理志三》，中华书局校点本，第481页。

部使，以康默记族女女之。"①据此，则王继忠是康默记的亲戚，从这种关系来看，王继忠应是主持辽中京营建的最佳人选。不过《辽史》中却无此记载，可能是疏漏所致，只备为一说而已。

《辽史》称辽中京的营建，"拟神都之制"。那么，"神都"为何城？古以京城为神都，犹言神京，属文学用语，鲍照诗有"明辉烁神都，丽气冠华甸"；杜甫诗有"玄朔回天步，神都忆帝车。"神都作为帝京的别称只有一处，即洛阳。唐光宅元年（684年），武则天以洛阳为都，改称神都。

有人认为神都指开封城，因为辽中京有外城、内城、皇城，与开封城相似。其实隋唐洛阳城也是由外城、内城（皇城）、宫城所组成的，只是内城（皇城）、宫城不是在外城的正中，而是在外城的西北隅。

辽中京城的位置选择，模仿了辽上京。辽上京城北，依群山，林东镇以北即是大山，辽代的北塔就建在山坡与上。辽中京以北有七金山，今称九龙山或九头山。辽上京城以东有乌力吉沐沦河，辽中京城以东有老哈河。辽上京城以南有沙河，今称沙里河，由于洪水泛滥，河流改道，已改从城中穿过，辽中京城北有北小河，也由于洪水原因，改道流入城内。辽上京城内西南隅有山冈，辽中京城内西南隅也有山冈，其上建有辽代寺院、佛塔，今建筑物已毁，其石柱础依然清楚可见。上述这些相同相似的地方，反映出辽中京城在选址时，参照了辽上京的地形特点。

《辽史》载，统和二十五年正月"建中京"。统和二十六年五月"遣使贺中京成"，同年十月"幸中京"。统和二十七年四月，"驻跸中京，营建宫室"。②据此可知，辽中京城的营建前后持续了三年之久。所谓"中京成"，应是指完成了城墙的修筑，此后才"营建皇宫"。其间萧太后与辽圣宗曾前去视察修建进度，以便于安排接待宋朝使臣事。

大中祥符初年十二月，宋真宗派遣路振使辽，撰有《乘轺录》，记述了途中见闻。这一年为辽圣宗统和二十六年，辽中京城刚刚建成，十月间有"幸中京"之记载，可能是为了迎接宋朝使臣的到来。路振记述了他所见到的辽中

① 《辽史》卷81《王继忠传》，中华书局校点本，第1284页。
② 《辽史》卷14《圣宗五》，中华书局校点本，第163—164页。

京城。称："城中无馆舍，但于城外就车帐而居焉。"说明城内尚未修建供使臣居住的馆舍，只能暂居城外车帐中。他记载："契丹国外城高丈余步，东西有廊，幅员三十里，南门曰朱夏门……自朱夏门入，街道阔百余步……街东西各三坊，坊门相对……三里至第二重城门，城南门曰阳德门……自阳德门入，一里而至内门，内阎阖门凡三门……阎阖门楼有五凤……东西掖门去阎阖门各三百余步，东西角楼相去约二里。是夕宿于大同驿，驿在阳德门外……持国信自东掖门入，至第三门，名曰武功门，见虏主于武功殿……自西掖门入，至第三门，名曰文化门，见国母于文化殿。"①据路振之记载，进辽中京城大内，要先后经过三重城门，即朱夏门、阳德门、阎阖门。朱夏门内为外城，外城城墙低矮，"高丈余步"。阳德门内为内城，阎阖门内为皇城（即宫城、大内）。三重城门是外城、内城、皇城的界限，皇城内东有武功殿，西有文化殿，是辽圣宗、萧太后接见宋朝使者的场所，"武功"、"文化"的命名，表明辽朝既重武功，又重文化，显示了萧太后和辽圣宗文武并重的治国理念。由于辽中京城是为了迎接各国使臣而建，故城内建有"大同驿以待宋使，朝天馆待新罗使，来宾馆待夏使"。②其中大同驿修建最早，因为宋使是最重要的客人。"大同驿"的命名颇值得思考，"大同"出自《礼记》："大道之行也，天下为公。"这里是借用大同一词，来表明辽、宋无间，向宋朝表达了友好的愿望。朝天馆、来宾馆为路振所未见，是后来修建的。

路振是辽中京城建成以后所接待的第一位宋朝使臣。四年以后（1012年），宋真宗又派遣王曾使辽，他撰有《上契丹事》。称："初奉使者止达幽州，后至中京，又至上京。"他记载说："南门曰朱夏，门内夹道步廊，多坊门。又有市楼四，曰天方、天衢、通阛、望阙。次至大同馆。其北正门曰阳德、阎阖。城内西南隅岗上有寺。城南有园圃、宴射之所。"③王曾所记载的市楼四、西南隅岗上有寺、城南有园圃和宴射之所，不见于路振所载，应是后来陆续修建，证明辽中京城内外的建筑物，是中京城完工以后不断增建的结果。

---

① 贾敬颜：《五代宋金元人边疆行记十三种疏证稿》，中华书局2004年版，第60—64页。

② 《辽史》卷39《地理志二》，中华书局校点本，第482页。

③ 贾敬颜：《五代宋金元人边疆行记十三种疏证稿》，中华书局2004年版，第81、101—102页。

《地理志》称"皇城中有祖庙，景宗、承天皇后御容殿"，也是后来增修的建筑物。《圣宗纪》记载了许多后来增修的建筑物，如开泰元年十二月，"奉迁南京诸帝石像于中京观德殿"；开泰七年十月，"诏中京新建二楼由延庆、曰永安"；开泰八年正月，"建景宗庙于中京"；开泰九年十二月，"诏中京建太祖庙，制度、祭器皆从古制"；①辽道宗清宁六年六月，"中京置国子监，命以时祭先圣先师"。②又，中京城内大塔塔身上，于1984年发现"寿昌四年四月"墨书题记，寿昌为辽道宗年号，证明此佛塔应建于辽道宗时代。凡此种种，都证明辽中京城建成以后，在辽圣宗晚年和辽道宗时代又不断增建了许多建筑物。中京城南墙外还有半截塔，因为雕花砖比较多，又被称作花塔。有人认为半截塔应是城内西南隅辽代寺院镇国寺的附属物，也应当是辽代后期所建。

1959—1960年，内蒙古对辽中京城进行了勘探发掘，发现了辽中京是由外城、内城、皇城组合而成。外城东西长4200米，南北宽3500米，呈长方形。内城在外城北部中间稍偏东，东西长2000米，南北宽1500米，也呈长方形。皇城在内城北部正中，边长1000米，呈正方形。皇城北墙与内城北墙相重合。在南门（朱夏门）、南墙东段、西墙北段墙体之下，发现有长约1.5米、宽约0.4米、厚约0.2米的大石条，证明外城墙是以大石条或石块为基础，其上进行夯筑，用以加固墙体的坚固性、稳定性。外城墙为什么东西长、南北短？因为南有老哈河，北有小北河，受此影响外城只能如此。现在辽中京外城墙的南墙东部，已被老哈河水冲毁一段；小北河的洪水将外城北城墙也冲毁了一段，现在已修筑堤坝以防洪水。辽代在修建中京城时，已充分考虑到河水的因素，既不能离河水太远，又不能离河水太近。离河水太远护城河的引水比较困难，离河水太近容易遭受水患。虽然当年考虑到了河水的危害，千年以后还是被河水冲毁了部分城墙。

在勘测中发现朱夏门以北的大街，宽达64米，与路振所记"自朱夏门

---

① 辽中京发掘委员会：《辽中京城发掘的重要收获》，载《文物》1961年第9期。

② 李义：《辽中京故城复原初探》，载吴京民主编《辽中京历史文化研究》，远方出版社2007年版，第11页。

入，街道阔百余步"基本一致。这条大街自朱夏门直达皇城内，以黄沙铺垫，厚约0.3米。黄沙渗水性强，可以防止路面泥泞难行。辽中京所在之地是一小盆地，四面环山，河流其间，地下水位比较高。史称："城池湫湿，多凿井泄之，人以为便。"[①]勘探发掘结果表明，这条大街两侧掘有排水沟，其南段为石砌的明沟，北段为木构的暗沟，水沟宽约1米左右。这种排水设施是比较科学的，反映出当时设计者对水情水性有充分的了解和认识。

中央大街在外城宽64米，进入内城变为40米，进入皇城变为15米。外城中人多车多，内城中人和车数量大为减少，皇城中大概很少行车，中央大街不同段落的宽度，即受此影响的结果。

中央大街在皇城（宫城）内长约700米，其末端为一宫殿址。在此殿东南、西南250米处，分别为两个宫殿址，当即武功殿和文化殿。其前方各有一路，分别通往东掖门和西掖门。内城墙上有马面，防卫甚严。内城中建筑遗址甚少，只见有两处，多为空地。路振称进了阳德门以后，"街道东西并无居民，但有短墙，以障空地耳"。实地所见，与路振记载相同。这空地应是搭建庐帐的场所，契丹人有以庐帐为寝的习惯，即使帝后、王公大臣也是如此。外城中建筑遗址比较多，有成排的夯筑台基，还建有围墙，应是里坊所在。朱夏门以北中央大街上有高2—5米的台基，可能是王曾所见的市楼遗址。在阳德门西南300米有大型建筑址，很可能与大同驿或朝天馆、来宾馆有关。

纵观辽中京遗址的分布，可以发现其规划布局体现了"筑城以为君"的传统理念，整个城市以皇城（宫城）为中心。由于外城是百姓居住区，故而在内城墙设防（马面），用以保卫皇帝的安全。辽上京修建比较早，其里坊遗迹不太明显。唐代幽州城行里坊制，修辽中京时，辽南京的里坊可置参考，况且工匠又多为燕京人。辽中京有里坊，既见于路振所记"街东西各三坊"、王曾所记"门内夹道步廊多坊门"，又为勘探发掘所证实。路振所见是辽中京修建之初，后来由于居民的增多，里坊也会随之而增加，不过辽中京到底有多少里坊，尚需进一步深入研究。

---

① 《辽史》卷39《地理志三》，中华书局校点本，第482页。

五 辽中京接待的宋朝使者

营建辽中京的重要目的，是接待宋朝使者。因此，辽中京修建完成以后，接待了许多宋帮的使者，从而增进了宋朝人对辽朝的认识。宋朝使者将其耳闻目睹撰写成文，被称作"语录"，是宋朝廷要求其使节回国以后述职的一项重要内容。余靖撰有《国信语录》，陈襄撰有《国信语录》，张舜民撰有《使辽录》，都是著名的语录。路振《乘轺录》、王曾《上契丹事》、薛映《辽中境界》、宋绥《契丹风俗》、沈括《熙宁使房图抄》，也都属于语录类的作品。

今按使辽的前后次序，将辽中京建成以后使辽的宋朝使者记述如后。

最先使辽的人是路振，晁公武《郡斋读书志》称路振"大中祥符初使契丹"。大中祥符初，即大中祥符元年，辽圣宗统和二十六年。当时辽中京城刚刚建成，路振是辽中京接待的第一位宋朝使者。辽朝接待的规格很高，辽圣宗和萧太后亲自接待路振，宴间有百戏、舞女演出。路振回国以后撰有《乘轺录》，轺（yáo）是一种小巧的马车，是专为接待宋使而作。

大中祥符三年，统和二十八年，即萧太后驾崩的次年，宋朝派遣王随、王儒前来吊祭，《辽史》对此有记载。

大中祥符五年正月，宋朝派遣赵湘、符成翰使辽，祝贺元旦。同年十月，宋朝又派遣王曾为契丹国主生辰使，高继勋为副使；李士龙为贺正旦使，李余懿为副使，前往辽中京。王曾归国以后，撰有《上契丹事》。

大中祥符九年九月，宋朝派遣薛映为贺契丹国主生辰使，刘承宗为副使；张士逊为贺正旦使，王承德为副使，同日使辽。薛映归国以后撰有《辽中境界》，辽指契丹，中指宋朝。

天禧元年十二月，宋朝派遣李行简、张信使辽，来贺千龄节（辽圣宗的生辰)。

天禧二年十二月，宋朝派吕夷简、曹璋使辽，来贺千龄节。

天禧三年正月，宋朝派遣陈尧佐、张群来贺正旦。

天禧四年九月，宋朝派遣宋绶、骆继伦使辽，来贺千龄节。宋绶归国以后，撰有《契丹风俗》。

天禧五年十月，宋朝派遣李懿、王仲宾使辽，来贺千龄节。同年十一月，辽圣宗上尊号，改元太平，"宋遣使来聘"。宋使为石中立、石贻孙，又有孔道辅、马崇为"契丹贺正旦使"。

乾兴元年三月，宋朝派遣薛贻廓"来告宋主恒殂"（宋主恒即宋真宗）。

宋仁宗天圣元年十月，宋朝派遣薛奎、郭盛使辽，来贺顺天节（辽圣宗皇后生辰）。又派王臻、慕容惟使辽，来贺千龄节。

天圣二年正月，宋朝派遣张傅、张士禹、程琳、丁保衡使辽，祝贺正旦。

天圣三年十月，宋朝派遣冯元宗、史方使辽，来贺顺天节。

天圣四年十一月，宋朝派遣韩翼、田承说使辽，来贺顺天节。

天圣五年正月，宋朝派遣张保维、孙继业、孔道辅、马崇至使辽，来祝贺正旦。同年十一月，又派石中立、石贻孙使辽，来贺千龄节。

天圣六年十月，宋朝派遣唐肃、葛怀愍使辽，来贺顺天节。同年十二月，宋朝派遣寇瑊、康德使辽，来贺千龄节。

天圣七年十二月，宋朝派遣仇永、韩永锡使辽，来贺千龄节。

天圣八年正月，宋朝派遣王夷简、窦处约、张易、张士宜使辽，来贺正旦。同年十二月，宋朝派遣梅询、王气杰使辽，来贺千龄节。

到了辽兴宗、辽道宗时代，宋朝使辽的使节仍然很多。宋神宗熙宁八年三月，沈括使辽，往返60余日，将其见闻撰为《熙宁使虏图抄》。此外，富弼、欧阳修、刘敞、余靖、苏辙、苏颂等人都曾使辽，其语录、诗词记述了辽境的山川、风情，无论在当时、在后世都产生了广泛的影响。

辽中京城接待了众多的宋朝使者，其目的在于增进辽宋的友好，成为文化交流的重要渠道和桥梁。宋朝使者是友好的使者，所担负的是友好的使命，维护辽宋和好，是他们使辽的重要责任。对于这一点，他们都很清楚。因此，他们在出使期间尽量以自己的言行来增进友好。余靖在使辽时，主动学习契丹语，会用契丹语作诗。其诗曰："夜筵设罢（侈盛也）臣拜洗（受赐也），两朝厥荷（通好也）情幹勒（厚重也）。微臣稚鲁（拜舞也）祸若统（福佑也），圣寿铁摆（嵩高也）俱可忒（无极也）。"这首汉语与契丹语合璧的双语诗，令契丹人大为感动，"契丹爱之，再往，益亲"。[①]刘敞使辽，"顺州山中有异兽，如马而食虎豹，契丹不能识，问敞。敞曰：'此所谓驳也'，为说其音声形状，且诵《山海经》、《管子》书晓之，契丹益叹服"。[②]苏颂使辽时，住宿于恩州（今内蒙古宁城以北）时，驿舍发生了火灾，其随行人员请他"出避"，士兵想入室抢救，都被他拒绝，最后由"防卒"（保护他的士兵）将大火扑灭以后，他才出来。原来大火初生时，"郡人汹汹，唱使者有变（即怀疑与宋使有关），救兵亦欲因而生事（即扩大事态），赖颂安静而止"。[③]苏颂身为使节，深知他的言行关系到辽宋关系，故而冒生命的危险静等救火。他的行为深受宋神宗的赞许，将他由度支判官提拔为淮南转运使。辽朝喜读"三苏"之诗，不时向宋朝使者索购"三苏"之诗集。蔡襄喜作诗，"襄作四贤一不肖诗，郡人士争相传写，鬻书者市之，得厚利。契丹使适至，买以归，张于幽州馆"。[④]

上述这些，无论在当时或后世，都传为佳话。它从一个侧面反映出，在辽中京修建以后，宋辽使节不断往来，和好之风已成为当时社会的主流。萧太后、辽圣宗、宋真宗、宋仁宗，是辽宋和好的倡导者，其历史功绩永存于世。

---

① 《契丹国志》卷24《余尚书北语诗》，上海古籍出版社点校本，第232—233页。

② 《宋史》卷319《刘敞传》，中华书局校点本，第10384页。

③ 《宋史》卷340《苏颂传》，中华书局校点本，第10861页。

④ 《宋史》卷320《蔡襄传》，中华书局校点本，第10397页。

【第十章】

关于地方行政区划的调整

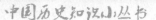

辽朝是以契丹族为主体的多民族国家，除了契丹人以外，还有汉族、渤海、奚族、室韦、女真等许多民族。其中汉族、渤海属于农业民族，契丹、奚族、室韦属于游牧民族，女真（史作女直）虽是农业民族，不过当时社会发展水平落后，狩猎业仍占有重要地位，辽朝统治者把它也列入游牧民族一类。

由于经济类型有农业和畜牧业的不同，辽朝采取了因俗而治的管理办法，其地方行政区划分为两个系列。对游牧民族实行部族制，对于农业民族实行州县制。小部族以一个部族为一个部族单位，大部族被分割成若干部族，例如契丹人的迭剌部被分成五院部、六院部。部族相当于州，部族以下设石烈，石烈相当于县，石烈以下设弥里，弥里相当于乡。州县制来源于中原，继承了唐代的体制。辽朝将全国划分为五京道，道是一级地方行政区，其下分设府、州、县、乡。

部族制和州县制自辽初以来即已实行，后来不断发展扩大。到了辽圣宗时期，萧太后摄国政，对于北方少数民族进行频繁的征讨，疆域有所扩大，加上人口的自然增殖，居民大为增多。为了适应这种形势，增设了许多部族和州县。这是辽朝社会大发展的结果，也是萧太后和辽圣宗治理国家的重要功绩，为后世北方地区疆域的扩大和州县的发展，作出了巨大的贡献。

一 部族的增置

部族制出现很早，在辽建国以前，契丹人有八部、十部，奚人有五部。辽建国前后，契丹人迅速增多，又征服了包括奚族在内的许多民族，从而形成了"太祖二十部"。辽太宗时代曾征讨乌古、吐谷浑，使其内附，不过重点是南下，从石敬瑭手中获得燕云十六州。辽世宗、辽穆宗、辽景宗时代，契丹贵族内部争斗不已，无暇对外扩张。到了辽圣宗时代，征高丽、女真、五国部、乌古、敌烈、党项等部，大获全胜，故而增置新部，势在必行。史载，辽圣宗时代部族增至三十四部。

奚族除五部以外，另有三营，即撒里葛、窈爪、耨碗爪。"圣宗各置为部，改设节度使，皆隶南府，以备畋猎之役。"①另外又以奚人置楚里部、奥里部、南剋部、北剋部。"统和十二年，以奚王府二剋分置二部"，即南剋部、北剋部。楚里部、奥里部本属于奚王府，"圣宗分置"成独立的部族，其目的显然是为了削弱奚王的势力。奥里部"以与梅只、堕瑰三部民籍数寡，合为一部"。②由此可知，每一部族必须要有相当数量的人口，否则不能成部。

特里特免部，"初于八部各析二十户以成奚……圣宗以户口蕃息，置为部，设节度使"。稍瓦部，"初，取诸宫及横帐大族奴隶置稍瓦石烈……圣宗以户口蕃息置部"。曷术部，"初，取诸宫及横帐大族奴隶置曷术石烈……圣宗以户口蕃息置部"。伯德部，"松山、平州之间，太师、太保居中京西。石烈六：啜勒石烈、速古石烈、腆你石烈、迭里石烈、旭特石烈、悦里石烈"。

隗衍突厥部，是"圣宗析四阘沙、四颇急户置，以镇东北女直之境"。此部系是以突厥人为主，迁移到东北，突厥本在西北，今迁离其原住地，既是削弱其势力，又用以牵制女真人，可谓一举两得。另有奥衍突厥部，"与隗衍突厥同"，当是亦迁往东北女真之境。

奥衍女直部，"圣宗以女直户置，隶北府，节度使属西北路招讨司，戍镇州境"。③镇州，在今蒙古国中部。乙典女直部，"圣宗以女直户置。隶南府，居高州北"。高州是开泰中圣宗伐高丽，"以俘户置"。高州隶中京，在今内蒙古赤峰市英金河沿岸。斡突盌乌古部，"圣宗以乌古户置。隶南府，节度使属西南面招讨司，戍黑山北"。黑山应在今山西北部，或阴山西段。迭鲁敌烈部，"圣宗以敌烈户置。隶北府，节度使属乌古敌烈统军司"。乌古敌烈统军司的防地，在今黑龙江、吉林西部。室韦部，"圣宗以室韦户置。隶北

---

① 《辽史》卷33《营卫志下》，中华书局校点本，第388页。以下引文均见此。
② 《辽史》卷33《营卫志下》，中华书局校点本，第390页。
③ 同上书，第391页。

府，节度使属西北路招讨司"。西北路招讨司的防地，在今内蒙中东部。术哲达鲁虢部，"圣宗以达鲁虢户置。隶北府，节度使属东北路统军司。戍境内，居境外"。境内、境外大概是以今大兴安岭为界。

梅古悉部，"圣宗以唐古户置。隶北府，节度使属西南面招讨司"。颉的部，"圣宗以唐古户置。隶北府，节度使属西南面招讨司"。匿讫唐古部，"圣宗置。隶北府，节度使属西南面招讨司"。北唐古部，"圣宗以唐古户置。隶北府，节度使属黄龙府都部署司，戍府南"。南唐古部、鹤剌唐古部，均为圣宗所置，节度使属西南面招讨司。"唐古"又作"唐古特"，是指党项人，即西夏人。辽代西南面招讨司是为防御西夏而设，故以唐古所置各部，除北唐古节度使隶黄龙府都部署司（治今吉林农安县）以外，其余均属西南面招讨司。

北敌烈部，"圣宗以敌烈户置，戍隗乌古部"。敌烈与乌古是邻族，在今内蒙古呼伦贝尔市境内。河西部，"圣宗置。隶北府，节度使属东北路统军司"。薛特部，"开泰四年，以回鹘户置。隶北府，居兹仁县北"。慈仁县属永州。河西部是以河西地区唐古人、回鹘人所置，薛特部是以回鹘人所置。说明辽圣宗时代已征服了部分唐古人和回鹘人，移其民以置部。

达马鼻古德部，"圣宗以鼻古德户置。隶南府，节度使属东北路统军司"；伯斯鼻古德部，"初隶诸宫，圣宗以户口蕃息置部。隶北府，节度使属东北路统军司，戍境内，居境外"。辽太宗天显三年（928年）十一月，有"鼻古德来贡"的记载，说明其族早在辽朝初年即已归附辽朝，最初隶属于宫帐，为帝后服役，到辽圣宗时人口增多，故脱离宫帐，独立成部。

五国部，"部阿里国、盆奴里国、奥里米国、越里笃国、越里吉国，圣宗时来附，命居本土，以镇东北境，属黄龙府都部署司"。五国部实为五小部，居住在今松花江下游、黑龙江下游，由于路途遥远，辽朝将它视为一部加以管理。

上述辽圣宗三十四部族，与辽太祖时代的二十部族有很大变化。其一是原先同一部析置为若干部，如特里勉部、南剋部与北剋部；其二是将宫户脱籍置部，如奥衍女直部，"自此至河西部，皆俘获诸国之民。诸隶诸宫，户口蕃息置新部";其三是以被征服的民族置部,如北唐古部、南唐古部、薛特部;其四是以归顺的民族置部,如五国部。显而易见,各部居民人口的增多,是置部的基本条件。

此外,还有国外十部,此"十部不能成国,附庸于辽,时服时叛,各有职贡,犹唐人之有羁縻州也"。[①]

诸宫籍之人,具有半奴隶性质。将这些人脱离宫籍,组成新部,其人身获得了自由,上升为平民百姓,有力地调动了这些人的劳动积极性,于国于民都大有好处。因此,萧太后和辽圣宗的增置新部,是对生产力的大解放。辽圣宗时代经济的繁荣,与此有一定的关系。

不过还应当看到,新置的部族有相当多的一部分调离了其原住地。例如原居河西的北唐古部、南唐古部、河西部,被迁移东北路统军司属下,原居西北的隗衍突厥部,改属黄龙麻都部署司;原居东北的奥衍女直部被迁移到漠北的镇州,乙典女直部被迁移到中京道的高州。这种民族大迁移的目的,一是他们脱离了原住地便于管理,削弱其势力;二是"以夷制夷",使不同的民族相互监督,防止他们叛变作乱。这是古代统治者常用的统治办法,契丹人在全国来说,人数并不算多,要统治众多的少数民族,不能不动脑筋想办法,迁移部族即是其中一个有效的办法。由此不难看出,萧太后虽是女辈,然而却很有政治家的眼光,不愧为女政治家。

---

① 《辽史》卷33《营卫志下》,中华书局校点本,第393页。

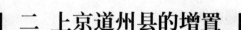

二 上京道州县的增置

最初的上京道，包括有后来的中京道在内，北起潢河（今西拉木伦河），南到土河（今老哈河），属于契丹人的发祥地。史称："上京，太祖创业之地。负山抱海，天险足以为固。地沃宜耕种，水草便畜牧。"[①] 上京是辽朝最早的都城（首都），上京道是设置最早的国家一级地方行政区。其居民除契丹人、奚族人以外，更多的是从燕蓟迁来的汉族人和从"海东盛国"旧地迁移来的渤海人。因此，在上京道契丹人、奚族人的部族与汉族人、渤海人的州县，往往是交错而并存。契丹贵族的头下州和边防城，多在上京道范围内。

早在辽朝初年，就以俘虏的外族人，主要是汉族人和渤海人，设置了许多州县。据《辽史·地理志》所载，上京临潢府下属的临潢县，"太祖天赞初南攻燕、蓟，以所俘人户散居潢水之北，县临潢水，故以名"。临潢县治设在上京城中，管辖上京城四周的土地。潞县，"本幽州潞县民，天赞元年，太祖破蓟州，掠潞县民，布于京东，与渤海人杂处"。长泰县，"本渤海国长平县民，太祖伐大𬤇撰，先得是邑，迁其人于京西北，与汉民杂居"。定霸县，"本扶余府强师县民，太祖下扶余，迁其人于京西，与汉人杂处，分地耕种"。仪坤州广义县，"本回鹘部牧地，应天皇后以四征所俘居之，因建州县"。龙化州龙化县，"太祖东伐女直，南掠燕、蓟，所俘建城置邑"。

辽太宗、辽世宗、辽穆宗时代，也以俘虏置州县。例如饶州安民县，"太宗以渤海诸邑所俘杂置"。怀州显理县，"本显理府人，太祖代渤海，俘

① 《辽史》卷37《地理志一》，中华书局校点本，第440页。

其王大谭撰，迁民于此，世宗置县"。降圣州，"本大部落东楼之地，太祖春月行帐多驻此……穆宗建州，四面各三十里，禁樵采放牧。"所属的永安县，"本龙原府庆州县名"。①

这些辽朝初年用外族俘虏所建的州县，往往带有原居住州县之名，如潞县、龙泉县、显理县、永安县等。保留原籍州县，一方面可以减少移民俘虏的怀乡之情，安于在异乡辽地居住；另一方面辽朝统治者可以根据县名识别其民族成分，有利于因俗而治。因此，这种初看起来似乎有悖于常理的做法，实有深刻的原因，应予以重视。

到了辽圣宗时代，在上京道除将其南部划给中京道以外，又设置了许多新的州县。今按《辽史·地理志》的顺序，加以介绍和说明。

易俗县、迁辽县、渤海县，此三县都是太平九年（1029年）平定了渤海人大延琳起义以后所设置。大延琳大概是渤海国皇族大氏之后，仕辽为东京舍利军详稳，掌握有一定的军权。东京本是渤海人集居之地，"未有榷酷盐曲之法，关市之征亦甚宽弛。冯延休、韩绍勋相继以燕地平山之法绳之，民不堪命"。又加上燕地（辽中京）大饥，命当地渤海人"漕粟以振燕民，水路艰险，多至覆没"。于是，"民怨思乱"。大延琳大概有复国之念，利用这个机会率众起义，"杀户部使韩绍勋、副使王嘉、四捷军都指挥使萧颇得。延琳遂僭位，号其国曰兴辽，年（号）为天庆"。大延琳起义，得到了女真人和高丽人的响应和支持，"时南、北女直皆从延琳，高丽亦稽其贡"。②辽圣宗急命燕王萧孝穆为都统，萧匹敌为副统，奚六部大王萧蒲奴为都监，派各路大军加以围剿。大延琳据守东京城（辽阳城）坚持了一年之久，后来由于内部"贼将"杨详世秘密投降，打开了东京城的南城门，辽军蜂拥而入，大延琳被俘处死。大延琳起义震动很大，事后辽朝廷将东京城附近的渤海人大多迁移到上京城附近，新设置了易俗县、迁辽县、渤海县。

兴仁县，为临潢府属县，史称开泰二年（1013年）置，未载其居民来自何地。兴仁县设于大延琳起义之前，其设置似与大延琳起义无关。

---

① 以上引文均见《辽史》卷37《地理志一》，中华书局校点本，第439、443、447页。

② 《辽史》卷17《圣宗八》，中华书局校点本，第203—204页。

宣化县，临潢府属县，"本辽东神化县民，太祖破鸭渌府，尽徙其民居京之南。统和八年，以诸宫提辖司人员置"。神化县属鸭渌府，其民应为渤海人。诸宫提辖司人户，多为蕃汉转户，即诸部族人和汉族人。若此，宣化县居民应为渤海人和蕃汉转户，属于多民族之县。

徽州，为辽景宗和萧太后之长女秦晋国大长公主所建置。其设置时代《辽史》无载。《地理志》称：徽州有"媵臣万户，在宜州之北二百里，因建州城"。《公主表》载，"皇后尤加爱，赐奴婢万口"。①媵臣即奴婢，则徽州之置，奴婢之赐，均应当在辽景宗末年，或辽圣宗初年。

成州，"圣宗女晋国长公主以上赐媵臣户置"。圣宗有十四女，长女名燕哥、贵妃所生。据《辽史·公主表》，燕哥先后封随国公主、秦国公主、宋国长公主、无晋国长公主的封号。其次女名岩母堇，钦哀皇后所生。"开泰七年，封魏国公主。进封秦国长公主，改封秦晋国长公主"。②以封号而言，成州应为岩母堇所建，其设置时间，应在开泰七年（1018年）以后，至太平年间（1020—1030年）。

镇州，"统和二十二年皇太妃奏置。选诸部族二万余骑充屯军，专捍御室韦、羽厥等国，凡有征讨，不得抽移。渤海、女直、汉人配流之家七百余户，分居镇、防、维三州。东南至上京三千余里"。③所谓皇太妃，即萧太后之姊齐妃。镇、防、维三州是同时所置，其居民为汉人、渤海人、女真人。据考订，镇州故址为蒙古国鄂尔浑河与土拉河之间的青·托罗盖古城，维州故址为其西20公里的哈鲁哈音河上的哈拉布黑·巴勒嘎斯古城，防州故址为其略南的塔勒·乌兰·巴勒嘎斯古城。④

招州，"开泰三年以女直户置，隶西北路招讨司"。史载，开泰三年（1014年）三月，"遣耶律世良城招州"。则招州城始置于开泰三年三月。西

---

① 《辽史》卷65《公主表》，中华书局校点本，第1001页。
② 《辽史》卷65《公主表》，中华书局校点本，第1003—1004页。
③ 《辽史》卷37《地理志一》，中华书局校点本，第451页。
④ 景爱：《关于呼伦贝尔边壕的时代》，《社会科学战线》1982年第1期。

北路招讨司驻镇，州，故招州应在镇州附近，当在鄂尔浑河东岸。①

　　《辽史·地理志》上京道有许多州县城，未注明其设置之时代。可以确定为辽圣宗时代所设置者，有易俗、迁辽、渤海、兴仁、宣化、徽州、成州、镇州、防州、维州、招州，共11州县。时代不明的州县中，也会有辽圣京时代所设置者。上京道本是契丹人内地，大量州县的设置，对于上京道的开发，会产生重要作用。

① 景爱：《关于呼伦贝尔边壕的时代》，《社会科学战线》1982年第1期。

三 东京道州县的增置

东京道原是渤海国旧地。辽太祖灭亡渤海国以后，虽然将部分渤海人迁移到上京道地区，设州县以居之，不过大部分人仍居留于渤海旧地，以耶律倍为东丹王统治之。东丹国始于天显元年（926年），到乾亨四年（982年）国除，前后存在了57年。辽阳为东丹国之都城，称天福城，以其在上京城之南，故称南京。天显十一年（936年），辽太宗将幽州改称南京以后，于天显十三年（938年），将天福城改为东京，设立了东京道。

渤海国属于唐朝的蕃属，实行州县制，设立了许多州县。辽朝曾沿用了渤海国的州县，不过对其名称作了改变。例如将常乐县改为辽阳县，将永丰县改为仙乡县，将鸡山县改为鹤野县，将花山县改为析木县，将长宁县改为兴辽县。改易县名，有利于泯灭渤海人的民族意识，缓解契丹人与渤海人的隔阂，有利于加强统治。

到了辽圣宗即位以后，距辽初已有60余年。由于人口的自然增殖，居民已大为增多。再加上不断与高丽的战争，东北疆域又有所扩大。故而在辽圣宗时代，东京道增设了许多州县。仍按《辽史·地理志》的顺序，说明如下。

开州开远县，渤海为东京龙府。"辽太祖平渤海，徙其民于大部落，城遂废。圣宗伐高丽还，周览城基，复加完葺。开泰三年，迁双、韩二州千余户实之。"开州"统州三、县一"，县称开远县，"本栅城地，高丽为龙原县，渤海因之，辽初废，圣宗东讨，复置以军额，民户一千"。开州开远县故址，为今吉林珲春县西半拉城子古城。双州为渤海旧地，居民是渤海人。

盐州，本渤海龙河郡，辽初已废。开泰三年（1014年）复置，"隶开州”，户三百。

穆州会农县，本渤海会农郡，辽初已废，开泰三年复置，"隶开州"，户三百，渤海人。

贺州，本渤海吉理郡，辽初已废，开泰三年复置，"隶开州"，户三百，渤海人。

定州定东县，"高丽置州，故县一，曰定东。圣宗统和十三年升军，迁辽西民实之。曰定东。圣宗统和十三年升军，迁辽西民实之。隶东京留守司，统县一：定东县"。"户八百"。定州、定东县故址，在今辽宁丹东附近。

保州、来远县，"高丽置州，故县一，曰来远。圣宗以高丽王询擅立，问罪不服，统和末，高丽降，开泰三年取其保、定二州"。保州、来远县故址，在今鸭绿江左岸，朝鲜平安北道新义州附近。来远县，"初徙辽西诸县民实之，又徙奚、汉兵七百防戍焉。户一千"。

宣州，"开泰三年徙汉户置。隶保州"。《辽史·圣宗纪》：开泰三年夏，"诏国舅详稳萧敌烈、东京留守耶律团石等讨高丽，造浮梁于鸭绿江，城保、宣义、定远等州"。[①]宣义即宣州，宣州为宣义州之省。宣州故址，在今丹东附近。

怀化军，"下、刺史。开泰三年置。隶保州"。怀化军与保州同时置，隶属于保州，其故址应在保州附近，即朝鲜新义州附近。

来远城，"本熟女真地。统和中伐高丽，以燕军骁猛，置两指挥，建城防戍。兵事隶东京统军司"。《辽史·圣宗纪》载，统和九年（991年）二月，"建威寇、振化、来远三城，屯戍卒"。[②]宋人曾公亮《武经总要》前集卷22，对来远城的修建也有相似的记载。《高丽史》称来远城为"水中之地"，即江中之岛屿。据此可知，来远城应在鸭绿江中，有人认为在朝鲜平安北道义州附近，有人认为在丹东九连城以东的黔定岛上。

宗州，"在辽东石熊山，耶律隆运以所俘汉民置。圣宗立为州，立文忠王府，属提辖司。统县一：熊山县。本渤海县地"。按：《辽史·营卫志》文

① 《辽史》卷15《圣宗六》，中华书局校点本，第175页。
② 《辽史》卷13《圣宗四》，中华书局校点本，第141页。

忠王府提辖司有六，分别在上京、中京、南京、西京、奉圣州、平州，东京无提辖司，有所遗漏。辽东石熊山，是以山石似熊而得名。又，卢州有熊岳县，傍海有熊岳山。熊山县与熊岳县可能彼此相近。统和二十二年（1004年），韩德让"徙王晋，赐姓，出宫籍，隶横帐季父房后，乃改赐今名，位亲王上，赐田宅及陪葬地"。[①]宗州和熊山县，或当建置于此时。

乾州，"圣宗统和三年置，以奉景宗乾陵"。统奉陵、延昌、灵山、司农四县及海北州，海北州是以汉户置，"地在闾山之西，南海之北。初隶宜州，后属乾州。统县一：开义县"。乾州故地，在今辽宁义县城南四十里之开州屯，"城址周一里"。

贵德州，"圣宗建贵德军，后更名。有陀山、大宝山"。统县二："贵德县，本汉襄平县，渤海为崇山县。奉德县，本渤海城县地，尝置奉德州。"贵德州故址在抚顺市城北高尔山上，贵德县在高尔山前，奉德县在古城子。

广州，"渤海为铁利郡，太祖迁渤海人居之，建铁利州。统和八年省，开泰七年以汉户置。统县一：昌义县"。广州故址在沈阳西南章义县治，昌义县治北之大高华堡为昌义县故址。

韩州，"太宗置三河、榆河二州，圣宗并二州置。隶延昌宫，兵事隶北女直兵马司。统县一：柳河县"。辽代韩州故址，初为内蒙古科尔沁左翼后旗城四家子古城，由于风沙之害，先迁到辽河以东昌图县八面城，后来又迁到吉林梨树县偏脸古城。

信州，"渤海置怀远府，今废。圣宗以其地邻高丽，开泰初置州，以所俘汉民居之，兵事属黄龙府都部署司"。属县二：武昌县、定武县。其故址为吉林公主岭市（旧称怀德县）西北新集城（即秦家屯古城）。

宾州，"本渤海城，统和十七年，迁兀惹户，置刺史于鸭子、混同二水之间，后升。兵事隶黄龙府都部署司"。宾州故址在今吉林省农安县东北之红石砑（今称红石垒）。

龙州，"本渤海扶余府……保宁七年，军将燕颇叛，府废。开泰九年，迁城于东北，以宗州、植州汉户一千复置。统州五、县三"。县三为黄龙县、

————————————
① 《辽史》卷82《耶律隆运传》，中华书局校点本，第1290页。

迁民县、永平县；州五为益州、安远州、威州、清州、雍州。龙州故址，在今吉林农安县农安塔之地。

冀州，"防御。圣宗建，升永安军"。其故址，今地不详。

懿州，"太平三年越国公主以媵臣户置。初曰庆懿军，更曰广顺军，隶上京。清宁七年宣懿皇后进入，改今名"。统县二："宁昌县、顺安县。史载上京道头下军州另有一懿州，军号亦称广顺军"，圣宗女燕国长公主以上赐媵臣户置。在显州东北二百里，因建州城。西北至上京八百里。户四千。"此二懿州实为一地，在东京道、不在上京道。《辽史》记载有误。懿州故址，在今辽宁阜新县塔营子村。

顺化城，"开泰三年以汉户置。兵事隶东京统军司"。顺化城，金代称顺化营，见王寂《鸭江行部志》。顺化城故址，在辽宁复县、金州交界一带。

宁州，"统和二十九年伐高丽，以渤海降户置。兵事隶东京统军司。统县一：新安县"。宁州故址，在今辽宁复州东北永宁城。

归州，"太祖平渤海，以降户置，后废。统和二十九年伐高丽，以所俘渤海户复置。兵事属南女直汤河司。统县一：归胜县"。归州故址，为今辽宁熊岳县西南归州城。

如上所述，东京道在辽圣宗时代先后增置了开州、开远、盐州、穆州、会农、贺州、定州、定东、保州、来远县、宣州、怀化、来远城、宗州、熊山、乾州、奉陵、延昌、灵山、司农、海北州、贵德州、贵德、奉德、广州、昌义、韩州、柳河、信州、武昌、定武、宾州、龙州、黄龙、迁民、永平、益州、安远州、威州、清州、雍州、冀州、懿州、宁昌、顺安、顺化、宁州、新安、归州、归胜50个州县。还有些建置年代不详的州县，其中也会有辽圣宗时代所置。仅以这50州县而言，即占东京道全部州县的1/3左右，可知辽圣宗时代所置州县之多。这些州县后来大部分为金代所沿用，在历史上颇为重要。

四 中京道州县的增置

中京道是辽圣宗时代所增设，在此以前这里的州县属于上京道。这在《地理志》中，可以看得出来。例如恩州"本汉新安平县地，太宗建州"，惠州"本唐归义州地，太祖俘汉民数百户兔麑山下，创城居之，置州"。锦州"本汉辽东无虑县，慕容皝置西乐县，太祖以汉俘建州"。建州，"唐武德中，置昌乐县。太祖完葺故垒，置州"。这些州县均是辽初所置，可知辽圣宗以前，这里的州县设置比较少，其原因是"多大山深谷"，不宜于耕种，辽朝初年所建的州县，多实以汉族、渤海俘虏从事农业耕种，故多设置于有地可耕的地区。

辽中京建立以后，曾大量设置州县。仍按《地理志》的顺序加以说明。

富庶县，"本汉新安平地，开泰二年析京民置"。富庶县故址，在今辽宁建平县东，大凌河支流牤牛河北岸，称公营子古城，周长1600米。

劝农县，"本汉宾从县地，开泰二年析京民置"。劝富县故址，为今内蒙古宁城县西南二台子村黑城。原是西汉右北平郡治平刚城，后为辽代所沿用。《贾师训墓志》称"藏于京南劝农县西德山之阳"，其墓地恰在黑城之南，证明黑城为辽代劝农县故址。[1]

文定县，"开泰二年析京民置"。文定县故址，在今辽宁建平县西北。

升平县，"开泰二年析京民置"。升平县故址今地不详。

神水县，"本汉徒河县地。开泰二年置"。《辽史·圣宗纪》载，开泰二年二月，诏以"女河川为神水县"。女河川，清代称作女河，今称女儿河，

① 陈述辑校：《全辽文》第255页，中华书局1982年。

在葫芦岛市（旧称锦西县）境内，合小凌河注入渤海。神水县当在女儿河上，辽代女儿河或有神水之称。

金源县，"本唐青山县境，开泰二年析京民置"。金源县又作金原县，《辽史·圣宗纪》载，开泰二年二月，诏以"金甸子为金原县"。《元一统志》称，金源县"东至兴中州界青山岭二十里"，①青山岭又作青峦岭，金源县在青山岭以西二十里，应在辽宁建平县东部。

上述富庶、劝农、文定、升平、金源五县，均是"析京民置"。这里所称的"京"，应指辽上京道。辽初曾在上京附近以汉族人、渤海人建县，从事农业开发。到了开泰初年，已近百年，随着人口的增多，土地沙漠化相当严重，韩州因为"常苦风沙"之害，由辽河西岸迁移到辽河东岸。②将上京道之民迁移到中京道置州县，显然不是偶然的。

惠和县，"圣宗迁上京惠和县，括诸宫院落帐户置"。惠和县为惠州属县，《热河志》称惠和县在建昌县北，敖汉旗西境博罗科有废城，周四里，城北山上有浮屠，当为惠和城。此地今在辽宁建平县境内。

高州，"开泰中，圣宗伐高丽，以俘户置高州"，统县一：三韩县。按：《辽史·圣宗纪》统和七年正月，"以东京骑将夏贞显之子仙寿先登，授高州刺史"。③则高州之置不在开泰年间，而当为统和七年（989年）或此前。关于高州之地望，众说纷纭，难以定论。

利州，"观察，本中京阜俗县。统和二十六年置刺史州，开泰元年升。属中京。统县一：阜俗县"。阜俗县，"唐末，契丹强盛，役使奚人，迁居琵琶川，统和四年置县"。利州、阜俗县故址，清人钱大昕考证为辽宁喀喇沁左旗大城子，至确。今人多依其说。

泽州，"太祖俘蔚州民，立寨居之，采炼陷河银冶……开泰中置泽州"。统县二：神山县、滦河县。神山，今称黑山，在河北平泉县城南。滦河指其支流陷河，今称瀑河。泽州治神山县，其故址为平泉县会州城。金代改泽

---

① 《元一统志》（赵万里辑本）卷2《辽阳等处行中书省》，中华书局排印本，第194页。
② 景爱：《沙漠考古通论》，紫禁城出版社1999年版，第95—102页。
③ 《辽史》卷12《圣宗三》，中华书局校点本，第133页。

州为惠州，明代将惠州写作会州，故当地人称之为会州城。滦河县当为滦河下游滦阳城。

北安州，"唐为奚王府西有地，圣宗以汉户置北安州。属中京，统县一：兴化县"。北安州旧地为今河北隆化县皇姑屯，清代称博罗河屯。兴化县为北安州治，亦在此。

潭州，"本中京之龙山县，开泰中置州，仍属中京。统县一：龙山县……开泰二年，以习家寨置"。潭州、龙山县，在辽宁喀喇沁左翼蒙古自治县喀喇城。

松山州，"开泰中置……统县一：松山县。本汉文成县地，边松漠，商贾会冲。开泰二年置县，有松山川"。松山川之"川"字，不是指河流，而是指平川而言。《敕勒歌》中的敕勒川指今阴山南的土默特平原，《水经注》中柔玄镇之长川（《资治通鉴》作牛川），也是指平川而言。[1]辽代松山州有二，一为头下州，"本辽泽大部落，横帐普古王牧地。有松山，北至上京一百七十里，户五百"。[2]此城为今内蒙古巴林右旗布敦花古城，周长2220米，有内外二城。[3]另一为中京道松山州，在赤峰市区西南松山区城子乡，周长约2000米，城西北有佛塔，西南有佛寺。[4]城南有半支箭河，城北有阴河，河网密布，南北交通发达，与"商贾会冲"的记载相合。这里原先森林密布，是平地松林的边缘，与"边松漠"相合。故城子乡古城为辽中京所属的松山州。

成州，"晋国长公主以媵户置，军曰长庆，隶上京，复改军名。统县一：同昌县"。成州原属上京道，后改入中京道。成州初称睦州，建于太平元年（1021年），改称成州的时间，是在太平十一年（1031年）以后。金代废成州存同昌县，在辽宁阜新县红帽子城南，发现有《同昌县里堠碑》，碑文称"北至本县三里"，证明红帽子古城即辽成州同昌县故址。

霸州，"太祖平奚及俘燕民，将建城，命韩知方择其处。乃完葺柳城，

---

① 景爱：《中国长城史》，上海人民出版社2006年版，第214页。

② 《辽史》卷37《地理志一》，中华书局校点本，第450页。

③ 韩仁信：《辽代城址探源》，远方出版社2003年版，第8—12页。

④ 张松柏、任学军：《辽金松山州遗址调查》，载《内蒙古文物考古》，1986年第4期。

号霸州彰武军",后改称兴中府,故址为今辽宁朝阳市老城区。"统和中,制置建、霸、宜、锦、白川等五州……重熙十年升兴中府。统州二、县四。"

象雷县,"开泰二年以麦务川置"。或谓象雷县在建宁建平县境内。

闾山县,"开泰二年以罗家军置"。罗家军又作卢家军,见顾祖禹《读史方舆纪要》。《辽史·圣宗纪》,开泰二年二月,诏以"罗家军为闾山县。"闾山县,今地不详。

安德州、安德县,安德州"以霸州安德县置";安德县,"统和八年析霸城东南龙山徙河境户置"。安德州、安德县故址,或认为在朝阳市南柏木山上,或认为朝阳市南五十家子古城。

岩州,"本汉海阳县地。辽祖平渤海,迁汉户杂民兴州境,圣宗于此建城焉……统县一:兴城县"。兴城县,今仍其名,在渤海西岸,属葫芦岛市。旧称在海中觉华岛(又称桃花岛),不确。

川州,"会同三年,诏为白川州。安端子察割以大逆诛,没入,省曰川州。初隶崇德宫,统和中属文忠王府。统县三:弘理县,统和八年以诸宫提辖司户置。咸康县,宜民县,统和中置"。川州(白川州)故址为今北票县四家板村古城,有开泰二年《佛顶尊胜陀罗尼石幢记》"白川州咸康县令"可证。

建州,本为石晋太后耕种地,由于水患频发,"圣宗迁于河北唐崇州故城,初名武宁军,隶永兴宫,后属敦睦宫。"统县二:永霸县、永康县。建州故址有二,初在朝阳市西大凌河南岸木头城子,后迁于大凌河北黄花滩古城。

来州,"圣宗以女直五部岁饥来归,置州居之"。统县一:来宾县,"本唐来远县地"。来州、来宾县故址,在辽宁绥中县沙河站附近,有《来宾县里堠碑》可以为证。碑称:"西至州单堠三十五里。"其西三十里有前卫古城,即其地。

隰州,"圣宗括帐户迁信州,大雪不能进,建城于此,置焉"。"统县一:海滨县。本汉县,濒海、海,地多碱卤,置盐场于此。"隰州海滨县故址,在今辽宁兴城县城西东关站村,有《来宾县里堠碑》可以为证,碑称:"东至海滨界首刘兰头庄三十五里。"

迁州,"本汉阳和县地。圣宗平大延琳,迁归州民置,来属。有箭笴

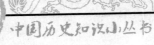

山。统县一：迁民县"。箭笴山在今河北抚宁县北、青龙县南，抚宁县原属临渝县，迁州、迁民县故址，应在今抚宁县东部，或秦皇岛市山海关区一带。

润州，"圣宗平大延琳，迁宁州之民居此，置州。统县一：海阳县。本汉阳乐县地，迁润州，本东京城内渤海民户，因叛移于此"。润州、海阳故地，为今抚宁县境内海阳镇，其名仍旧。

辽中京道在辽圣宗年间，新增置州县40余处，占中京道全部州县的2/3以上。就比例而言，要比上京道、东京道为高。这是因为中京道原有的州县不多的缘故，与上京道、东京道有所不同。

辽圣宗时代新置州县一览表

顺号	州县名称	设置时间	居民来源	民族成分
1	易俗县	太平九年	东京道	渤海
2	迁辽县	同上	同上	渤海
3	渤海县	同上	同上	渤海
4	兴仁县	开泰二年	同上	渤海
5	宣化县	统和八年	诸宫提辖司	蕃汉
6	徽州	统和初年		蕃汉
7	成州	太平元年		蕃汉
8	镇州	统和二十二年		渤海、女真
9	防州	同上		渤海、女真
10	维州	同上		渤海、女真
11	招州	太平三年		女真
12	开州	开泰三年	东京道	渤海
13	开远县	同上	同上	渤海
14	盐州	同上		渤海
15	穆州	同上		渤海
16	贺州	同上		渤海

续表

顺号	州县名称	设置时间	居民来源	民族成分
17	定州	统和十三年	辽西	
18	定东县	同上	辽西	
19	保州	开泰三年	辽西	
20	来远县	同上		奚族、汉族
21	宣州	同上		汉族
22	怀化军	同上		
23	来远城	统和九年		汉族
24	来远城	统和二十二年		汉族
25	熊山县	同上		汉族
26	乾州	统和三年		汉族
27	奉陵县	同上	落帐户	汉族
28	延昌县	同上	宫户	
29	灵山县	同上		渤海
30	司农县	同上		渤海
31	贵德州	圣宗时代		汉族
32	贵德县	同上		汉族
33	奉德县	同上		汉族
34	广州	开泰七年		汉族
35	昌义县	同上		汉族
36	韩州	圣宗时代		
37	柳河县	同上		
38	信州	同上		汉族
39	武昌县	同上		汉族
40	定武县	同上		汉族
41	宾州	统和十七年		兀惹

续表

顺号	州县名称	设置时间	居民来源	民族成分
42	龙州	开泰九年	宗州、檀州	汉族
43	黄龙县	同上	同上	汉族
44	迁民县	同上	同上	汉族
45	永平县	同上	同上	汉族
46	益州	同上	同上	汉族
47	静远县	同上	同上	汉族
48	安远州	同上	同上	汉族
49	威州	同上	同上	汉族
50	清州	同上	同上	汉族
51	雍州	同上	同上	汉族
52	冀州	圣宗时代		
53	懿州	太平三年	媵臣户	
54	宁昌县	同上	同上	
55	顺安县	同上	同上	
56	顺化城	开泰三年		汉族
57	宁州	统和二十九年		渤海
58	新安县	同上		渤海
59	归州	同上		渤海
60	归胜县	同上		渤海
61	富庶县	开泰二年	上京道	
62	劝农县	同上	同上	
63	文定县	同上	同上	
64	升平县	同上	同上	
65	神水县	同上	同上	
66	金源县	同上	同上	

顺号	州县名称	设置时间	居民来源	民族成分
67	惠州	圣宗时代	同上	
68	惠和县	同上	同上	
69	高州	统和七年		渤海
70	三韩县	同上		渤海
71	利州	统和二十六年		渤海
72	阜俗县	同上		奚族
73	泽州	开泰年间	西京道	汉族
74	神山县	同上	同上	汉族
75	滦河县	同上	南京道	汉族
76	北安州	圣宗时代		汉族
77	兴化县	同上		汉族
78	潭州	开泰年间		汉族
79	龙山县	同上		
80	松山州	开泰二年		
81	霸州	统和年间		奚族、汉族
82	象雷县	开泰二年		
83	闾山县	开泰二年		
84	安德州	统和八年	霸城县	
85	安德县	同上	同上	
86	岩州	圣宗时代		汉族
87	兴城县	同上		汉族
88	川州	统和年间		
89	弘理县	统和八年	诸宫提辖司	
90	咸康县	统和年间		
91	宜民县	同上		

顺号	州县名称	设置时间	居民来源	民族成分
92	建州	圣宗时代		
93	永霸县	同上		
94	永康县	同上		
95	来州	同上		女真
96	来宾县	同上		女真
97	隰州	同上		
98	海滨县	同上		
99	迁州	太平九年	南京道	汉族
100	迁民县	同上	同上	汉族
101	润州	同上		
102	海阳县	同上		

　　据上表可知，辽圣宗时代新置的州县至少有102处。还有些州县，《辽史》未注明时代，其中也应包含有辽圣宗时代所设置者。仅这102处而言，数量也相当可观。《辽史》称："总京五，府六，州、军、城百五十有六，县二百有九。"[①]辽圣宗一代即新置州县102处，所占的比例是比较大的。

　　从上表可以看出，新置的州县居民多为汉族、渤海、奚族，少量为女真、兀惹，诸提辖司人户也不外乎这些蕃、汉转户。州县居民多为迁移而来，其迁移的方向是：东京道的渤海人，大多迁往上京道、中京道，少量迁往漠北的镇、防、维三州。东京道的女真人，也有迁往镇、防、维、招州者。汉族人来自南京道和西京道（当时西京道尚未建立，此借指西京道地区），他们迁移到上京道、东京道、中京道各地州县，数量比较多。新置州县的居民民族成分，与辽朝初年基本相同。

　　迁移契丹以外的异族人建置新州县，既有政治原因，又有经济原因。大延琳起义以后，为了防止渤海人再次聚众叛乱，将东京道的原住民渤海人大量迁往上京道和中京道，是最好的例证。将汉族人迁往东京道和中京道，既有政

————————
① 《辽史》卷37《地理志一》，中华书局校点本，第438页。

治原因又有经济原因，因为汉族人的技艺水平在当时是最高的。汉族人的迁移，有利于先进技艺的传播。居民迁移的结果，形成了不同民族犬牙交错的局面。契丹统治者的政治目的是"以夷制夷"，然而在客观上民族的杂居，却有利于各民族的经济文化交流，为促进经济文化发展创造了条件。

在辽圣宗以前，中京道属于地旷人稀之地。中京道及所属州县的建置，使这里的居民迅速增多，加快了这里的开发建设。渤海人大量迁入中京道各州县，他们不仅长于农耕，又善于采矿冶炼，据王曾使辽所见，柳河馆铁冶、富谷（读作峪）馆打造车辆，都是由渤海人操作。中京道州县的建置、移民的增多，使这里由原先欠发达地区很快转变为发达地区。因此，《辽史》称："大抵西京多边防官，南京、中京多财赋官。"①表明中京道和南京道是当时财赋的主要来源地区，财赋的多少与其经济发展水平有直接的关系，反映出辽圣宗以后中京道地区的经济有了相当高的发展水平。

因此，辽圣宗时代增置新的州县，既是社会发展形势的需要，属于明智之举，同时也反映出摄理国政的萧太后和辽圣宗具有远见卓识的政治眼光和高超的治国能力，"睿智皇后"对于萧太后来说是名副其实的，一点也不夸张。

---

① 《辽史》卷48《百官志四》，中华书局校点本，第801页。

第十一章

萧太后与韩德让

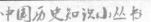

　　韩德让是汉族人，辽景宗、辽圣宗时代的重臣。在辽景宗病危之际，他与契丹大臣耶律斜轸"俱受顾命"，辽景宗嘱咐他们要拥立皇太子梁王耶律隆绪即位。辽景宗驾崩之时，梁王耶律隆绪只有十二岁，当时，觊觎皇位的契丹贵族很多，萧太后势孤力单，有"母寡子弱"之叹。幸亏韩德让与耶律斜轸依照辽景宗的遗嘱，将梁王耶律隆绪推向皇帝的宝座，萧太后得以摄政，转危为安。

　　自此以后，韩德让备受重用，先后与耶律斜轸、室昉"同心辅政"。在耶律斜轸、室昉死后，韩德让独掌朝廷大权，为北府宰相枢密使，集军政大权于一身。最后，韩德让被封王、赐姓、改名，隶横帐季父房之后，位亲王之上，成为有辽一代地位最高的汉族官僚。

　　韩德让之所以能飞黄腾达到如此地步，与其家庭出身和萧太后对他的重视信任，以及韩德让本人的才干都有密切的关系。不过宋朝人站在敌对的立场上，却极力丑化萧太后，捏造事实诬陷萧太后与韩德让私通，今人更是变本加厉，盛传萧太后与韩德让是事实上的夫妻云云。有鉴于此，我们应当认真审查宋朝人的记载，指出其记载失实以及不实记载的原因，恢复历史的本来面目。

一　韩德让的家世

　　韩德让祖籍是蓟州玉田，即今河北唐山市玉田县。其祖父名叫韩知古，史载："太祖平蓟时，知古六岁，为淳钦皇后兄欲稳所得。"①辽太祖平蓟，见于《辽史》。唐天复元年（901年）耶律阿保机被痕德堇可汗任命为"本部夷离堇，专征讨，连破室韦、于厥及奚帅辖剌哥，俘获甚众。冬十月，授大迭烈府夷离堇"。在此以后的第二年，即天复三年（903年）冬

① 《辽史》卷74《韩知古传》，中华书局校点本，第1233页。

十月，"引军略至蓟北，俘获以还"。①韩知古就是在这一年被契丹军队所俘
虏。因为在建国以前，耶律阿保机"平蓟"有时间的记载，只有这一次而已。
韩知古时年六岁，则韩知古当出生于897年，即唐昭宗乾宁四年（丁巳、不过
《辽史》又记载，在耶律阿保机取代痕德堇可汗以后的第三年（909年，后梁
开平三年）四月，"诏左仆射韩知古建碑龙化州大广寺以纪功德"。②如果韩知
古6岁于903年被俘，这一年他只有11岁（周岁），还是一个孩子，岂能受命当
官，建龙化州功德碑？这显然是不可能的。阿保机受命征讨始于901年，其间
只有一次"平蓟"，这一点是肯定无疑的。《韩知古传》称其六岁被俘，可能
不准确，六岁应是十六岁之误。如果他天复三年（903年）被俘时十六岁，到
后梁开平三年(909年）他已经二十二岁，担任左仆射时主持龙化州纪功碑，应
是毫无疑问之事。

　　韩知古是被欲稳所俘虏，欲稳是述律平之兄，当时述律平尚未出嫁。后
来，述律平嫁给耶律阿保机，其时阿保机尚未称帝，阿保机称帝以后，述律平
成为阿保机的皇后，她死后被谥为淳钦皇后。当述律平出嫁给阿保机时，韩知
古以陪嫁奴婢的身份被带到阿保机家中，这种陪嫁奴隶在辽代被称作媵臣。故
《韩知古传》称："后来媵，知古从焉。"③由于韩知古只是一名随嫁的奴隶，
地位低下，因此，在一段时间内，韩知古"未得省见"，即没有受到阿保机
的重视。"久之，负其有，怏怏不得志，挺身逃庸保，以供资用。"《韩知
古传》上述记载，与《太祖纪》开平二年(908年）四月韩知古以左仆射的身份
"建碑龙化州大广寺以纪功德"相参证，则知韩知古很早就被阿保机所发现，
其"未得省见"应是开平二年以前之事。

　　不过《韩知古传》中有一段记载颇值得重视："其子匡嗣得亲近太祖，
因闻言。太祖召见与语，贤之，命参谋议。神册初，遥授彰武军节度使。久
之，信任益笃，总知汉儿司事，兼主诸国礼仪。时仪法疏阔，知古援据故典，

① 《辽史》卷1《太祖上》，中华书局校点本，第2页。
② 同上书，第4页。
③ 《辽史》卷74《韩知古传》，中华书局校点本，第1233页。

参酌国俗，与汉仪杂就之，使国人易知而行。顷之，拜左仆射。"①据此可知，《太祖纪》中开平二年韩知古即有左仆射的官衔属于误记，系错简所致，他官拜左仆射是后来之事，是他的儿子韩匡嗣"间言"即推荐的结果。那么，韩匡嗣为什么受到阿保机的重视，有机会向阿保机推荐自己的父亲呢？这是有原因的。史载"匡嗣以善医，直长乐宫，皇后视之犹子"。②原来韩匡嗣是以"善医"受到重视。在《辽史》所记载的诸宫卫中，应天皇后（即述律平）的宫卫叫长宁宫，长乐宫应是长宁宫之误记。韩匡嗣与其父韩知古一样，也是述律平的奴婢。辽朝初年医药尚不发达，辽太祖长期在外讨伐征战，各种疾病、伤害时有发生，韩匡嗣实际上是辽太祖耶律阿保机的"御医"，朝夕相见，形影不离，因此，他受到辽太祖和应天皇后的亲近，故而有机会向辽太祖"间言"，介绍其父韩知古的才干，得到辽太祖的赏识和重用。

韩匡嗣善医，为皇帝、皇后看病，成为帝、后的保健医生，这一专长不仅使韩知古得到重用，也使韩匡嗣后来转危为安，使他的儿子韩德让得以亲近帝、后，受到帝、后的重用和保护，使韩知古家族变成辽代最著名的世家大族。

韩匡嗣善医，深得养生之道，故其寿长，从辽太祖时代开始历经辽太宗、辽世宗、辽穆宗，一直活到辽景宗时代，死于乾亨三年(981年)。其享年史书无载，不过大体可以计算出来。辽太祖死于天显元年(926年)七月，韩匡嗣在辽太祖逝世以前早就以善医服侍辽太祖和淳钦前后，估计辽太祖死时韩匡嗣的年龄应在20—25岁。从天显元年到乾亨三年（926—981年）是55年，那么，韩匡嗣死时享年应为75—80岁。在辽代来说，应属于长寿之人。

韩匡嗣一生中曾经历了两次危难，结果由于他善医得到了皇帝、皇后的保护而化险为夷。第一次是他被卷入了宋王喜隐的谋叛。宋王喜隐是辽太祖少子李胡之长子，字完德，"雄伟善骑射"。在辽太宗死后，李胡争夺皇位失败以后，又有"与太后谋废立"之举，仍以失败告终，"徙李胡祖州，禁其出入"。不过其子喜隐很不甘心，多次谋乱，企图将皇位夺到手。辽穆宗应历十年（960年）十月，"李胡子喜隐谋反，辞连李胡"，李胡是罪魁祸首，"下

① 《辽史》卷74《韩知古传》，中华书局校点本，第1233—1234页。
② 同上。

狱死"，辽穆宗"临问有状"，对喜隐采取了宽大态度，"以亲释之"。①到了辽景宗时代，喜隐在保宁六年（974年）四月、乾亨二年（980年）二月、乾亨三年（981年）五月先后三次谋反，喜隐被"赐死"。

辽穆宗应历十年十月喜隐的谋反事件，牵涉了韩匡嗣。史称："应历十年，为太庙详稳。后宋王喜隐谋叛，词引匡嗣，上置不问。"②所谓"辞引匡嗣"，是说韩匡嗣参与此事，或为喜隐出谋划策，或为他通报消息，或为他提供方便。喜隐的谋反，旨在夺取皇位，这是一个非常重大的政治案件，喜隐之父李胡也受到影响，喜隐供词中"词连李胡"，结果李胡被"囚之，死狱中"。③喜隐的供词中有"词引匡嗣"，辽穆宗却"置不问"，不予理会。相比之下，不难发现辽穆宗对韩匡嗣作了宽大处理，与对李胡的处理迥然有别。考虑到李胡是辽穆宗的叔父，这种不同的处理方式更值得令人深思，其原因究竟何在？

其实，这个区别对待的原因是不难寻找的，与韩匡嗣的"善医"有关。辽穆宗耶律璟是辽朝残暴的皇帝，史称他"荒耽于酒，畋猎无厌……赏罚无章，朝政不视，而嗜杀不已"。④又称他："好游戏，不亲国事，每夜酣饮，达旦寐，日中方起，国人谓之'睡王'。"⑤如此大量贪酒的人，时间长了必然要产生酒精中毒，危害身体，精神失常。"帝体气卑，恶见妇人"，说明辽穆宗体质极差。其喜怒无常，常常在醉酒以后杀人，甚至"醉中骤加左右官"。在这种情况下，作为御医的韩匡嗣，自然要为辽穆宗醒酒，采取医药为其保健身体，以恢复其精力和健康，韩匡嗣变成了辽穆宗的救命恩人。于是，辽穆宗对韩匡嗣自然会格外的尊崇和爱惜，韩匡嗣成为辽穆宗身边不可离开的御医。因此，韩匡嗣虽然卷入了喜隐的谋反活动，辽穆宗考虑到了御医的特殊身份，只好置之不问，宽大为怀。

到了辽景宗时代，韩匡嗣仍以善医的特殊身份接近了辽景宗，得到了辽

① 《辽史》卷6《穆宗上》，中华书局校点本，第76页；卷72《宗室传》，中华书局校点本，第1214页。

② 《辽史》卷74《韩知古传》，中华书局校点本，第1234页。

③ 《辽史》卷72《宗室传》，中华书局校点本，第1213页。

④ 《辽史》卷7《穆宗下》，中华书局校点本，第87页。

⑤ 《契丹国志》卷5《穆宗天顺皇帝》，上海古籍出版社点校本，第50页。

景宗的重用。史称:"初,景宗在藩邸,善匡嗣。即位,拜上京留守。顷之,王燕,改南京留守。保宁末,以留守摄枢密使。"②辽景宗在藩邸时,就与韩匡嗣甚为要好,也是由于韩匡嗣善医之故。

辽穆宗由于不接近女性而无子,他把耶律贤视为己子,实际上耶律贤成为辽穆宗的义子。史载,应历十九年(是年改元保宁,为保宁元年)二月,辽穆宗召耶律贤"入见",他告诉耶律贤说:"吾儿已成人,可付以政"。①很明显,辽穆宗已把义子耶律贤确定为皇储,作为自己的接班人。同年同月,辽穆宗遇弑身亡,耶律贤随之即位,史称辽景宗。

辽穆宗是由于酗酒过度,身体欠佳而离不开韩匡嗣。辽景宗也是由于自幼即身体不健康而经常接触韩匡嗣。史称:辽景宗"自幼得疾,沉疴连年,四时游猎,间巡故典,体惫不能亲跨马"。出于保健的原因,辽景宗"喜医术、伶伦、针灸之辈"。②由于耶律贤是辽穆宗的义子,故而经常能接触到御医韩匡嗣,向他学习医药、针灸之术,从而相识、相善,成为朋友。耶律贤即位以后,其身体状况未能从根本上好转,会节大朝会,郁郁寡欢,或不视朝者有之。特别是他娶萧燕燕为妃为后以后,房中之事日益增多,生育有四子(其中第四子药师奴为另一皇妃所生),三女,房中保健之术,更需要御医韩匡嗣来教授和指导。因此,辽景宗对韩匡嗣的依赖和信任,进一步得到了加强。故而辽景宗即位以后,即委任韩匡嗣任高官重职,说明对其宠爱有加。

不过,韩匡嗣虽然精通医术,但是做官治国,却非其所长,不断出现错误。在韩匡嗣出任南京留守期间,保宁十年(978年),耶律虎古"使宋还,以宋取河东之意闻于上。燕王韩匡嗣曰:'何以知之?'虎古曰:'诸僭号之国,宋皆并收,唯河东未下。今宋讲武习战,意必在汉。'匡嗣力阻,乃止。明年,宋果伐汉。帝以虎古能料事,器之,乃曰:'吾与匡嗣虑不及此。'"③第二年宋太宗北伐太原刘继元,由于韩匡嗣不听信耶律虎古之言,未做好援助刘继元的准备,结果宋太宗一举灭亡了刘继元的北汉,使辽朝失去了北汉盟

① 《辽史》卷8《景宗上》,中华书局校点本,第89页。
② 《契丹国志》卷6《景宗孝成皇帝》,上海古籍出版社点校本,第60页。
③ 《辽史》卷82《耶律虎古传》,中华书局校点本,第1295页。

国，宋太宗乘胜北上攻打辽南京，发生了著名的高梁河之战。韩匡嗣缺乏政治经验而误国，由此事可以看得很清楚。

韩匡嗣还有败军之举，差一点因此而丢掉了性命。乾亨元年（979年）九月，辽景宗以韩匡嗣为都统伐宋，战于满城。"方阵，宋人请降。匡嗣欲纳之。"耶律休哥认为："彼军气甚锐，疑诱我也，可整顿士卒以御。"然而身为统帅的韩匡嗣却"不听"，没有做迎敌的准备。俄而宋军鼓噪而进，"众蹙践，尘起涨天"。韩匡嗣仓促应战，"无当其锋"，辽军大溃，途中又遇到宋伏兵"扼要路，匡嗣弃旗鼓遁，其众走易州山，独休哥收所弃兵械，全军还"。

事后，辽景宗十分愤怒，他数落韩匡嗣的罪过有五："尔违众谋，深入敌境，尔罪一也；号令不肃，行伍不整，尔罪二也；弃我师旅，挺身鼠窜，尔罪三也；侦候失机，守备弗备，尔罪四也；捐弃旗鼓，捐威辱国，尔罪五也。"犯此五罪，定斩无疑，辽景宗"促令诛之"。然而没有想到的是，"皇后引诸内戚徐为开解，上重违其请。良久，威稍霁，乃杖而免之"。①事后将韩匡嗣贬为晋昌军节度使，改西南面招讨使。

以萧太后为首的诸内戚，竟然出面为韩匡嗣说情，使韩匡嗣免去一死。她们为什么要为韩匡嗣说情？原因很明确，是韩匡嗣以御医的身份为萧太后和其他妃子医治病症，减除了她们的疾病之苦。如果韩匡嗣被诛杀，很难再找到一位医术高明的御医。由此事可以反映出，韩匡嗣的医术是很高明的，成为皇帝、后妃离不开的保健医生。

乾亨三年（981年），韩匡嗣死在西南面招讨使任上。他死后，"睿智皇后闻之，遣使临吊，赙赠甚厚，后追赠尚书令"。②由此可知，韩匡嗣与萧太后的关系极深，其原因显然是韩匡嗣作为御医，曾多次为辽景宗和萧太后治病，辽景宗以衰弱之身留下四儿三女，很能说明一些问题。辽景宗时代，是韩知古家族发展壮大时期，韩匡嗣子女很多，见于《辽史》记载的有韩德源、韩德

---

① 《辽史》卷74《韩匡嗣传》，中华书局校点本，第1234页
② 《辽史》卷74《韩匡嗣传》，中华书局校点本，第1234页

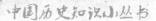

让、韩德威、韩德崇、韩德凝，见于碑志的还有韩德庆、韩德彰，[①]皆为官，活动于辽景宗时代和辽圣宗时代，其中以韩德让最为显赫。韩德让的成名，是韩匡嗣为其奠定的基础。

① 刘凤翥、金永田：《辽代韩匡嗣与其家人三墓志铭考释》，载《中国文化研究所学报》2000年第9期。

二 辽景宗时代的韩德让

韩匡嗣诸子都由于韩匡嗣善医为皇帝御医的原因受到重用，被授以高官，其中以第二子韩德让权倾朝廷内外，最为著名。韩德让何以能够如此飞黄腾达？仔细考证有关的文献记载，发现既有主观的原因，又有与皇室的姻亲关系，这后面的一点常常被后人所忽视。

韩德让也像他的父亲韩匡嗣一样，很小就成为辽景宗的近侍，也许他也懂得一点医术。史称韩德让"侍景宗，以谨饬闻，加东头供奉官"，[①]或称他"性忠愿谨悫，智略过人。景宗婴疾，后燕燕与决国事，雅重隆运，擢授东头供奉官"。[②]供奉官属于宦官类的职官，有东头供奉官与西头供奉官之别，东头供奉官略高于西头供奉官。由于在内廷皇帝身边，故又称内东头供奉官、内西头供奉官。供奉官是在禁中服侍皇帝和后妃的日常起居，传达帝后的旨令，甚至受皇帝的委派监督外廷事务。供奉官是在禁中大内服务，经常接触到后妃，出于性安全的考虑，自然是阉人最为可靠。阉人即后世所称的太监，明朝的大宦官王振，清朝的大宦官李莲英，都属于阉人，即没有生育能力的男人。从各种文献记载来看，韩德让没有子女，这同他早年的东头供奉官身份有密切的关系。这也是萧太后与他密切接触的重要原因之一。

韩德让本身是汉族人，从小在辽国长大，他所接触的皇帝、皇后都是契丹人，这种语言环境使他很容易学会契丹语言。在辽景宗时代，辽宋的外事往来渐多，为了准确地了解宋朝使者的意图，就需要有可靠的通事，即翻译官。

① 《辽史》卷82《耶律隆运传》，中华书局校点本，第1289页。
② 《契丹国志》卷18《耶律隆运传》，上海古籍出版社点校本，第174页。

于是，韩德让在做了一段东头供奉官以后，又被"补枢密院通事"。

在契丹北面官中，有契丹北枢密院，"掌兵机、武铨、群牧之政，凡契丹军马皆属焉"；又有契丹南枢密院，"掌文铨、部族、丁赋之政，凡契丹人民皆属焉"。[1]在南面官中有汉人枢密院，"本兵部之职，在周为大司马，汉为太尉。唐季宦官用事，内置枢密院、后改用士人。晋天福中废，开运元年复置。太祖初有汉儿司，韩知古总知汉儿司事。太宗入汴，因晋置枢密院，掌汉人兵马之政，初兼尚书省"。[2]不过汉人枢密院，却未设通事这一官职。而契丹北、南枢密院均设有通事一职。如果汉人枢密院没有漏记的话，那么，通事一职只设于北面官中的北、南枢密院。韩德让所任的"枢密院通事"，应是契丹北、南枢密院通事。

在辽景宗时代，韩德让官运亨通。由于韩匡嗣的关系，韩德让由枢密院通事，"转上京皇城使遥授彰德军节度使，代其父匡嗣为上京留守，权知京事，甚有声。寻复代父守南京，时人荣之"。韩德让从皇帝身边的东头供奉官，升为上京皇城使，遥领彰德军节度使，是一很大的飞擢。辽上京设有城隍使司，其长官称上京皇城使，负责城墙壕堑的管理维修，属于京官的一种。"遥领"不是实授，即颁给一个名义上的空头衔，不过却提高了其地位。辽朝没有彰德军，宋朝河北西路相州邺郡设有彰德军。[3]为什么让韩德让遥领彰德军节度使呢？它表现了契丹统治者的政治理念，即要扩大领土范围，占领宋朝的领土，建立一个统一的中国。因为契丹人自认为："辽之先，出自炎帝。"[4]契丹是华夏民族的一部分，有资格统治中国。契丹人这种政治理想，在许多地方都有所表现。例如契丹人的发祥地本来在土河、潢河流域，然而在墓志中却常见漆水郡王、漆水郡公、漆水郡伯。漆水在今陕西省境内，这是意味深长的。韩德让遥领彰德军节度使，寓有占领中原的意味，因为只有占领了中原相州，才有可能实授彰德军节度使。

---

① 《辽史》卷45《百官志一》，中华书局校点本，第686、688页。

② 《辽史》卷47《百官志三》，中华书局校点本，第773页。

③ 《宋史》卷86《地理二》，中华书局校点本，第2127页。

④ 《辽史》卷2《太祖下》，中华书局校点本，第24页。

　　《契丹国志》未记韩德让遥授彰德军节度使一事，却称他"超授辽州节度使"，[①]如非记载有误，则韩德让在辽景宗时代又曾"超授"辽州节度使。"超授"的意思是破格提拔，是指韩德让由于才能超群而超级受重用。辽州属于东京道，史称："辽州，始平军，下，节度。本拂涅国城，渤海为东平府……太祖伐渤海，先破东平府，迁民实之……太祖改为州，军曰东平，太宗更为始平军……隶长宁宫，兵事隶北女直兵马司，统州一、县二。"[②]则辽州是一个历史悠久的大州，其故址为今辽宁新民县辽滨塔古城。

　　此后，韩德让"代其父匡嗣为上京留守，权知京事，甚有声。寻复代父守南京，时人荣之"。上京是辽朝的首都，上京留守是上京的最高行政长官，兼任临潢府府尹，其下还有副留守、知留守事、临潢府少尹、同知留守事、同签留守事、留守判官、留守推官等一大批官员相辅佐，其地位要比州节度使高出许多。南京虽非首都，然而南京道州县人口要比上京道多出许多，是辽朝经济文化最发达的地区，他出任南京留守以后，"时人荣之"，说明当时官场上的人对他都表示羡慕和景仰。韩德让先后代其父留守上京、南京，表明辽景宗和萧太后对他的高度重视和信赖。

　　韩德让在担任南京留守期间，正值宋太宗灭亡北汉以后第一次北伐，发生了著名的"高梁河之战"。由于辽景宗对宋太宗北伐一事，缺乏必要的思想准备，没有采取加强南京城的防守。据宋朝人记载，当时南京城内只有"弱兵五千"。[③]当宋兵将南京城团团围住以后，城内人心惶惶，"宋兵围城，招胁甚急，人怀二心"。然而韩德让临危不惧，沉着应战。他"登城，日夜守御。援军至，围解。及战高梁河，宋兵败走，隆运邀击，又破之"。[④]其父韩匡嗣由于缺乏军事经验，在满城一战惨遭失败，韩德让与其父有所不同，在危急时刻仍沉着应战，表现出他很老练，具有很高的军事才能。因此，"高梁河之战"结

---

① 《契丹国志》卷18《耶律隆运传》，上海古籍出版社点校本，第174页。
② 《辽史》卷38《地理志三》，中华书局校点本，第467页。
③ （宋）江休：《复杂志》，载《续资治通鉴长编》卷20，《太宗》太平兴国四年，中华书局排印本，第457页。
④ 《辽史》卷82《耶律隆运传》，中华书局校点本，第1289页。

束以后，辽景宗和萧太后随即将他任命为辽兴军节度使，又提升为南院枢密使。这表明，韩德让从京官（京官属于地方官）进入朝廷之中，并担任了重要的职务。此次提升，为韩德让后来的发展奠定了坚实的基础。

韩德让在辽景宗时代被重用，步步高升，除他本人具有杰出的才能以外，还有另外一个因素很重要，却常常被一些学者所忽视，这就是韩德让的姊妹出嫁给萧太后的弟弟萧思狁（又作萧隗因）。萧思狁之女，后来成为辽圣宗的正宫仁德皇后。这一婚姻关系，对韩德让在辽景宗时代的升迁和辽圣宗时代的发展，产生了深远的影响。

史称："齐天后，平州节度使萧思狁之女，丞相耶律隆运之甥。有容色，圣宗爱幸特甚，事承天太后（景宗之后，圣宗之母）尤谨。"①又称："圣宗仁德皇后萧氏，小字菩萨哥，睿智皇后弟隗因之女。年十二，美而才，选入掖庭。统和十九年，册为齐天皇后。"②引文中的承天太后即睿智皇后萧燕燕，承天太后是辽圣宗统和五年（987年）所上的尊号，睿智皇后是统和二十七年（1009年）死后所上的谥号。萧思狁与萧隗因是同一个人的名字，来源于契丹语，用汉字来记录，出现了同音异字的现象，这种现象在契丹人名中时常可以见到，例如辽圣宗钦哀皇后之弟契丹名叫徒古撒（见《契丹国志》卷13《圣宗萧皇后传》），而在《辽史》中却作图古斯，"徒古撒"与"图古斯"也是音同字异。萧隗因是萧太后的亲弟弟，齐天皇后菩萨哥是萧太后的亲侄女，嫁给了萧太后的长子辽圣宗耶律隆绪。菩萨哥在生前的尊号叫齐天皇后，死后被谥为仁德皇后，她既然是耶律隆运即韩德让的外甥女，显然她的母亲应是韩德让的亲姊妹，③至于是韩德让之姊或是其妹，史籍没有明确记载。韩德让的姊妹是萧太后之弟萧隗因之妇，有了这层关系，韩德让不仅是辽景宗萧太后的近臣，又变成了皇帝皇后的近戚。有了这两重关系，辽景宗萧太后自然特别重视韩德让，屡屡给韩德让晋官加爵，除了韩德让本身的能力和努力以外，更为重要的因素是他与辽景宗萧太后有着近戚的关系，在封建时代近戚关系的影

① 《契丹国志》卷8《兴宗文成皇帝》，上海古籍出版社点校本，第76页。

② 《辽史》卷71《后妃传》，中华书局校点本，第1202页。

③ 同上书，第1203页。

响非同寻常，用婚姻关系增强团结，是古代帝王用来加强其统治最常用的办法，屡见不鲜。

从以上记载可知，在辽景宗末年，韩德让之姊妹即已嫁给萧太后之弟萧隗因。此前韩德让受重用，主要是靠其父韩匡嗣的荫护，到了其姊妹嫁给萧太后之弟以后，又增加了一重新关系、新因素。在辽景宗时代，由于景宗体弱多病，萧太后处于实际执政地位，有关国家的内政外交，均由萧太后做主，从而增加了萧太后与韩德让的接触往来，增强了她对韩德让的了解和信任，在辽景宗死后的关键时刻，韩德让发挥了巨大的作用。

辽景宗末年，最受朝廷重视的大臣有三个，一是枢密使兼北府宰相室昉，二是南院枢密使韩德让，三是南院大王耶律斜轸，其中室昉年纪比较大，韩德让和耶律斜轸比较年轻。这三人是辽景宗的心腹，也是萧太后的心腹。史称："景宗疾大渐，（韩德让）与耶律斜轸俱受顾命，立梁王为帝。"①韩德让是汉族官僚，为南院枢密使，耶律斜轸是契丹皇族于越曷鲁之孙，为南院大王。此二人都是朝廷重臣，一汉族、一契丹，在汉族和契丹族中都有很大的影响力，因此，辽景宗将拥立太子耶律隆绪继承皇位的重任托付给他们二人，是有原因的。他们二人没有辜负辽景宗的重托，完成了拥立耶律隆绪为皇帝的使命。史载："景宗疾亟，隆运不俟诏，密召其亲属等十余人并赴行帐。时诸王二百余人拥兵握政，盈布朝廷。后当朝虽久，然少姻媛助，诸皇子幼稚，内外震恐。隆运请于后，易置大臣，敕诸王各归第，不得私相燕会，随机应变，夺其兵权。时赵王等俱在上京，隆运奏召其妻子赴阙。景宗崩，事出仓卒，布置已定，乃集番汉臣僚，立梁王隆绪为皇帝，时年十二，后为圣宗。"②宋朝人的记载，特别强调韩德让不俟诏即赴辽景宗所帐，以暗示韩德让与萧太后有什么特殊关系。实际上辽景宗已指定韩德让为他死后的顾命大臣，韩德让闻辽景宗驾崩赶赴行帐，自然在预料之中，况且辽景宗既已身亡，岂能发诏。如果说韩德让与萧太后有什么特殊关系的话，只能说韩德让之姊妹成为萧太后弟妇这层关系，当时这是众人皆知的事实，没有什么秘密可言。

---

① 《辽史》卷82《耶律隆运传》，中华书局校点本，第1290页。
② 《契丹国志》卷18《耶律隆运传》，上海古籍出版社点校本，第175页。

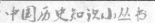

　　韩德让与耶律斜轸一起同心顾命，排除重重困难，拥立耶律隆绪为皇帝，成为他的一大功劳。此事表明，他诚心诚意地忠实于辽朝廷，圆满地完成了辽景宗临死以前对他的重托。因此，耶律隆绪即位以后，萧太后对韩德让特别感激，委以重任，晋官加爵，成为辽圣宗一朝最受宠重的朝臣，赐姓赐名，列入横帐，自然不是偶然的了。

三 辽圣宗时代的韩德让

辽圣宗时代，韩德让的地位进一步提高。除了拥立之功以外，一是他在圣宗朝作出了巨大的贡献，二是他的外甥女成为辽圣宗的皇后。由于有这两重原因，韩德让在圣宗朝的地位更加显赫。不过因此引起了朝廷内外的种种猜测，不明真相的人妄加议论，在民间出现了种种流言。

辽圣宗即位以后，内部有些部族不断掀起反抗斗争，外部宋朝想乘机北伐，西夏也加剧了扰边活动。这些不安定的因素，给萧太后造成了很大的心理负担，她忧心忡忡地哭述："母寡子弱，族属雄强，边防未靖，奈何？"这时，韩德让和耶律斜轸马上回应说："信任臣等，何虑之有！"于是，"后与斜轸、德让参决大政"。①

辽圣宗12岁即帝位，无法治理国家，治理国家的重任自然落在萧太后的身上。萧太后只有30岁，又是女流之辈，能否担负起治国的重任，是朝廷上下番汉大臣以及军民百姓所十分关心的问题，大家议论纷纷。乾亨四年（982年）十二月，"挞剌干乃万十醉言宫掖事，法当死，杖而释之"。所谓"宫掖事"，即指萧太后事，其所言显然于国家不利，触犯了国法，故"法当死"。为了防止再出现类似的事情，故而统和元年（983年）二月，"禁所在官吏军民不得无故聚众私语及冒禁夜行，违者坐之"。②

既然有人敢对萧太后当国一事议论纷纷，那么就会有人铤而走险，威胁萧太后母子的安全。在此情况下保卫萧太后母子的安全，成为辽圣宗初年最为

① 《辽史》卷71《后妃传》，中华书局校点本，第1202页。
② 《辽史》卷10《圣宗一》，中华书局校点本，第108—109页。

重要的一件大事。韩德让懂得军事，家丁甚多，于是他担负起保卫萧太后、辽圣宗安全的重任。史称："立梁王为帝，皇后为皇太后，称制，隆运总宿卫事。"萧太后对韩德让的赤胆忠心非常感激，故而此后"益宠任之"。[①]这是在辽圣宗时代，韩德让所做的第一件有功劳之举。

辽圣宗幼小继位当皇帝，其母萧太后摄政治国，虽然在历史上不乏此例。然而实施治国，增强其以母当国的政治地位，还必须要有一定的举措，令人心悦诚服。为此，统和元年（983年）五月，辽圣宗诏"近臣议皇太后上尊号册礼"，策划此事的是韩德让。"枢密使韩德度以后汉太后临朝故事，草定上之。"圣宗朝担任枢密使的韩氏家族成员，只有韩德让一人，故韩德度应为韩德让之误。韩德让出身于汉族世家，对中国古代的典章礼制比较熟悉，故而以后汉太后临朝故事，拟定了为萧太后上尊号册礼的准备事宜。同年六月甲午，"上率群臣上皇太后尊号曰承天皇太后"，与此同时，"群臣上皇帝尊号曰天赐皇帝，大赦，改元统和。丁未，覃恩中外，文武官各进爵一级"。为了使册封尊号更加隆重，在册封以前，"诏有司，册皇太后日，给三品以上法服，三品以下用大射柳之服"。在萧太后上尊号的次月，"秋七月甲寅朔，皇太后听政"。[②]由此可知，萧太后上尊号，实际上是为她正式摄政当国做准备，使朝廷内外广布此事，其实是规模庞大的舆论宣传，便于她行使摄政的权力，使其摄政治国更加合法化、更加深入军民之心。如上所述，策划、操作此事的又是韩德让，这是韩德让在辽圣宗朝立的第二功。

上述二功表明，在辽圣宗初年，韩德让积极主动靠近萧太后，自然会取得萧太后的尊重和信任。此外还有一事尤为重要，即韩德让的外甥女萧菩萨哥嫁给了辽圣宗，辽圣宗变成了韩德让的外甥女婿。这件婚姻大事，进一步拉近了韩德让与萧太后的关系。

韩德让外甥女未嫁辽圣宗以前，辽圣宗曾娶萧氏为后。统和四年（986年）九月辛巳，"纳皇后萧氏"，即指此而言。统和十九年（1001年）正月，

---

① 《辽史》卷82《耶律隆运传》，中华书局校点本，第1290页。
② 《辽史》卷10《圣宗一》，中华书局校点本，第110—111页。

"皇后萧氏以罪降为贵妃"，①其有何罪，史书未载，今亦不知，就连她的名字和家世，也不清楚。

《辽史》称，菩萨哥"年十二，美而才，选入掖庭。统和十九年，册为齐天皇后"。②据此可知，她十二岁入宫时，大概只是宫女而已。其身份很低，在原先的萧后因罪被废黜以后，萧菩萨哥才被提升为皇后，并被赐以徽号，称齐天皇后。菩萨哥升为皇后，自然与她的貌美多才有一定的关系，不过更为重要的是萧太后看重了她是韩德让外甥女这种关系，借以调动韩德让的积极性，为辽朝多尽犬马之劳。

史称重熙元年（1032年）三月，钦哀皇太后耨斤"诬齐天皇后以罪，遣人即上京行弑。后请具浴以就死，许之。有顷，后崩"。③其享年五十岁。按此计算，齐天皇后当出生于辽景宗乾亨四年（982年），统和十二年(994年）被选为宫女入掖庭，统和十九年（1001年）被册立为齐天皇后时，应当是十九岁。辽圣宗生于保宁三年（971年）十二月己丑，与萧菩萨哥正式结婚时为三十岁，他比齐天皇后年长十一岁。古代婚配多男子年龄大，女子年龄小，辽圣宗与齐天皇后的年龄搭配是很合适的。

萧菩萨哥被册立为辽圣宗的齐天皇后，可以说是一步登天。许多宫女为皇帝皇后服侍了一辈子，到白发苍苍时仍是宫女，宫女等级森严，很难升迁。萧菩萨哥从宫女被册立为皇后，很可能与其舅父韩德让的嘱托有关。此后，韩德让对萧太后和辽圣宗更加忠心耿耿，萧太后和辽圣宗对韩德让更加信任和重用。韩德让早在乾亨三年（981年）就被任命为南院枢密使，④在室昉"致政"（即致仕）以后，以韩德让"代为北府宰相，仍领枢密使，监修国史，赐兴化功臣"。到北院枢密使耶律斜轸死了以后，"诏隆运兼之"。"久之，拜大丞相，进王齐，总二枢府事。"⑤

所谓"二枢府"，即契丹北枢密院和契丹南枢密院，简称北、南院或二

① 《辽史》卷l4《圣宗五》，中华书局校点本，第156页。
② 《辽史》卷71《后妃传》，中华书局校点本，第1202页。
③ 《辽史》卷18《兴宗一》，中华书局校点本，第214页。
④ 《辽史》卷9《景宗下》，中华书局校点本，第104页。
⑤ 《辽史》卷82《耶律隆运传》，中华书局校点本，第1290页。

枢府。"契丹北枢密院，掌兵机、武铨、群牧之政，凡契丹军马皆属焉。以其牙帐居大内帐殿之北，故名北院"；"契丹南枢密院，掌文铨、部族、丁赋之政，凡契丹人民皆属焉。以其牙帐居大内之南，故名南院"。①契丹北、南枢密院主管契丹以及其他部族之军政和民政，是辽朝北朝朝官中最重要的官府。韩德让一人兼领契丹北、南枢密院枢密使，其权力之大可想而知。

韩德让还是大丞相，大丞相属于南面朝官，所设极少，只有特殊身份的人才可以担任。在辽朝二百多年的历史中，见于记载的大丞相只见有二人：一是赵延寿，二是韩德让。史称，大同元年（947年）二月，"建国号大辽，大赦，改元大同。升镇州（今河北石家庄市正定县）为中京。以赵延寿为大丞相兼政事令、枢密使、中京留守"。②赵延寿为后晋降将，曾任幽州节度使，封燕王，在协助辽太宗灭亡后晋时卓有贡献，辽太宗曾"命升延寿坐在契丹左右相之上"，以宠之，③故后来任命赵延寿为大丞相以统治汉地。韩德让以拥立辽圣宗、保卫萧太后母子安全有大功，协助萧太后治国卓有贡献，故命他为大丞相。不过相互比较，赵延寿只管辖汉地，相当于南面朝官。而韩德让的大丞相是南面最高的长官，又是北面管理部族军政、民政的最高长官，成为辽朝最高的行政长官，其权力比赵延寿大，其地位比赵延寿高，是辽圣宗之世权力最大、地位最高的朝廷重臣。整个辽朝的军政大权都集中在他一人之手，在皇太后和皇帝之下，没有其他任何人可以与他相比。其权力和地位达到了史无前例，登峰造极的地步。

韩德让对辽朝的巨大贡献，《辽史》的编者有如下评论："德让在统和间，位兼将相，其克敌制胜，进贤辅国，功业茂矣。至赐姓名，王齐、晋，抑有宠于太后而致然欤？"

史载，统和九年（991年）五月，"以韩匡嗣私城为全州"。④所谓私城，即头下城、头下军州，"皆诸王、外戚、大臣及诸部从征俘掠，或置生口，各

---

① 《辽史》卷45《百官志一》，中华书局校点本，第686、688页。

② 《辽史》卷4《太宗下》，中华书局校点本，第59页。

③ 《旧五代史》卷98《赵延寿传》，中华书局校点本，第1311—1313页。

④ 《辽史》卷13《圣宗四》，中华书局校点本，第141页。

团集建州县以居之。横帐诸王、国舅、公主许创立州城，自余不得建城郭"。①
韩匡嗣死于乾亨三年（981年）西南面招讨使任上，至统和九年（991年）已经
过去了整整十年，为什么这时候才建私城全州？此事与韩德让有关。韩德让有
拥立辽圣宗之大功，继而侍卫萧太后和辽圣宗之安全，深得萧太后和辽圣宗之
重视，统和三年（985年）有"诏吴王稍领秦王韩匡嗣葬祭事"，②即证明了这
一点。韩匡嗣和韩德让多次率兵讨伐西夏、宋朝，曾俘掠了许多"生口"，然
而不得到朝廷的准许，是不能建立私城的。韩匡嗣由于满城之败，差一点被辽
景宗处死，由于萧太后等人的说情，最后以"杖大杖、降封"了事。在这种情
况下，他拥有再多的"生口"，也不会允许建立私城。只有到了辽圣宗时代，
韩德让以卓功显绩封楚王以后，萧太后才准许他建私城，是萧太后特别开恩的
结果。因此，全州与其说是韩匡嗣的私城，不如说是韩德让的私城更为确切。
至于全州的地望，史书乏载，如今难以详知了。

　　统和二十二年（1004年）伐宋，韩德让"从太后南征，及河（按：指黄
河），许宋成而还"。③此次伐宋，韩德让仍是萧太后、辽圣宗身边的顾问、参
谋，萧太后是战是和的定夺，韩德让会参与意见的，只是没有见于历史记载
而已。由于韩德让的意见特别重要，且为萧太后所采纳，故而"澶渊和议"结
成，战争结束以后，韩德让被"徙王晋，赐姓，出宫籍，隶横帐季父房后，乃
改赐今名，位亲王上，赐田宅及陪葬地"。赐姓（耶律氏）、赐名（耶律隆
运），是辽朝笼络汉族、奚族官僚最常用的办法，用以抬高其身价。享受这种
恩宠的人很多，在《辽史》中不乏记载。不过"出宫籍，隶横帐季父房后"，
却非比寻常。韩知古原是被掠俘的"生口"，应隶属于述律后（淳钦皇后）的
长宁宫，或辽太祖的弘义宫（又作洪义宫），是皇帝皇后的奴婢，即使被授以
官爵，也无法改变其身份。韩知古及其子孙，都是隶属于宫籍的奴婢。只有脱
离了宫籍，才能算作身份自由的平民。韩德让由于建有大功，其外甥女又是辽
圣宗的齐天皇后，由于这种特殊的原因，才明令他脱离宫籍。"横帐"是指皇

---

①　《辽史》卷37《地理志一》，中华书局校点本，第448页。

②　《辽史》卷10《圣宗一》，中华书局校点本，第116页。

③　《辽史》卷82《耶律隆运传》，中华书局校点本，第1290页。

帝后人的帐房而言。"横帐"之名的由来,《辽史》有以下的解释:"辽俗东向而尚左,御帐东向,遥辇九帐南向,皇族三父帐北向。东西为经,南北为纬,故谓御营为横帐云。"①皇族三父帐,指孟父帐、仲父帐、季父帐。季父帐是指耶律阿保机诸兄弟的帐房,将韩德让"隶横帐季父房之后",就是将他列为皇族的成员,而且"位亲王上",其地位之高,堪比皇帝,虽无宫卫,却建有文忠王府。史称:"大丞相晋国王耶律隆运,本韩氏,名德让。以功赐国姓,出宫籍,隶横帐季父房。赠尚书令,谥文忠。无子……宫给葬县,建庙乾陵侧。拟诸宫侧,建文忠王府。"②文忠王府,类似诸帝之宫卫,只是名称不同而已。

"赐田宅及陪葬地",说明韩德让为辽景宗陪葬。辽景宗与萧太后的合葬墓称乾陵,韩德让的陪葬墓自然也在乾陵,因为是陪葬墓,只能在皇帝皇后陵墓之旁,故称建庙乾陵侧。有人将陪葬理解为与萧太后合葬,显然是歪曲事实的胡说八道。建墓、建庙都需要土地,故史文将"赐田宅及陪葬地"连书在一起,田宅是护陵人居住生活的场所。

韩德让死后,"赠尚书令,谥文忠"。辽代的高官重臣死后,多赠官、谥号。"谥者行之表也,善行有善谥,恶行有恶谥,盖闻谥知行,以为劝戒。"③谥号是根据生前的善恶表现而拟,同时也考虑其身份特点,文臣和武将的谥号往往有别。"文忠"表明韩德让是文臣,特别忠诚于皇帝、忠诚于职守。比较准确地概括了韩德让的善行功德,值得朝野大臣效仿。

韩德让无子,辽道宗清宁三年(1057年),"以魏王贴不子耶鲁为嗣",魏王贴不在清宁三年任东京留守,其世系不详。耶鲁死后,天祚皇帝以其长子晋王敖鲁斡,"出继大丞相耶律隆运后",敖鲁斡为文妃所生,"喜扬人善,劝其不能,中外称其长者"。④保大二年(1122年)正月,为奸臣萧奉先

---

① 《辽史》卷45《百官志一》,中华书局校点本,第712页。

② 《辽史》卷31《营卫志上》,中华书局校点本,第370页。

③ 《续资治通鉴长编》卷106《仁宗》天圣六年,中华书局排印本,第2464页。

④ 《辽史》卷64《皇子表》,中华书局校点本,第994页。

所陷害，被天祚皇帝赐死，①"闻者伤之"。

辽朝皇帝两次为韩德让续子，敖鲁斡为天祚皇帝长子，属于皇子，而且又都在韩德让死后多年。由此不难看出韩德让受到高度重视，他出宫籍，赐姓耶律，赐名隆运，从名字来看与辽圣宗耶律隆绪属于同一辈人，又入横帐，陪葬乾陵，说明他已经是一个高度契丹化的汉族官僚。

---

① 《辽史》卷29《天祚皇帝三》，中华书校点本，第342页。

四 《乘轺录》对萧太后的丑化

宋朝建立于辽穆宗应历十年（960年），要比辽建国晚44年。宋太祖生于辽天显元年（926年），即后唐天成元年。他经历了五代的战乱，对辽朝的军事实力有清楚了解。虽有收复燕云之志，却始终不敢动兵北伐，企图用重金赎回燕云之地。因此，在宋太祖时代辽宋之间没有发生战争。宋太宗平灭北汉以后，自认为可以用武力收复燕云，先后两次北伐，均以失败告终。最后萧太后率兵南下，宋朝被迫签订"城下之盟"，以岁贡三十万钱、绢换来了和平。此事对辽宋双方都是有利的，然而宋朝一些文人认为向"北虏"贡献，总觉得不太光彩。宋朝虽然在武力上不如辽朝，然而"文力"资源丰富。在战场上打不败辽朝，只能对辽朝口诛笔伐，以发泄心中的不满，其中路振的《乘轺录》是最有代表性的作品，对萧太后极尽丑化之能事。

路振，字子发，永州祁阳（今湖南祁阳县）人，淳化年间（990—994年）进士。"太宗以词场之弊，多事轻浅，不能该贯古道"，对他甚轻视。不过他作了一首《厄言日出赋》，却得到宋太宗的赞赏，得以入官。史称"会修《两朝国史》，以振为编修官"。①《两朝国史》见《宋史·艺文志》②，一百二十卷，王珪主其事，路振是王珪手下的编修。所谓《两朝国史》，即宋太祖、宋太宗两朝历史。由于修史的原因，路振得以见到太祖、太宗两朝实录以及相关的记载，对于宋太宗股中箭、窃驴车逃命的狼狈相，他当然是很清楚的。至于宋真宗时代的"城下之盟"，就发生在他的身边，当然他更加熟悉

---

① 《宋史》卷441《文苑三》，中华书局校点本，第13060—13062页。
② 《宋史》卷203《志文二》，中华书局校点本，第5087页。

了。辽朝是宋朝的敌国，萧太后是宋朝的敌人，敌人见面格外眼红，于是，他在《乘轺录》中编造故事丑化萧太后，自在情理之中，其目的是向宋真宗邀功。

《乘轺录》对萧太后的丑化，主要有两处。其一称：

> 萧后幼时，常（按：应作尝）许嫁韩氏，即韩德让也。行有日矣，而耶律氏求妇于萧氏，萧氏夺韩氏妇以纳之，生隆绪也，即今虏主也。耶律（按：指辽景宗耶律贤）死，隆绪尚幼，袭虏位，萧后少寡，韩氏世典军政，权在其手，恐不利于孺子，乃私谓韩德让曰："吾常（尝）许嫁子，愿谐旧好，则幼主当国，亦汝子也。"自是德让出入帷幕无间然矣。既而酖杀德让之妻李氏，每出弋猎，必与德让同穹庐而处。未几而生楚王，为韩氏子也。萧氏与德让尤所钟爱，乃赐姓耶律氏。①

后世人之多以此为据，来诋毁萧太后，却未能细察此说的由来，失之慎也。其实，《乘轺录》于此事之后有一条注释，道出了此说的来源：

> 自"虏政苛刻"已下事，并幽州客司刘斌言。斌大父名迎，尝为幽州军政校，备见其事，每与子孙言之。其萧后、隆庆事，亦迎所说。②

据此可知，关于萧后与韩德让的传闻，来自幽州客司（这是专门接待使臣的机构）刘斌，是路振向刘斌询问时所得到的，而刘斌所述则是听其大父（即祖父）刘迎所言。刘迎是幽州军政校，政校属于衙役之类，地位很低下，既无缘进宫，又不能入朝廷，岂能知道宫中朝廷中之秘闻？所谓"备见其事"，只是路振的无据之言。其实，刘迎之言，只是道听途说而已，不过路振对此十分重视，不加分析视为事实，加以渲染，用以丑化萧太后。

所谓萧太后幼年时许嫁韩德让之说，更是无稽之谈。刘迎之说本不可

---

① 贾敬颜：《五代宋金元人边疆行记十三种疏证稿》，中华书局2004年版，第45—46页。
② 贾敬颜：《五代宋金元人边疆行记十三种疏证稿》，中华书局2004年版，第52—53页。

信，《辽史》对此无载，可以证明本无此事。元朝人撰《辽史》，如有此事不会为之避讳。其原因有二：其一，蒙古人与契丹人不是同一民族；其二，契丹多次征讨、屠杀阻卜，据王国维考证，阻卜即鞑靼，是蒙古人的祖先。[①]

路振称"韩氏世典军政，权在其手，恐不利于孺子"，亦是他的推测之言，与事实不符。韩匡嗣虽然长期率兵与西夏作战，保宁末年曾以南京留守摄枢密使，乾亨三年为西南面招讨使，然而同年因病逝世，枢密使改由耶律斜轸担任，乾亨四年四月南伐，"统军使善补为伏兵所围，枢密使斜轸救免"[②]即证明了这一点。由于耶律斜轸任枢密使，握有军权，辽景宗逝世前把他列为顾命大臣之一。韩德让在乾亨三年十二月被任命为南院枢密使，不过南院枢密使是掌文铨、部族、丁赋之政，并不管军事。路振对此大概并不清楚，误认为韩德让掌管辽朝的军事，"恐不利于孺子（即辽圣宗）。他过分夸大了韩德让的权力，韩德让被辽景宗列为顾命大臣，主要是由姻戚的缘故，对此路振当然就更不清楚了。然而他的这种说法对后人产生了一定的影响，必须予以辨别清楚。

《乘轺录》在另外一处记载中，又对萧太后再次进行丑化。其文称：

> 见国母于文化殿，设山棚，张乐，引汉使升。蕃、汉官坐者如故。国母约五十余，冠翠花，玉充耳……有童子一人，年十余岁，胡帽锦衣，嬉戏国母前，其状类韩丞相，盖国母所生韩氏子也……隆庆先进虏主酒，众官皆拜，韩丞相避席，虏主遣一童子，是前日所见状貌类韩丞相者，就请之，丞相乃坐。[③]

这段记载，是路振根据自己的想象杜撰出来的。萧太后生有三子，即隆绪（辽景宗）、隆庆、隆祐。隆绪生于保宁三年（971年），隆庆约小隆绪二三岁，隆祐约小隆绪四五岁。史载隆庆八岁封恒王，统和十六年徙梁国王，统和十七年南征为先锋。隆祐乾亨初封郑王，统和中徙王吴，统和二十二年伐

---

① 王国维：《鞑靼考》，载《观堂集林》卷14，中华书局影印本，第634—686页。
② 《辽史》卷9《景宗下》，中华书局校点本，第105页。
③ 贾敬颜：《五代宋金元人边疆行记十三种疏证稿》，中华书局2004年版，第64、66页。

宋留守京师，①以此观之，隆绪、隆庆、隆祐的年纪相差不大。路振使辽是在统和二十六年（1008年），当时辽圣宗耶律隆绪已三十七岁，其弟隆庆、隆祐的年龄也都在三十以上，皇帝贵族结婚早，以广胤嗣，隆绪、隆庆、隆祐之子女，多应在十岁以上，小者也应在十岁左右。路振所见十岁左右"嬉戏国母前"的童子，显然应是她的孙子，但不知是哪个儿子所生。路振把萧太后的孙子说成是她的儿子，并称其貌类似韩德让，这种毫无根据的杜撰，只能出于居心叵测人的笔下。按照"澶渊和议"，宋真宗称萧太后为叔母，以示尊重。路振不称萧太后，称她为国母，亦可以看出其人极不友好的心态。路振显然属于王钦若一类以"澶渊和议"为耻的人，对辽朝、萧太后充满了敌意，尽管萧太后以极高的礼仪规格接待了这位使者，路振还是用非正常的心态来丑化萧太后。由于宋朝廷内外认为"澶渊和议"属于城下之盟、屈己求和的人很多，因此，路振丑化萧太后的文字就并非偶然了。

幽州汉族人中流传萧太后和韩德让的绯闻，是有一定社会原因的。幽州（今北京）是汉族人聚居之地，封建礼教的影响很深，男女授受不亲非礼已根植于人们的头脑之中。对于寡居的妇女，只能幽居于椒房之中，不能与男人接触，故民间有"寡妇门前是非多"的谤语。萧太后摄国政，她必然地要与蕃汉大臣接触，这种生活环境很容易产生绯闻。还有许多寡妇都忍耐不了空房的寂寞，免不了要私会男人，甚至女皇帝武则天还要寻找"面首"（即男妓）娱乐。②武则天的绯闻在民间广为流传，几乎老幼皆知。幽州既是汉族人居住区，熟悉武则天招"面首"的故事，自然会联想到萧太后既是寡居的女人，也会招"面首"自娱。由于韩德让是顾命大臣之一，与萧太后又有姻戚相关，其间接触比较多，特别是韩德让出任南京留守以后，由于国事的需要，萧太后与他的接触会更多一些，绯闻就是在这种背景下产生的。以武则天为例来推测萧太后，是以小人之心度君子之腹。其实，萧太后与辽景宗感情至深，在辽景宗逝世以后，她命人给辽景宗画像，雕刻辽景宗的石像，不时地加以祭拜，甚至在亲驭三军讨伐宋朝的战争中，也未曾间断。例如统和四年，"设御幄道旁，

---

① 《辽史》卷64《皇子表》，中华书局校点本，第987—988页。

② 关于"面首"的来历，可以参阅清人赵翼《陔余丛考》卷42《面首》。

置景宗御容，率从臣进酒，陈俘获于前"。统和七年，"次涞水，谒景宗皇帝庙"。统和十二年，"幸南京……以景宗石像成，幸延寿寺饭僧"。第二年，"奉安景宗及皇太后石像于延芳淀"。统和十四年，又"奉安景宗及太后像于乾州"。①延芳淀辽景宗石像至今犹存，在通州区漷县镇吴寺村。

路振是"澶渊之盟"以后，宋朝使辽的第一人。王曾、薛映、宋绶、沈括使辽都在其后。因此，路振的《乘轺录》当时甚受重视，成为宋朝了解辽朝国情的重要参考材料。路振《乘轺录》的撰述，一是向朝廷邀功；二是显示其才华，扩大其影响。他的目的都达到了，使辽回国以后，马上就擢升。史称："大中祥符初，使契丹，撰《乘轺录》以献。改太常博士，左司谏，擢知制诰。"②知制诰，正三品，掌拟皇帝诏敕策命，属于中书门下之官，甚为重要，成为朝廷要职。使辽以前，他只是一名史馆编修而已，属于一般的官吏。他撰的《乘轺录》广为流传，被收入《宋史·艺文志》。③至今仍有人注释翻印，成为研究辽史的重要参考文献。

路振《乘轺录》成为宋朝人丑化、诋毁萧太后的典型著作，宋朝人广为援引。南宋人李焘（1115—1184年）编撰《续资治通鉴长编》时，就引用路振的说法。在宋太宗太平兴国四年（979年）的记事中称：

契丹主明记卒，谥景宗孝成皇帝。有子三人，曰隆绪、隆裕、隆庆。隆绪封梁王，继立，号天辅皇帝，尊母萧氏为承天太后，改大辽为大契丹。隆绪才十二岁，母萧氏专其国政。

初，萧氏与枢密使韩德让通，明记疾甚，德让将兵在外，不俟诏，率其亲属赴行帐，白萧氏易置大臣，立隆绪。遂以策立功为司徒、政事令，封楚王，赐姓耶律，改名隆运。寻拜大丞相、蕃汉枢密使、南北面行营都部署，徙封齐王……④

---

① 《辽史》卷10《圣宗一》，第123页；卷12《圣宗三》，第133页；卷13《圣宗四》，第144、147—148页，皆为中华书局校点本。

② 《宋史》卷441《文苑三·路振》，中华书局校点本，第13062页。

③ 同上。

④ 《续资治通鉴长编》卷23，中华书局排印本，第533—534页。

文中的"萧氏与枢密使韩德让通",即来自路振《乘轺录》。李焘将韩德让的升迁、封王,都缀至萧氏与韩德让"通"之下,显然是告诉人们,这是韩德让与萧氏"通"的结果。前面已介绍,韩德让之妹嫁给萧太后之弟,韩德让的外甥女是辽圣宗的皇后,这一点才是韩德让受重视,不断升迁、封王的主要原因,再加上韩德让忠心耿耿,连续为国立功,成为其升迁、封王的主要依据。韩德让本是内官,是一废人,丧失了性功能,岂能与萧太后私通!李焘对此大概并不清楚,因而误信了《乘轺录》的记载,写出了上面的文字。

对于路振《乘轺录》的谬误,早就有人提出批评。贾敬颜在《〈乘轺录〉疏证稿》中,曾明确指出:"辽重熙六年(1038年)李万撰《韩橁墓志铭》称:德让与圣宗联名,盖兄弟行也,焉得以子侄而上蒸母氏?宋人所以喜道此无稽之谈者,盖诋丑之也。"[①]贾敬颜之言,一语道破了《乘轺录》的错误是"无稽之谈",其目的是"诋丑"萧太后。然而有些人以两性关系最能吸引读者的眼球考虑,不惜大加宣扬萧太后与韩德让的"私通"、"结婚",反映出一些人仍站在宋朝人的立场上,丑化、诋毁萧太后,他们或者对《乘轺录》的谬误缺乏识别力,或者是有意淫之癖,以描写两性关系以快其欲。

南宋人叶隆礼撰《契丹国志》,亦据路振《乘轺录》两次称韩德让有辟阳之幸。一称:"丞相耶律隆运,本汉人,名德让,太后有辟阳侯之幸,赐姓耶律,改名隆运,寻拜大丞相,封晋王。"[②]二称:"隆运自在景宗朝翼决庶政,帝后少年,有辟阳之幸。"[③]辟阳之幸本作辟阳之宠,其说始自西汉时代。辟阳侯为审食其之封号,吕后(吕雉)临朝称制时得宠,其后史家将受宠于后妃称辟阳之宠。唐朝武则天称帝,招张易之、张昌宗兄弟为"面首",史家亦称之为辟阳之宠。[④]至此辟阳之宠的含意已变,最初是借用审食其之事,指受后妃宠幸为辟阳之宠,到唐代以后指后妃招"面首"为辟阳侯之幸或简称辟

---

① 贾敬颜:《五代宋金元人边疆行记十三种疏证稿》,中华书局2004年版,第45页。
② 《契丹国志》卷7《圣宗天辅皇帝》,上海古籍出版社点校本,第72页。
③ 《契丹国志》卷18《耶律隆运传》,上海古籍出版社点校本,第175页。
④ 《旧唐书》卷78《张行成传》,中华书局校点本,第2706页。

阳之幸。《契丹国志》所称之辟阳之幸，是指"面首"而言。这种说法要比私通隐讳一些，其意与私通相同。私通或辟阳之幸，都是宋朝人诋毁辽朝萧太后，用以表达"澶渊之盟"以后对辽朝的敌意和不满。

《辽史》有皇太后"幸韩德让帐，厚加赏赉，命从臣分朋双陆以尽欢"的记事。[①]当时韩德让的身份是南院枢密使（自乾亨三年始）、兼政事令（自统和元年始）、守司空，封楚国公（自统和四年始），"与北府宰相室昉共执国政"，[②]属于朝廷重臣。萧太后入韩德让庐帐是商议军事大事，其随从人员自然不能入帐旁听，只好让他们在帐外作双陆（类似象棋）游戏以消磨时间。稍有历史常识的人，都会明白这个道理。可是有人却称，这是萧太后"改嫁韩德让"，有了这件"喜事"，才让"从臣博戏尽欢"。这种推测之词，毫无根据可言。双陆是辽金时期民间颇为流行的棋类游戏，其实物在辽代墓葬中多有发现，其玩法今已失传。双陆棋子不多，可以随身携带，一有闲暇便可以席地博弈，与今日下象棋十分相似，是一种群众性很强的民间游戏。如果萧太后真的与韩德让结婚，那么以皇太后之尊，应当举行大规模的庆祝活动，岂能以少数从臣双陆为欢。将萧太后与韩德让的正常国事接触，说成是结婚，作为学者而言，失去了应有的慎重和严肃。

如果将摄政的皇太后与大臣的机密接触都说成是"私通"，那么，我们可以举出类似的例子来作比较。

宋仁宗的嫡母称刘太后，在宋仁宗即位后以皇太后的身份摄政称制，前后达十一年之久。[③]王钦若为宋真宗时代的旧臣，官拜枢密使、同中书门下平章事、尚书左仆射兼中书侍郎，后因过失降为司农卿。宋仁宗即位，改为太常卿、知江宁府。刘太后对王钦若情有独钟，"是时，冯拯病，太后有再相钦若意，即取字缄置汤药合，遣中人赍以赐，且口宣召之，至国门而人未有知者"。[④]显然这是一次秘密的往来，就连看守国门（即宫门）的人也不知有此内

① 《辽史》卷12《圣宗三》，中华书局校点本，第131页。

② 《辽史》卷82《耶律隆运传》，中华书局校点本，第1290页。

③ 《宋史》卷242《后妃上》章献明肃刘皇后，中华书局校点本，第8615页。

④ 《宋史》卷283《王钦若传》，中华书局校点本，第9562—9563页。

情。刘太后寡居，她与王钦若秘密往来谈了什么，外人皆不得知，这与萧太后入韩德让帐十分相似。此次秘密往来以后，王钦若即官复原职，又变成了司空、门下侍郎、同平章事，即宰相。据此可知，这次秘密的往来双方都有所获，从此以后王钦若再次成为宋朝廷的重臣，与辽朝的韩德让何其相似。

司马光《涑水纪闻》记载："天圣初，契丹遣使借塞内地牧马，朝廷疑惑，不知所答。王钦若方病在家，章献太后命肩舆入殿中问之，钦若曰：'不与则示怯，不如与之……'"王钦若既然"方病在家"，章献太后（即刘太后）何以能"入殿中问之"？显然这是《宋仁宗实录》很讳忌此事，将王钦若家改成了"殿中"，这是旧史家为尊者讳的常用办法。契丹借地牧马，此等事情可以派一内臣到王钦若家询问即可，何需刘太后亲自出马？显而易见，刘太后只是以此为由，探视王钦若的疾病罢了。①

还有一事更为蹊跷，即王钦若死时刘太后的表现。《续资治通鉴长编》载王钦若：

性倾巧，敢为矫诞。太后以先朝所宠异，故复用之。及吴植事败，太后颇解体，同列稍侵之，钦若邑邑以没。后有诏塑其像茅山，列于仙官。左正言刘随言："钦若赃污无忌惮，考其行，岂神仙耶？宜察其妄。"②

萧太后在延芳淀为辽景宗立石像，是因为夫妻关系，以示其感情深厚，这是可以理解的。刘太后在茅山为王钦若塑像，列于仙官，这种事情在宋史上恐怕别无旁例。这只是太后与大臣的君臣关系，还是别有原因？就连当时的左正言刘随都认为，刘太后的做法太过分，属于妄行，可知这种做法在朝臣中产生了很大的负面影响。

如上所述，北宋刘太后对王钦若与辽朝萧太后对韩德让，何其相似乃耳。如果说萧太后有偷情之嫌，那么，刘太后又该如何解释？

---

① 《续资治通鉴长编》卷102《仁宗》天圣二年，中华书局校点本，第2370页。
② 《续资治通鉴长编》卷103《仁宗》天圣三年，中华书局排印本，第2393页。

第十二章

关于萧太后的传说

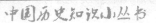
在我国北方地区，民间有许多关于萧太后的传说。这些传说广泛地流传在北京、河北、山西、内蒙古、辽宁等地，都在辽朝统治的范围内，大部分传说都见于地方文献记载，少数传说至今仍在民间传诵。它从一个侧面反映出，辽朝的萧太后在人民群众中有很高的地位和广泛的影响。

今按传说的地域分布，分别记述如次。

一　北京的传说

今日的北京市，在辽代称南京，又称燕京，是以燕山得名。在唐代北京称幽州，故辽代燕京又别称幽州。在民间，幽州这种说法延续很久，在杨家将小说中，仍保留有幽州之称。

明朝人沈德符，在《万历野获编》中列有"煤山梳妆台"一个条目，称："又有梳妆台与此山相近。予幼时往游，尚有杞材数条，今尽腐朽，存台基而已。相传为耶律后萧氏洗妆之所。"[1]所谓"煤山"，即今日北京明清故宫以北的景山，明代时为积煤之所，故明朝人称之为煤山。萧太后洗妆台又称梳妆台，在今北海公园琼华岛（俗称白塔山）上，煤山（景山）西与琼华岛相邻，故沈德符称梳妆台"与此山相近"。

讯琼华岛上梳妆台，常见于明清人的记载。明朝人杨士奇《郊游记》称，降而观于浮屠之址，问僧此寺所创，僧指其南废址说："此辽太后梳妆台也。"清朝人高士奇《金鳌退食笔记》载，琼华岛在太液池中，其巅古殿，相传为辽太后梳妆台。毛奇龄《西河诗话》亦称，辽太后梳妆台在太液池东小山上，一名琼华岛，即今白塔寺也。

---

[1] 沈德符：《万历野获编》卷24《畿辅》，中华书局1959年版，第604页。

太液池的历史很早，今北京的北海、中海、南海又称"三海"，原是古永定河河道的一部分，被地质学家称作"三海大河"。后来，永定河河道南移以后，这里便成为低洼的沼泽，其实是"三海大河"的残迹。唐代时，今日的"三海"被利用，成为幽州城东北郊的园林，称作海子园。辽代的南京即唐代幽州故址，对"三海"进一步改造利用，将挖海之泥土堆积成山，即后世的琼华岛。由于这里距南京城近在咫尺，水面广大，成为皇帝夏季乘凉避暑的好去处，遂将湖中岛屿命名为瑶屿，在胃这里修建了皇帝的行宫，被称作瑶屿行宫。在辽景宗、辽圣宗时代，辽、宋之间发生了高梁河之战、三关之战、澶渊之战，萧太后曾多次来南京驻跸，而且驻跸的时间很长，她到瑶崎行宫休憩避暑，自然是在情理之中，甚至瑶屿行宫是根据她的需要所修建。琼华岛上萧太后梳妆台的传说，即由此而来。此处梳妆台的传说，出自明朝人的笔下，说明传说出现很早，很有可能自辽、金以来，在民间即有此传说了。

北京通州区（旧称通县）为辽代潞阴县故地，在这里也有关于萧太后的传说。康熙年间纂修的《通州志》记载通州有八景，其中有一景为"驻跸甘泉"："驻跸甘泉，在（州）儒学西北。相传辽萧太后所凿，其味甘洁"。[1]又，管庭芳近纂《河北潞阴志略》也有相同的记载，"潞阳有古井四，甘泉井在学宫西北，相传辽萧太后命凿，其味甘洌，今如旧"。[2]

据《辽史》记载，潞阴县之地有延芳淀，在南京东南九十里，延芳淀"方数百里"，"春时鹅鹜所聚，夏秋多菱芡"。每年春天，辽朝国主都要到此打猎，放海东青捕捉天鹅。[3]康熙《通州志》所载通州八景中，还有一景名叫"晾鹰旧台"："在县西南二十五里得仁务，相传辽主游猎驻辇之所。"又附潞县古迹条称："神潜故宫，在县南二十里。辽后妃从猎行宫也，遗址尚存。"又有"放鹰台，在县西南四里，相传亦辽主游猎所筑，遗址尚存"。所谓"鹰"即海东青，善飞而有力，喜捕天鹅等水禽，是帮助狩猎的重要工具。所谓"晾鹰台"、"放鹰台"，都是驯鹰、放鹰的场所。所谓"辽主"系指辽

---

① 《辽史》卷40《地理志四》南京道，中华书局校点本，第496页。

② 《河北潞阳志略》，国家图书馆抄本，第30页A。

③ 《辽史》卷40《地理志四》南京道，中华书局校点本，第496页。

朝皇帝、皇后、皇子而言，他们通常是一起参加春天的狩猎活动，在《辽史》中被称作"春水"。春水活动持续的时间很长，故而需要设置行宫，所谓"神潜故宫"即指此而言。古代男主外，女主内，春猎期间出于饮食的需要，必须要有良好的水井，水井是按照萧太后的旨意所建，故有萧太后凿开甘泉井的传说，此传说应当是属实的。

据《辽史》记载，统和七年春、统和十二年正月、统和十三年正月、统和十四年正月、统和十五年正月、统和十八年二月、统和二十年正月，辽圣宗都曾"幸延芳淀"，即到这里春水狩猎。此时萧太后临朝执政，每每与辽圣宗同行。统和十三年九月，"奉安景宗及皇太后石像于延芳淀"，[①]表明了对延芳淀的重视。因此，在通州区保留有关于萧太后的传说，并不是偶然的。

刘定之《游记》称："梁氏园在京师西南五六里，其外有旧城，旧城者唐藩镇、辽金别都之城也。元迁都稍东，于是旧城东半遂入于朝市间，全无迹可见，而西半犹存，号为萧太后城，即梁氏园所在也。"[②]这里所说的萧太后城，即辽南京城的西部，在今北京市宣武区的西部，萧太后是指辽圣宗的母亲萧绰而言。当时的人将辽南京旧址称作萧太后城，是因为统和年间萧太后曾长期在这里居住，指挥了对北宋的战争，在民间有很大影响的缘故。

在北京市郊区，关于萧太后的传说很多。有称昌平州（今昌平区）有水盆石，在东山上，水盆石下刻有"燕窝"二字，当地民间传说是萧太后梳洗处。北京古称"燕"，萧太后小字叫"燕燕"，"燕窝"石刻或与此有关。这种刻石应是好事者所为，与萧太后不一定有关。"水盆石"是地质时期冰川作用的产物，在北方地区多有遗留，在河北丰宁县等地发现甚多，并不是人工凿成的。"水盆石"在大山之上，萧太后怎能去梳洗？显然这种民间传说属于穿凿附会，是没有根据的，不可以相信。

这类无据的传说，还有一些。雍正年间纂修的《密云县志》记载："看花台，在县西北二十里大水谷，萧太后登台赏花，址尚存。"又称："太后墓，围十余里，高与山等。昔人欲发之，将及墓门，有群蜂飞出蜇人，遂不敢

① 《辽史》卷13《圣宗四》，中华书局校点本，第147页。

② 孙承泽：《天府广记》卷37《名迹》，北京古籍出版社1984年版，第567页。

入。相传以为契丹太后所葬。"①民国《密云县志》有相似的记载："太后墓，俗传契丹太后葬所，围十余里，高如土山。昔人往发，将及墓门，群蜂飞出蜇人，遂不果入。"②这里所说的"契丹太后"，就是萧太后。据《辽史》记载，萧太后死后，与辽景宗同葬于显州医巫闾山，称作乾陵，在今辽宁北宁市（旧称北镇县）。因此，北京密云县（今改为密云区）不会有萧太后墓。

北京昌平、密云有关萧太后的传说，虽然与事实不尽符合，不过这些传说的产生还是有一定的原因。在统和年间，辽、宋发生了三关之战和澶渊之战，萧太后对这些战事非常重视，她出于了解敌我双方的军事部署，亲自指挥辽军的战斗，特意从辽中京前往辽南京，途中要越过燕山，古北口是当时从辽中京（今内蒙古宁城县大明城）到辽南京（今北京）的必经之地，北宋使者路振、王曾、沈括来往辽朝所走的道路，都是这条路，这在他们所撰的行程录中，有明确的记载。这是当时进出燕山、南来北往最便捷的驿路。萧太后从辽中京到辽南京所行走的路线，也是如此，只是《辽史》中的记载过于简略而已。古北口当时又称虎北口（见路振《乘轺录》），密云县又称檀州，系檀州的首县附郭城。古北口位于燕山之中，有绵长的山谷，由于萧太后曾往返于此，在密云县留下萧太后的传说，即与此有关。昌平县有温泉，今称小汤山温泉，清朝皇帝"木兰秋狝"途中常常在此沐浴净身，萧太后往来途中可能也会到此沐浴休息，故而在昌平也有关于萧太后的种种传说。

北京市燕山以北的延庆县，也有许多关于萧太后的传说。嘉靖《隆庆志》记载："应梦寺，在州城北二十里应梦山上，相传萧太后应梦建。元末兵焚，基址及凿石辇道、烧造琉璃砖瓦窑场俱存。"又称："古窑，有三，俱在应梦山之阴。相传辽萧后应梦建寺时，烧造琉璃砖瓦石灰之所，俱见存。"③根据上述记载，萧太后因梦受到启示而在此建寺院，应当是属实。至于其梦见了什么，今日无法考证。

嘉庆《隆庆志》又记载说，隆庆州境内有东羊房、西羊房与萧太后有

① 薛天培：《密云县志》卷2《古迹》，雍正元年刊本，第7页B。
② 宗庆煦总纂：《密云县志》卷2—5，《古人坟墓》，民国三年京华印书局刊本，第10页A。
③ （明）嘉靖《隆庆志》卷1《宫室》，嘉靖二十七年刻本，第9页A、14页B。

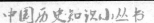

关。"东羊房，在城北十里；西羊房，在州城西北十五里。相传辽萧后养羊之所。"[1]契丹人属于游牧民族，"生生之资，仰给畜牧，绩毛饮湩，以为衣食"。[2]因此，其生活离不开牛羊，部落迁移时，必须驱赶牛羊而行，皇帝、皇后也是如此。萧太后的扈从人员很多，包括文武百官和担任警卫的士兵。因此，其巡幸必须有牛羊群同行，在驻跸之地需要设立畜舍，以防止牲畜走失。所谓东羊房、西羊房，即是畜舍之称谓。萧太后曾在燕山以北的坝上草原上乘凉避暑（详后），延庆属于坝上草原的一部分，故有东羊房、西羊房之设置。东羊房、西羊房的传说，应当是真实可信的。东羊房、西羊房之名，在延庆县至今犹存。在比例比较大的地图上，可以找到这两个地名。历史上的地名，具有一定的稳定性，常常是经久不变。《读史方舆纪要》称，延庆州"东北二十里有古城，相传辽萧后所筑"。[3]延庆州即今延庆县，此城具体位置不详。

---

① （明）嘉靖《隆庆志》卷8《宫室》，嘉庆二十七年刻本，第14页B；见（明）孙世芳《宣府镇志》卷12第28页下。

② 《辽宋》卷32，《营卫志中》，中华书局校点本，第377页。

③ 顾祖禹：《读史方舆纪要》卷17《北直八》，中华书局排印本，第779页。

二 河北的传说

燕山以北，除了延庆县隶属于北京以外，大部分属于河北张家口市管辖。在怀来县、下花园区、赤城县、沽源县，有许多萧太后的传说。

明朝人孙世芳修纂的《宣府镇志》，记载了不少关于萧太后的传说。其记载说在宣府镇辖区内，有上花园、下花园、东花园。[①]

上花园，镇城东四十里，萧后植花卉所。

下花园，镇城东五十里，亦萧后所置，遗址尚存。

东花园，怀来城东十里，亦萧后所置。

引文中的镇城，是指宣府镇城。辽代称归化州，金代称宣德州，元代称宣德县，明代改称宣府镇，为北部边防九镇之一。清代称宣化府，民国和解放之初称宣化县，近年改为张家口市宣化区。所谓镇东上花园、下花园，在今张家口市下花园区

顾祖禹《读史方舆纪要》也有相似的记载，称："上花园在州西四十里，又州西三十里为下花园，相传辽萧后种花处。今为戍军之所。"[②]"州"指保安州，今称新保安，在怀来县西部，是一镇集。这是以保安州来记述上花园与下花园的方位，与《宣府镇志》有所不同。又引徐兰诗云："温洋二水尚潺湲，百里亭台无一存；绿是蒺藜黄是土，上花园与下花园。"诗中的洋水

---

① （明）孙世芳：《宣府镇志》卷12《宫室考》，嘉靖辛酉（四十年）刻本，第28页A、B。
② 顾祖禹：《读史方舆纪要》，中华书局2005年版，第789页。

今称洋河，为桑干河下游；温水应为延庆温泉河。①《畿辅通志》载，延庆州有"温泉河，在州西北三十里。源出佛峪山，南人妫河。国朝郭浩有《佛峪温泉诗》：'道是桑干水，深疑度浊泾。花呈人面素，山作佛头青。陶穴犹从古，温泉且浴形。竭来尘鞅近，他日待留名。'"温泉河南流注入妫河，妫河为桑干河支流，在官厅村与桑干河相汇合，故徐兰州称"温洋二水尚潺湲"，以此二水相近又相会故也。

怀来旧县城在妫河北岸临河，东花园亦在妫水北岸与之相近。在1954年官厅水库建成以后，怀来旧县城和东花园均陷入水库之中，今不可见矣。怀来县城迁移到水库以西的沙河镇，是为新怀来县城。

在怀来县西部原有鸡鸣山，后来由于地方行政区的变动，现在改属张家口市下花园区。鸡鸣山原称摩笄山，以赵襄子杀代王，代王后、赵襄子姊摩笄于此山而得名。传说夜有野鸡鸣于山上祠，故称鸡鸣山。又传说唐太宗北伐突厥至此，闻山上有鸡鸣，而命名为鸡鸣山。鸡鸣山上古迹甚多，自北魏太和五年（231年）开始修建庙宇，传说辽朝萧太后在鸡鸣山上修建有凉亭。近年修复了此建筑，称作萧太后亭，作为游人观景之所。有人还写诗加以赞美说："阏支此地曾歌舞，别起妆楼对暮山。马首垂杨青一带，锦档红衬射雕还。"②所称暮山，是鸡鸣山的别称。此诗在歌颂萧太后跃马射猎的武功，体现了契丹族妇女擅长骑射的特点，倾注了作者赞扬契丹人的情怀。

在怀来县，除了东花园以外还有团焦亭、雪兴亭、碧桃亭，都与萧太后有关。《宣府镇志》记载说：

团焦亭，在怀来，萧后游息之所。

雪兴亭，萧后每冬游至此，亦在怀来。

碧桃亭，去雪兴亭里许，亦萧后所置，废久，唯扁石刻尚存。③

---

① 《畿辅通志》卷65《舆地略》二十，山川九，河北人民出版社1989年排印本，第8册。

② 李亚龙：《鸡鸣山》，载《张家口知名的历史人物》，党建出版社2006年版。

③ （明）孙世芳：《宣府镇志》卷12《宫宇考》，嘉靖辛酉（四十年）刻本，第28页。

《嘉靖隆庆志》对上述三亭记载尤为详细，称团焦亭"在州城西北七十里良山古井上，至正五年太师忠王马扎儿等建制，极华藻侈穷金碧，费钜万计，镇阳范文记之。今井亭俱废，唯石刻存耳"。[①]关于团焦亭，有萧太后和马扎儿两种不同的说法，应是萧太后所建在先，到了元代已年久失修，颓败不堪，故而至正五年（1345年），太师、忠王马扎儿又加以重修，规制盛于从前，呈金碧辉煌。故有人为之撰记刻石。

《嘉靖隆庆志》又称："雪兴亭、碧桃亭，俱在莽鹅池，久废。遗扁石刻，今在怀来城庆寿寺，字形如斗，颇遒劲，寺僧用之砌墙，惜哉。"[②]所谓"扁石刻"，应是用不规则的巨石凿刻的大字亭名。亭废以后移至怀来县城庆寿寺，用于砌墙。今旧怀来县城已没入官厅水库之中，此"扁刻石"不知尚在否？

《宣府镇志》又记载，归化州有萧太后和辽景宗的凉殿。

凉殿，在归化州。契丹承天后的凉殿，保宁年间修。

新凉殿，在归化州。契丹主贤纳凉之所，保宁年间建。[③]

归化州凉殿和新凉殿，在《辽史》中是有记载的，称："归化州，雄武军……有桑干河、会合川、爱阳川；炭山，又谓之陉头，有凉殿，承天皇后纳凉于此。山东北三十里有新凉殿，景宗纳凉于此，唯松棚数陉而已。"[④]据此可知，所谓凉殿不是砖瓦建筑物，只是用松树枝搭建的凉棚，属于临时性遮阳避暑设施，其搭建容易，保留时间不长，很难传之后世。这种凉棚与林中猎人搭建的草木棚子大同小异，只是皇帝的凉棚规模宏大而已。

《宣府镇志》所记凉殿，是保宁年间（969—978年）所建，是真实可信的。据《辽史》记载，保宁四年（972年）夏，辽景宗"驻跸冰井"，秋七月"如云州"。[⑤]所谓冰井，是指深山老林中夏季仍保留有结冰而言，这种现象在

---

① 《嘉靖隆庆志》卷8《宫室》，戊申（嘉靖二十七年）刻本，第2页A。
② 同上。
③ （明）孙世芳：《宣府镇志》卷12《宫宇考》，嘉靖辛酉（四十年）刻本，第28页。
④ 《辽史》卷41《地理志五》，中华书局校点本，第510—511页。
⑤ 《辽史》卷8《景宗上》，中华书局校点本，第92—93页。

北方时常可以见到，多见于山阴。《宣府镇志》称："秋林亭，在顺圣西城溜云山下，盛暑山石滴水成冰，可消烦渴，辽人建亭焉。"[1]顺圣即弘州顺圣县，为今河北阳原县，溜云山当在阳原县境内，明代尚可以见到盛夏结冰现象，证明辽代有冰井是可信的。

辽归化州，即今张家口市宣化区，萧太后的凉殿应在宣化区境内。宣化北有阴山，山岭高大多树，凉殿有可能在阴山之中。

怀来县、宣化区以北为赤城县、沽源县，地土相邻。在赤城县、沽源县，也有萧太后和辽景宗的传说。《宣府镇志》记载："歇马台，龙门所东五十里境外，辽太后歇马处，遗址尚存。"[2]龙门所是明代宣府镇所属卫所之一，在今赤城县城以东（直线距离）约15公里，系一乡镇。明代宣府镇边墙（即长城）以东，为鞑靼朵颜部蒙古的牧场，《志》所称"龙门所东五十里境外"，即指朵颜部牧场而言，今属河北丰宁县。所谓歇马台，指下马歇息之土台，与民间所说的上马石、下马石相似。

河北民间的萧太后像采自《遥远的地平线》

---

① （明）孙世芳：《宣府镇志》卷12《宫宇考》，嘉靖辛酉（四十年）刻本，第28页。

② （明）孙世芳：《宣府镇志》卷12《宫宇考》，嘉靖辛酉（四十年）刻本，第28页下。

《宣府镇志》又记载说，赤城县有御庄。"御庄，在云州堡。契丹耶律贤因父遇害，沦落民间居处于此。逮穆宗受祀，国人访贤立为国主，作室宇于旧居之地，号曰御庄。"①此传说与《辽史》的记载是一致的，《辽史》称："望云县，本望云川地。景宗于此建潜邸，因而成井肆。穆宗崩，景宗入绍国统，号御庄。后置望云县，直隶彰愍宫。"②明朝人所称的云州堡，即指辽代望云县而言。御庄建于辽景宗即位以后，其即位之初即娶萧燕燕入宫为皇后，则御庄的传说不妨说与萧太后有一定的关系。

在沽源县城以东约15公里的地方，也有萧太后的梳妆台，地面保留有高大的穹庐状建筑物。此梳妆台之说，在当地影响甚大，在比例比较大的地图上，也有所标注，甚为民间所关注。为了解沽源县萧太后梳妆台之谜，河北省考古工作者对梳妆台进行了科学的发掘。发掘结果表明，所谓梳妆台，其实是一座元代的贵族墓。由于早期被盗，墓中遗物不多，仅见若干车马具和墓志的碎块。然而在残志石中，却发现了"阔里吉思"字样。阔里吉思在《元史》中有传，③是汪古部（即阴山鞑靼）的部长，以协助成吉思汗南下有功，其家族世代与皇室通婚，被封为高唐王、赵王，其封地在今内蒙古四子王旗一带，赵王城一直保留到今日。因此，沽源县的萧太后梳妆台，实际上是元代阔里吉思家族墓地，与辽朝的萧太后无关。

在遵化县西北的燕山中，有一处著名的汤泉，其发源地叫总池，四周用大理石围砌，据说是明代名将戚继光所为。池水有如云气冲天，清晨彩霞四射，有"汤泉浴日"之称。清康熙皇帝游此，命建六角形"转杯亭"（即流杯亭），成为名胜之地。据说唐太宗李世民曾至此，赐名"福泉"，并加修缮。民间传说辽朝萧太后曾至此游玩，建有"梳妆台"。此后这里亭馆林立，寺庙渐多，游人络绎不绝。戚继光修建了"晾甲亭"，撰有《蓟门汤泉记》、《汤泉全图》。遵化县地近喜峰口，喜峰口在燕山中，古称卢龙道，是南北交通往来的要道。萧太后多次越燕山南下，其经由遵化县之事自在情理之中，故在汤

① （明）孙世芳：《宣府镇志》卷12《宫宇考》，嘉靖辛酉（四十年）刻本，第28页上。
② 《辽史》卷41《地理志五》，中华书局校点本，第510页。
③ 《元史》卷118《阿剌兀思剔吉忽里传》，中华书局校点本，第2922—2926页。

泉有萧太后梳妆台的传说。

怀来县土木堡之得名，可能也与萧太后有关。土木堡本是一座小城堡，由于正统十四年（1449年）明英宗在此被瓦剌首领也先所俘，史称"土木之变"，此后土木堡始见于史书记载，其名大作。土木堡之得名，实始于辽代。《嘉靖隆庆志》记载："统幕，在州城西南八十里。相传辽王游幸，尝张大幕于此，因名。俗讹为土幕，又为土木、土幕。"①《畿辅通志》也有相似的记载："土木驿堡，在县西二十五里。西至保安州四十里，东至延庆州八十里，为往来孔道。本名统汉镇，唐末高开道据怀戎时所置，后讹为土木。"②

所谓"辽王"即辽朝皇帝，到土木驻跸过的皇帝，大概只有辽景宗。史载，乾亨初年辽景宗多次来南京（今北京）。乾亨四年（982年）四月，辽景宗"自恃南伐，至满城"。事后，"清暑燕子城"，"如西京"，"幸云州"，"猎于祥古山"，"次焦山，崩于行在"。③燕子城在今张北县，西京、云州为今大同市。辽景宗从南京（今北京）前往张北、大同，土木堡是必经之地，即《畿辅通志》所说的"往来孔道"。辽景宗一行在此驻跸，"张大幕于此"（大幕即庐帐）是完全可能的。后人将此地称作"统幕"、"土木"、"土幕"、"统汉"，都是由此而来。辽景宗游幸，萧后自然偕之同行，所谓"辽主"其实是包括后妃、皇子在内的，因此，土木之得名或与萧后（萧太后）有关，并非虚构之词。

① （明）《嘉靖隆庆志》卷8《宫室》，戊申（嘉靖二十七年）刻本，第13页B—14页A。
② 《畿辅通志》卷69《舆地略》关隘三，河北人民出版社1989年排印本，第9册第153页。
③ 《辽史》卷9《景宗下》，中华书局校点本，第105页。

三 山西的传说

在山西北部大同一带，也有关于萧太后的传说。《乾隆大同府志》称：

> 萧太后营，县西南二十里安银子村。相传辽太后驻兵处，遗址宛然。
> 萧后城，县西南三十里萧家坡，传是辽萧太后所筑，故垒存。
> 凤凰城内西北隅，一名梳妆楼，相传辽萧后居此。左右二台，各高数丈。元大德十一年地震，圮其左。延祐间，右台亦圮。后其地为凤台坊，坊亦久废无可考。旧志所谓凤凰晓月也。或云今县学西南基是。①

在大同市以东的天镇县，也有萧太后的传说。胡元朗编纂的《天镇县志》记载：

> 萧后井，在萧墙堡。相传萧后驻兵于此。井水盈溢，去则如故。
> 假粮堆，在城南十里许。相传萧后用兵时，以苇席苫堆，假充军糈，故名。②

其中萧后井的传说，又见于《乾隆大同府志》，其文字完全相同。《天镇县志》成书于乾隆四年，《大同府志》成书于乾隆四十一年，《大同府志》

---

① （清）《大同府志》卷6《古迹》，乾隆四十一年刻本，第9页A、16页A、5页A。
② （清）《天镇县志》卷4《古迹》，乾隆四年刻本，第2页A。

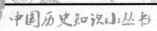

此条应录自《天镇县志》。

大同在辽代为西京，列为陪都之一。帝后前往巡幸，留下种种传说，自然在情理之中。在辽圣宗统和年间，萧太后以国母的身份执掌国政，为最高军事统帅，多次指挥南伐。西京又是防御西夏的边防重镇，驻有重兵。有关太后营、太后城、假粮堆之传说，即与此有关。

《宣府镇志》称大同有契丹长春宫，"在云州西南，景宗贤曾游幸于此，其建年不可考"。①云州西南即大同西南，长春宫建筑年代不详，是否与萧太后有关，待考。

李有棠《辽史纪事本末》称，滦州长春淀旧有行宫，为萧太后所建。顾祖禹《读史方舆纪要》称，永平府迁安县北四十里有杨买驴城，周五百步。引皇甫鉴《域冢仪》云，系辽圣宗时萧太后所造。杨买驴，辽臣姓名，司营筑之事者，史未载。滦州（今河北滦县）下属石城县，旧址为今唐山市开平区。《金史·地理志》记载："石城有长，春行宫，长春淀旧名大定淀，大定二年改。"②金代长春行宫，当是沿用辽代旧行宫，或与辽景宗、萧太后有关。

① （明）孙世芳：《宣府镇志》卷12《宫室考》，嘉靖辛酉（四十年）刻本，第27页B。
② 《金史》卷24《地理上》中都路，中华书局校点本，第567页。

四 内蒙古的传说

内蒙古东部地区，是契丹人的发祥地，辽上京临潢府、中京大定府均在今赤峰市。这里也有萧太后的传说，只是数量不多，无法与北京、河北北部相比，令人有些奇怪。其实，这是有原因的，辽朝覆亡之际有耶律大石西征，将大量的契丹人迁移到中亚地区。还有一部分契丹人被金、元征发为军，离开了原住地，到远方征战。例如有一部分契丹人在元代忽必烈时期，随蒙军远征云南，后来即定居于此，故云南保山地区有契丹遗民。[1]由于契丹人大量外流，使这里契丹人历史中断，有关萧太后的传说很难保留下来。

巴林左旗林东镇南波罗城（此为蒙语，译成汉语意为紫城，即紫禁城），为辽上京临潢府故址。林东镇南有桃山，是著名风景旅游区。桃山山谷中，有辽代的著名寺院，名叫真寂之寺，简称真寂寺。在真寂寺之东，灵岩山与圣水山交接处，有一条很陡峭的山路，路上凿刻有20余米长的车辙印迹。当地人称之为萧太后车道，[2]有美丽的传说。据说辽景宗偕萧后到真寂之寺祈祷进香，辽景宗突发奇想，要乘车登上灵岩山顶。这可难住了车夫，萧后在车夫犹豫之际，马上抢过鞭子，将骆驼拉的高轮大车驶到了灵岩山顶，于是在裸露的岩石上面，留下了很深的车辙。[3]这个传说有些荒诞不经，辽景宗和萧后到真寂之寺祈祷进香，倒是可能属实。不过萧后不可能将驼车赶到山顶，更不可能在坚硬的岩石上留下很深的车辙。显然这车辙应是后人好事者所为，是为了附会

---

① 孟志东：《云南契丹后裔研究》，中国社会科学出版社1995年版，第1页。

② 金永田：《真寂之寺揽胜》，中国社会出版社2000年版，第21页。

③ 同上。

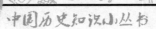

萧太后进香的传说特意凿刻了车辙。如同有人在赵州桥（隋代安济桥）上刻上车辙和马蹄印一样。

在真寂之寺以西的哈巴成拉嘎查（蒙语称行政村为嘎查）正北约1.5公里处，有一块高30米、周长50米的大孤石，有如河北赤城县独石口的大独石。其四周是平缓的草地。当地民间传说，这是萧太后的点将台。据说，萧太后为了在澶渊打败宋真宗，在此点将台上检阅辽朝的军队，调集了20万大军奔赴澶渊，辽、宋各有胜负，最后双方签订了"澶渊之盟"。[1]这个传说也是不真实的，萧太后是从中京（今内蒙古宁城县大明城）赴南京（今北京）指挥战斗，并没有在上京誓师南伐。当地群众大概是根据萧太后英勇善战的事实，杜撰了在上京点将誓师的传说。

宁城县热水镇有温泉，被当地人称作"萧太后温泉"，[2]水温可达七十摄氏度以上。热水镇东北大明镇，为辽中京故址，元代称大宁城，明代以后讹为大名城、大明城。辽中京城为萧太后所建，城内有武功殿、文德殿，武功殿为辽圣宗所居，文德殿为萧太后所居。热水镇温泉早已有之，且与辽中京城近在咫尺，萧太后到此温泉沐浴，当是可信的事实。当地人将此泉称作萧太后泉，是有来历的。近年，有人在此建立了萧太后温泉沐浴度假村，吸引了许多外地游人到此度假休闲。

---

① 金永田：《真寂之寺揽胜》，中国社会出版社2000年版，第54页。
② 见《宁城旅游指南》。

五 辽宁的传说

  在辽宁西部地区，也有关于萧太后的传说。《奉天锦州府锦县乡土志》古迹条记载说："梳妆楼，在城西北三十里。相传萧太后建，今毁。"①又，《锦县志略》也有相似的记载，称："梳妆台，在城西北三十里丫八石。相传辽萧太后建，山上九石柱犹存。"②前书所称的梳妆楼，即后书所称的梳妆台。锦县为锦州府附郭县，即今锦州市。锦州，在辽代为中京道辖境，锦州东北北宁市（原称北镇县）医巫闾山下，有东丹王耶律倍、辽世宗耶律阮的陵墓，称作显陵。辽景宗耶律贤死后，亦葬于此，称作乾陵。辽景宗早丧，死于乾亨四年（982年），当时萧太后尚健在，为辽景宗治丧事。《辽史》记载，为了安葬辽景宗，置乾陵、乾州。统和元年二月，"皇太后诣陵置奠，命绘近侍于御容殿，赐山陵工人物有差。庚子，以先帝遗物赐皇族及近臣"。③说明萧太后曾亲自到乾州乾陵安葬辽景宗。

  辽景宗病故于西京云州焦山行宫。当时，萧后曾在其身旁服侍。当辽景宗驾崩以后，萧后护送其灵柩至乾陵，其间经过了许多州县，锦州是必经之地。萧太后在锦州会留下她驻跸的遗迹，如行宫等，萧太后在锦州梳妆楼的传说，即与此有关。

---

① 《奉天锦州府锦县乡土志》，宣统二年三月修，有抄本藏国家图书馆古籍馆，见第19页B。
② 《锦县志略》卷3《建置上》古迹，民国九年刻存，第6页。
③ 《辽史》卷10《圣宗一》，中华书局校点本，第108—109页。

六 萧太后传说的社会意义

传说是民间的口头文学，往往会传承很久，经久不衰。口头文学比较集中地表现了人民大众的爱与憎，完全是自发产生的，具有人民性的特点。上述有关萧太后的传说，多达数十则，这些传说到底有什么社会意义，我们从中会看出什么道理？这是需要深入思考的问题。

今日所能见到的有关萧太后的传说，主要分布在北京市、河北北部、山西北部、内蒙古东部、辽宁西部，即辽代的南京道、西京道、中京道、上京道。辽代设有五京道，除东京道（今辽阳）以外，其余四京道均有关于萧太后的传说，说明这些传说分布的范围很广，反映出萧太后在民间有很高的地位和影响。

民间传说所反映的，是人民大众的思想感情，常常是将自己的思想感情附会到一些名胜古迹或地方风物上，用以寄托怀念之情、憎恶之感。因此，有些民间传说听起来很生动、很感人，其实是不存在的。例如流传最广的孟姜女哭倒秦始皇长城的传说，最有代表性。在北戴河有姜女祠，明朝人记载在姜女祠中，有人还写了一副著名的楹联："秦王安在哉，万里长城筑怨；姜女未亡也，千秋片石铭贞。"[1]国学大师顾颉刚曾撰文，[2]指出孟姜女即《左传》上的"杞梁之妻"，到了西汉时刘向在《说苑》中称杞梁之妻哭而崩城，到了唐朝变成了杞梁之妻哭倒了秦始皇长城，到了宋朝杞梁之妻被称作孟姜女。因此，

① 杨宾：《柳边纪略》卷1载《辽海丛书》缩印本，辽海书社1985年版，第238页上栏。
② 顾颉刚：《孟姜女故事的转变》，载《顾颉刚经典文存》，上海大学出版社2003年版，第241—259页。

孟姜女哭倒秦始皇万里长城之说，完全是虚构的。孟姜女哭倒秦长城的传说，表达了人们对秦始皇修长城的憎恨，和对广大人民群众被强迫修长城悲惨命运的同情。至于梁山伯与祝英台的传说、白蛇传的传说、牛郎织女的传说，都是人们虚构的故事。

可是我们读了萧太后的传说以后，发现虽然其中有虚构的成分，如沽源县萧太后的梳妆台，北京密云县的萧太后坟墓，北京昌平东山上的水盆石，内蒙古巴林左旗的萧太后车道和点将台等，属于虚构不实以外，其余大部分传说是有一定根据的。北京市和河北北部萧太后的传说最多，这是有原因的。据《辽史》记载，在统和年间由于与宋朝多次发生战争，萧太后曾多次来辽南京（今北京）指挥战斗，在辽南京居住时间比较长，并且又到河北北部坝上地区乘凉避暑。据《辽史》记载，统和四年（986年）九月甲戌，"次黑河，以重九登高于高水南阜，祭天。赐从臣命妇菊花酒。丁丑，次河阳北。戊寅，内外命妇进会亲礼物。辛巳，纳皇后萧氏。丙戌，次儒州"。[1]黑河发源于沽源县，南流，经赤城县出境，入北京延庆县，然后与白河（即沽河）相会，注入密云水库。由于河底多青苔，水呈黑色，故得名黑河。[2]高水、河阳，今地不详。儒州，为今北京延庆县。同年六月丁未，"度居庸关……戊午，幸凉陉"。[3]《金史·地理志》称桓州有曷里浒东川，又名金莲川，有景明宫，"避暑宫也，在凉陉"。[4]金莲川即今滦河上游闪电河，在今沽源县和内蒙古正蓝旗境内，元代这里称察罕脑儿，为避暑胜地。由此可知，萧太后在统和四年六月至九月，为了避暑曾到过延庆（儒州）、赤城、沽源以及附近地区，河北北部坝上地区和北京延庆县有关萧太后的传说，即与此有关。

关于萧太后的传说，真实地反映了她的活动和生活特点。太后城、太后营、点将台、假粮堆的传说，反映出萧太后的军事活动；放鹰台、晾鹰台的传说，反映出萧太后从事春水狩猎活动；各种亭台楼阁的传说，反映出萧太后多

①《辽史》卷11《圣宗二》，中华书局校点本，第124页。

②《赤城县志》，改革出版社1992年版，第120页。

③《辽史》卷11《圣宗二》，中华书局校点本，第123页。

④《金史》卷24《地理上》桓州，中华书局校点本，第566页。

次乘凉避暑活动；关于梳妆台、梳妆楼的传说数量最多，反映出萧太后日常生活中的女性特点。所有这些传说综合在一起，从不同的侧面反映出了契丹上层贵族的一般特点，是萧太后从事各项活动的真实记录。广大人民群众对此喜闻乐道，世代传承，足以说明萧太后在民间有很高的地位和影响。

关于萧太后的传说，大概是从辽金以来即已出现。到了明代嘉靖年间，被收入孙世芳《宣府镇志》和《隆庆志》中。《隆庆志》刻于嘉靖二十七年（戊申），《宣府镇志》刻于嘉靖四十年（辛酉），正是《杨家府演义》和《北宋志传》的撰著时代。小说中关于萧太后的描写，可能与萧太后的民间传说有一定的关系。因为民间传说更有渲染力，易于被群众所接受。只是目前所能见到的关于萧太后的传说，文字非常短小，只是直书其事而已，而有关的生动情节，却未能记录下来，我们无法进行更为深入地研究和论证。

附录 萧太后大事记

纪年				纪事	附注
公元	辽	宋	西夏		
953	应历三			太祖应天皇后崩。萧燕燕出生。父萧思温，母辽太宗长女吕不古。	萧太后死于1009年，年57。据此推算应生于953年。
958	应历八			时任南京留守的萧思温攻南部沿边州县。萧燕燕随父至南京（今北京）。	见《穆宗纪》。
959	应历九			萧思温任南京兵马都总管。周世宗攻克益津、瓦桥、淤口三关。	见《穆宗纪》。
960	应历十	建隆元年		赵匡胤取代后周，建立宋朝，改元建隆。辽太祖少子李胡下狱死。年50。	见《穆宗纪》。
961	应历十一	建隆二		萧思温奏老人星见，乞行赦宥。	见《穆宗纪》。
963	应历十三	建隆四		是年萧燕燕10岁，萧思温观诸女扫地，或当在此年。	见《后妃传》。
968	应历十八	开宝元年		是年11月，宋太祖改元开宝。	

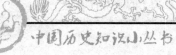

续表

纪年				纪事	附注
公元	辽	宋	西夏		
969	保宁元年	开宝二		北汉刘继元嗣立。辽穆宗为庖人所弑，萧思温、女里、高勋拥立耶律贤为帝，史称辽景宗。以萧思温为北院枢密使兼北府宰相。封萧思温为魏王。辽景宗以萧燕燕为贵妃，旋立为皇后。是年二月改元保宁。	见《穆宗纪》、《景宗纪上》。《秦晋国大长公主墓志》称辽景宗长女观音女死于重熙丁酉年（1045年），享年76岁。可知她当生于保宁元年（969年）末或保宁二年（970年）初。
970	保宁二	开宝三		萧思温陪同辽景宗、萧皇后到东京祭祀让国皇帝及世宗庙，归途中在盘道岭萧思温被盗贼所杀。后查明与国舅萧海只及萧海里有关，皆伏诛。将其弟神靓流放黄龙府。以耶律贤适为北院枢密使。	见《景宗纪上》。
971	保宁三	开宝四		封南京统军使韩匡美为邺王。以飞龙使女里为契丹行宫都部署。杀萧神靓。辽景宗追谥其兄吼为庄圣皇太子。十二月，皇子耶律隆绪生。	见《景宗纪上》。
972	保宁四	开宝五		追封萧思温为楚国王。巡幸云州、南京。辽太宗次子罨撒葛薨，追册为皇太叔。	见《景宗纪上》。
973	保宁五	开宝六		追封皇后祖胡母里为韩王，赠伯胡鲁古兼政事令。伐党项，破之。	见《景宗纪上》。
974	保宁六	开宝七		宋朝数派人结欢，冀达和议，帝许议和。派涿州刺史耶律昌术（又称合住）与宋议和。	见《景宗纪上》，又见《辽史》卷86《耶律合住传》。
974	保宁六	开宝七		宋朝遣使来贺，求和好。	见《景宗纪上》。
975	保宁七	开宝八		遣郎君矧思使宋，通和。耶律速撒等献党项俘虏。	见《景宗纪上》。

纪年				纪事	附注
公元	辽	宋	西夏		
976	保宁八	开宝九		辽景宗谕史馆学士，书皇后之言，亦称"朕"、"予"，著为定式。可知萧皇后执国政合法化。宋朝遣使来贺天清节，以示友好。派耶律沙援助北汉抵御宋师，宋师退却。宋太祖卒，其弟赵灵即位，史称宋太宗。遣萧只古、马哲使宋，贺新君即位。	见《景宗纪上》。宋太宗即位后，改开宝九年为太平兴国元年。
977	保宁九	太平兴国二		宋遣使献先帝遗物。耶律沙献宋朝俘虏。助北汉粟20万斛。又助北汉战马若干。耶律沙引党项降猷来见，封其官。	见《景宗纪下》。
978	保宁十	太平兴国三		赐女里死，诛高勋，他们是盗杀萧思温的幕后指使者。阿萨兰回鹘来贡。	见《景宗纪下》。
979	乾亨元	太平兴国四		遣长寿使宋，责问宋伐北汉之原因。派耶律沙兵援北汉。耶律斜轸以所部从。北汉亡，刘继元降宋、杨业也随之降宋。七月，宋辽大战高梁河，宋全军溃败，宋太宗股中箭，乘驴车逃命，后以箭伤发作而亡。韩匡嗣率部南伐，在满城败绩，诏匡嗣有五罪，降职使用。	见《景宗纪下》、《耶律休哥传》、《耶律斜轸传》、《韩匡嗣传》。
980	乾亨二	太平兴国五		封耶律隆绪为梁王，封隆庆为恒王，封耶律贤适为西平郡王。南伐，围瓦桥关，休哥大败宋军，杀之殆尽。战后休哥拜于越。	见《景宗纪下》。
981	乾亨三	太平兴国六		皇子韩八卒，葬潢、土二水间，置永州。皇子韩八，不见《皇子表》，疑为萧燕燕所生。上京汉军叛乱，伪立喜隐子留礼寿，被诛。以韩匡嗣为西南面招讨使，又为南院枢密使。	见《景宗纪下》、《李胡传》、《皇子表》、《地理志一》。

续表

纪年				纪事	附注
公元	辽	宋	西夏		
982	乾亨四	太平兴国七		战满城、不利。赐喜隐死。如西京、幸云州于焦山行宫，辽景宗驾崩，年35岁。遗诏梁王嗣位，军国大政听皇后命，韩德让、耶律斜轸"俱受顾命"。九月癸丑，梁王即皇位，尊号曰昭圣皇帝。尊皇后曰皇太后，萧太后之名自此开始。	见《景宗纪下》、《耶律隆运传》。
983	统和一	太平兴国八		以于越休哥为南京留守。韩德威击退党项侵边。命大汉讨党项。破阻卜。葬景宗于乾陵。以皇女长寿公主下嫁吴留（萧恒德）。五月，由韩德让拟皇太后尊号，称承天皇太后。萧太后归父母家行礼，以庆寿。六月，皇太后上尊号承天皇太后，皇帝上尊号天辅皇帝。七月，萧太后开始听政。行再生礼。八月韩德威伐党项。九月，以帝生日为千龄节。十一月，宋人除道五台山，了解北伐道路。下诏内外官僚，当执公方，毋得阿顺。	是年六月改元统和，见《圣宗纪一》史称五月丙辰朔，萧太后庆寿，知其当生于应历三年五月。
984	统和二	雍熙元		四月皇太后临决滞狱，六月又亲决狱至月终。	是年十一月宋改元雍熙。
985	统和三	雍熙二		六月皇太后亲决狱。八月以辽泽沮洳，罢征高丽。十一月令吴王稍领秦王韩匡嗣葬祭事。以韩德让兼政事令。	见《圣宗纪一》。
986	统和四	雍熙三		正月决滞狱。二月西夏叛宋来降，任命为定难军节度使。三月，宋军分三道北伐。五月大破曹彬、米信于岐沟关，追至巨马河，宋兵死者数万。七月耶律斜珍擒宋将杨业，函其首以献。云、应诸州宋兵皆弃城而逃。八月用韩德让言，复山西今年租赋。九月皇帝纳后萧氏。十一月以政事令韩德让守司徒。十二月，耶律休哥在望都大败宋军。十二月亲率大军攻打莫州，宋将刘廷让大溃，宋将贺令图、杨重进被擒。	见《圣宗纪二》、《续通鉴长编》卷27、《宋史》卷5《太宗二》。 北京密云古北口有杨业庙，或云杨业头颅在此庙中。 此皇后萧氏不知名，后被降为妃。 宋人称此战为君子馆之战。

公元	辽	宋	西夏	纪事	附注
	纪年			纪事	附注
987	统和五	雍熙四		萧太后上尊号曰睿德神略应运启化承天皇太后，皇帝上尊号曰至德广孝昭圣天辅皇帝。	见《圣宗纪三》。
988	统和六	端拱元		南府宰相耶律沙死。韩德威讨河湟违命诸蕃。伐宋，破涿州，萧挞览中流矢。攻破沙堆驿。以宋降卒置归圣军。筹宁破宋狼山砦，败宋兵于益津关，进军长城口，克长城口，拔满城。下祁州，拔新乐，破小狼山砦。此次伐宋，萧太后和辽圣宗亲赴前线指挥，故战果辉煌。	见《圣宗纪一》。
989	统和七	端拱二		宋鸡壁砦守将郭荣率众降辽，命屯南京。伐宋，破易州，刺史刘墀降，迁易州军民于南京。太后、皇帝幸易州，次涞水，谒景宗皇帝庙。封韩德让为楚国王。将宋征所俘分隶诸宫帐。宋进士17人来归，优者补国学官。萧挞览子萧排亚尚皇女延寿公主。休哥至满城，招降宋卒七百余人。诏燕乐、密云二县荒地许民耕种。帝与太后谒景宗庙。禁置网捕兔。	见《圣宗纪三》 燕乐、密云二县置于隋，辽无燕乐县，此沿用旧名。
990	统和八	淳化元		诏东京路诸宫分提辖司，分置定霸、保和、宣化、洪理、广义、长庆安德七县。李继迁攻下宋朝麟、鄜等州，封李继迁为夏国王。	见《圣宗纪四》。
991	统和九	淳化二		选宋降卒五百置宣力军。遣邢抱朴、李嗣、刘京、张幹、吴浩等分决诸道滞狱。以韩匡嗣私城为全州。李继捧来附，潜附于宋。	见《圣宗纪四》。
992	统和十	淳化三		观稼，遣使分阅苗稼。以东京留守萧恒德伐高丽。	见《圣宗纪四》。

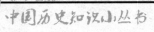

续表

纪年				纪事	附注
公元	辽	宋	西夏		
993	统和十一	淳化四		高丽王治遣使奉表请罪。诏取鸭渌（绿）江以东数百里地赐之。	见《圣宗纪四》。
994	统和十二	淳化五		免南京被水户租赋。以景宗石像成，饭僧延寿寺。武定军节度使韩德冲秩满，民请留之，从之。遣使诸道视禾稼。诏契丹人犯十恶者依汉律。诏皇太妃抚定西边。以萧挞凛督其军事。宋使求和，不许。高丽进妓乐，却之。	见《圣宗纪四》。
995	统和十三	至道元		置广灵县，又作广陵县，属西京道。以宣徽使阿没里私城为丰州。奉安景宗及皇太后石像于延芳淀。置义仓。册王治为高丽国王，高丽遣童子来学契丹语。	见《圣宗纪四》丰州在今内蒙古翁牛特旗乌丹镇。延芳淀在今北京通州区，为帝后春猎之地。
996	统和十四	至道二		以阿没里家奴闫贵为丰州刺史。以萧恒德女嫁高丽王治为妻。凿大安山，取刘守光所藏钱。改诸部令稳为节度使。诏参知政事邢抱朴决南京滞狱。诏诸军勿非时畋猎妨农。奉安景宗及太后石像于乾州。以南京道新定税法太重，减之。	见《圣宗纪四》大安山今仍其名，在北京门头沟区。乾州为辽景宗乾陵之护陵邑。
997	统和十五	至道三		诏诸道劝农种树。诏南京决滞狱。诏品部旷地令民耕种。募民耕种滦州荒地。封李继迁为西平王。宋太宗殂，子恒嗣位，史称宋真宗。发义仓粟，赈南京诸县民。诏平州决滞狱。皇太后诫圣宗欲不可纵，少行猎。高丽王治薨。	见《圣宗纪四》次年宋朝改元咸平。
998	统和十六	咸平元		罢民输官俸，给自内帑。驻跸德胜口，欲伐宋。高丽王诵即位，遣使册封。耶律休哥薨，辍朝五日。进封耶律隆庆为梁王、耶律隆祐为吴国王。	见《圣宗纪五》。

续表

纪年				纪事	附注
公元	辽	宋	西夏		
999	统和十七	咸平二		以伐宋诏谕诸道。北院枢密使耶律斜轸薨，以韩德让兼之。遣萧继远攻破宋狼山镇石砦，进至瀛州，擒宋将康昭裔、宋川。拔乐寿县，攻遂城，杀戮殆尽。	见《圣宗纪五》本传作萧继先后以康昭裔为昭顺军节度使。
1000	统和十八	咸平三		授西平王李继迁子李德昭朔方军节度使。	见《圣宗纪五》。
1001	统和十九	咸平四		以祇候郎君班详稳观音为奚六部大王。皇后萧氏以罪降为贵妃，册韩德让外甥女菩萨哥为齐天皇后。夏国奏攻下宋恒、环、庆三州。南伐，以楚国王隆祐留守京师。以梁国王隆庆为先锋。在遂城大败宋军，至满城以泥淖班师。宋兵出淤口、益津关来侵，被击溃。减关市税。免南京、平州租税。	见《圣宗纪五》。
1002	统和二十	咸平五		遣北府宰相萧继远南伐。文官太保达里底击败宋军于梁门。南京统军使萧挞凛破宋军于泰州。复国攻下宋灵州来告。以邢抱朴为南院枢密使。高丽来献本国地理图。奚王府五帐六节度献七金山土河川地，赐金币。	见《圣宗纪五》。
1003	统和二十一	咸平六		萧挞凛于望都俘虏宋将王继忠。西平王李继迁薨，赠继迁尚书令。修可敦城。幸女河汤泉，改其名曰松林。以楚国王隆祐为西南面招讨使。耶律休哥子道士奴、高九谋叛，伏诛。	见《圣宗纪五》此女河汤泉在内蒙克什克腾旗热水汤镇，至今犹存。

续表

纪年				纪事	附注
公元	辽	宋	西夏		
1004	统和二十二	景德元		以可敦城为镇州，军曰建安。封夏国李德昭为西平王。兀惹、蒲奴里、剖阿里、越里驾、奥里米来贡。以南伐谕高丽。命楚王隆祐留守京师。战唐兴、遂城，大破宋兵。攻瀛州不克，下祁州。耶律题子于洛州破宋兵。萧排押俘宋魏府官吏田逢吉四人以献。宋遣人送王继忠弓矢，"密请求和"。诏继忠与宋使会，许和。破宋德清军，至澶渊，萧挞凛中伏弩死。破通利军，宋遣曹利用请和。以无还关南地之意，遣姚束之持书往报。宋遣李继昌请和，以太后为叔母，愿岁输银十万两、绢二十万匹，许之。赐韩德昌姓耶律，徙王晋。	见《圣宗纪五》。韩德昌即韩德让，为辽圣宗所改。
1005	统和二十三	景德二		复榷场于振武军。夏国攻下宋青城。赈党项部。宋遣孙仅等来贺萧太后生辰。高丽以与宋和来贺。阻卜亦遣使来贺。乌古来贡。鼻骨德来贡。十月癸卯，宋岁币始至，后以为常，未间断。诏韩德昌出宫籍，隶横帐。	见《圣宗纪五》。
1006	统和二十四	景德三		幽皇太妃于怀州。改南京城门名。敦煌曹寿献大食国马及美玉。群臣上皇太后尊号睿德神略应运启化承天皇太后，上皇帝号至德广孝昭圣天辅皇帝。大赦。	见《圣宗纪五》。
1007	统和二十五	景德四		建中京于七金山山下土河川旁。赐皇太妃胡辇死。萧图玉讨阻卜，破之。驻跸中京。赈饶州饥民。	见《圣宗纪五》。

纪年				纪事	附注
公元	辽	宋	西夏		
1008	统和二十六	大中祥符		遣使贺中京成，幸中京。萧图玉讨甘州回鹘，降其王耶剌里，抚慰而还。	见《圣宗纪五》。
1009	统和二十七	大中祥符二		驻跸中京，营建宫室。十二月辛卯，萧太后崩于南幸行宫，享年57岁。	见《圣宗纪五》。
1010	统和二十八	大中祥符三		葬萧太后于乾陵，谥为圣神宣献皇后。赐耶律德昌曰隆运。赐宅及陪葬地。	见《圣宗纪六》。
1011	统和二十九	大中祥符四		耶律隆运薨，陪葬乾陵。	见《圣宗纪六》。
1032	重熙元	明道元	显道元	夏国王李德昭薨，册其子李元昊为夏国王。	西夏正式建国建元。见《兴宗纪一》。
1052	重熙二十一	皇祐四	天祐垂圣二年	改谥萧太后为睿智皇后。	见《兴宗纪三》。

后 记

　　《历史上的萧太后》一书，是根据王浩先生的建议而撰的。为什么要写萧太后？这是有原因的。

　　皇帝的母亲称太后，历史上有名气的太后很多，然而她们的表现却因人而异，各不相同。

　　汉惠帝刘盈的母亲，称吕太后，名叫吕雉，曾协助刘邦打天下，卓有功勋。刘邦生前曾与大臣约："非刘氏王者，天下共击之。"刘邦死后，吕太后临朝称制，她屠杀了刘邦的许多儿子，封诸吕为王，其用意很明显，即由吕氏取代刘氏为皇帝，将刘氏汉朝颠覆。幸而周勃、陈平、刘章一帮大臣共诛吕氏，迎立刘恒为帝，才保住了刘氏江山。

　　北魏孝文帝拓跋元宏的母亲，称冯太后。在孝文帝即位后，她"临朝专政"。孝文帝只好"事无巨细，一一禀于太后"。皇帝变成了徒有虚名的人。她"威福兼作"，"王叡出入卧内，数年便为宰辅"。她"惧人议己，小有疑忌，便见诛戮。迄后之崩，高祖（即孝文帝）不知所生"。数百人被她杀死，搞得众大臣人心惶恐，哪还有精力治国安民。

　　武则天本是唐太宗的才人，唐高宗李治却以武则天为皇后，属于乱伦行为。唐中宗李显即位以后，武则天变成皇太后。不久即篡位当上女皇。其淫乱胜过北魏冯太后，公开召"面首"以娱乐。聚武氏结党营私，为天下人所耻。不过武则天还算有自知之明，临死前还政于李氏。

宋仁宗的嫡母刘太后，在其即位后"军国重事，权取处分"。史称："太后称制，虽政出宫闱，而号令严明，恩威加天下。""太后保护帝既尽力，而仁宗所以奉太后亦甚备。"虽然治国无绩，能够保护皇帝，母子和谐，还算是一位好太后。

辽太宗的母亲应天皇后，曾协助辽太祖打天下，建有功勋。不过辽太宗死后，她支持少子李胡用武力夺皇位，虽未成功却埋下恶种，李胡之子孙多次作乱，即证明了这一点。她早期有大功，贡献很大，而晚节不佳，难成其美。

辽圣宗之母承天皇太后，在母寡子弱的情况下，"明达治道，闻善必从"，"习知军政，澶渊之役、亲御戎军，指麾三军"。经过她的努力，辽朝从乱而治，走向强大，功不可没。她是一位古代少见的女政治家、女军事家，受到当时的人以及现代人的称赞，可见她感人至深。

有鉴于此，我认为萧太后值得研究，有必要将她的事迹介绍给世人。由于民间有许多萧太后的传说，在杨家将小说、戏剧中均有关于萧太后的描写，因此，我对萧太后的研究是先从民间传说和历史小说杨家将演义开始的。这项研究始于2008年年初，撰写出了第一章《历史小说杨家将中的萧太后》、第十二章《关于萧太后的传说》，以后又撰写了第二章《大辽与契丹——反复改易的国号》、第三章《关于契丹人的姓氏》。这些内容我曾在学术会议上宣读过，第一章还在某大学学报上刊出，目的是听取大家的意见。

不过2008年我的工作特别忙，事情特别多，只写了四章以后便中断了。到了2009年年初，我把其他工作搁置下来，集中精力写萧太后，直到9月2日才完稿。萧太后在辽景宗朝、辽圣宗朝执国政，涉及方方面面的军国大政，仔细梳理相当费力。对于一些问题的分析，只是初步的意见，尚有进一步深化的空间。只是由于我的工作甚忙，精力有限，只能就此搁笔了。不当之处，尚希广大读者批评指正。

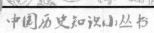

　　中国社会科学出版社总编辑助理王浩先生，给予了许多鼓励；中国社会科学院民族学与人类学研究所周峰先生，提供了有关的信息和资料；本书的责任编辑丁玉灵先生精心审阅、校对；又承王宏志先生百忙中赐序。在此一并表示衷心感谢。

景爱

2009年12月25日

于京西老山书屋